“十三五”普通高等教育应用型规划教材·市场营销

消费者行为分析与实务

（第2版）

张中科　编著

CONSUMER BEHAVIOR ANALYSIS AND PRACTICE

中国人民大学出版社

·北京·

前言
FOREWORD

消费者行为是伴随市场经济发展而产生的一种社会经济现象。随着市场经济的快速发展，市场的竞争日趋激烈，消费者变得越来越挑剔，消费者需求日趋多样化、社会化和个性化。因此，消费者的想法、需求和心理已成为企业在竞争中取得成功的一个重要因素，分析消费者行为已经成为企业开展营销活动的基础。

随着5G时代的到来，互联网正在像阳光、空气和水一样渗透到各个行业，影响着消费者信息搜索、社交、娱乐、购物等行为。消费者所处的外部环境已经发生了翻天覆地的变化，而由此带来的消费者行为的变化也是日新月异。大量新媒体不断涌现，分散了消费者的注意力，消解了大众媒体的影响力。在这一背景下的消费者行为的特点、影响因素、行为模型、决策过程等和传统环境下具有明显的差别。如何紧随快速发生的大变化，准确解读和把握消费者行为呈现的新特征，成为消费者行为研究者和营销工作者面临的重要课题，也是所有参与和想参与消费市场竞争的人愈发关注的问题。因此，我们需要重新审视消费者行为理论，深入探讨新环境下消费者的行为规律。

消费者行为分析本质上是一门帮助企业在市场经济条件下提高竞争力、扩大销售、增加利润的应用型学科。因此，本书按照应用型人才培养的目标，以培养学生实践能力为目标，以有助于学生能力训练为出发点，使专业理论的实践应用具有很强的可操作性，体现了以就业为导向，突出能力培养的时代要求。

本书在前人研究成果的基础上，综合运用管理学、心理学、行为学和营销学等相关学科的理论与方法，遵循经典、简洁、实用的原则，保持结构的经典性和逻辑性，对基本概念、基本原理以及基本知识结构讲清、讲透。同时，充分吸收和借鉴国内外消费者行为学研究及营销实践的最新成果，结合移动互联网和社交媒体背景下的消费者行为的新特点，阐述了消费者行为学的基本理论和营销策略，富有启发性，引导学生独立学习、独立思考，看重培养学生运用理论知识解决现实问题的能力以及创新能力。本书适合高校学生、企业营销管理人员学习与参考。

本书在编写过程中，注重以下几个特点：

第一，理论与应用并重。在内容的选择上重视实用性，减少纯理论的叙述，针对主要知识点设计了案例、小知识以及延伸阅读等专栏。设有案例分析和实训练习，以提高学生发现问题、分析问题和解决问题的能力，使高等院校相关专业的学生和企业界的学习者能够更好地学以致用。

第二，结构的逻辑性和系统性。为了体现高等教育应用型人才培养的发展方向和教材特色，在总结多年教学改革经验的基础上，对教材编写模式进行了大胆的创新。本书从阐述影响和决定消费者行为的个人内部因素、外部环境因素入手，分析消费者的购买决策，深入探讨消费者行为，从理论到实践，自成一体。

第三，内容的新颖性。消费者行为理论在不断地发展和创新，企业营销实践活动也有众多的创新内容。因此，在汲取现有研究成果的基础上，本书对消费者行为领域的最新发展做了比较详细的论述，形成了独创性的见解。

现在，应用型人才培养模式仍处于探索研究阶段，受我们的理论水平和实践能力的局限，加之时间仓促，书中难免有疏漏或错误之处，敬请专家、学者和广大读者批评指正，以使我们进一步提高应用型人才培养教材的编写水平，为高校教材建设做出更大的贡献。

目录

CONTENTS

第1章 导　论

本章要点

1. 消费者与消费者行为的概念和类型。
2. 影响消费者行为的经济、能力和时间因素。
3. 消费者行为研究的意义。
4. 消费者行为学的性质和分析方法。

引　例

新消费，新力量

在中国这片全新的消费热土上，活跃着不同代际的消费群体，他们一方面因对数字技术掌握程度的不同而展现出与众不同的消费价值观，另一方面又共同抛弃了过去的消费主义，不再将价格、数量、新品、商标和可炫耀程度作为消费时的主要考量，在买什么、何处买、为何买以及购买后的社交反思等方面有着更为成熟与精明的思考，形成了五大新消费主义特点：

（1）两线买：消费者对于网购还是逛街的倾向性选择已难分伯仲，爱网购也爱逛街。值得一提的是，精明的数字消费者喜欢货比三家，但也愿意为节约时间而埋单。

（2）购物社交化：社交媒体黏性的增强，让购物甚至成了社交的副产品，而社群中的兴趣圈更是成为消费的新推手。

（3）体验至上：对于消费者而言，购物买的不仅是商品，更是一种体验，既包括商品本身带来的体验，也包括从购买动机到完成下单甚至再购买的全流程消费体验。

（4）健身消费：运动健身已成为新的生活方式。当我们在谈论健身的时候，其实是在谈消费。调研显示，消费者学历越高收入越高，越愿意为运动投入时间与金钱。

（5）拥抱价值经济：收入的增加和消费的便利给冲动消费提供了沃土，也带来了闲置物品的增多。越来越多的消费者希望物品可以更有价值地使用。这既是一个消费的时代，也是一个反省消费的时代。

资料来源：2018埃森哲中国消费者洞察系列报告：新消费　新力量（2018-08-09）. 百度文库.

启示：随着社会与技术的发展，消费者行为出现许多新的特征。这些特征为企业提供了新的市场机会，同时也带来了新的挑战。企业只有掌握当今数字化时代的消费者心理和行为，随时洞察消费者行为的变化，以消费者体验为中心，才能在激烈的市场竞争中取得成功。

市场的主体和核心是消费者，消费者是决定企业生存和发展的基础。在市场经济条件下，企业的一切生产经营活动都是以消费者的购买行为为前提的。企业生产的产品，只有被消费者购买，才能实现其价值，企业的再生产活动才能顺利进行。

随着数字化时代的到来、电子商务的日益普及以及社交媒体与消费者日常生活日趋紧密的结合，消费者行为发生了许多新的根本性变化。数字化为企业带来了众多机遇，同时也使企业面临诸多挑战。只有了解当前数字化时代消费者的消费行为和心理特征，我们才能真实分析和预测未来中国市场的消费结构。企业要想超越竞争对手，就必须比竞争对手先想到消费者心里去。因此，对消费者行为规律、特征、发展趋势的全面、深入、系统的研究，已成为营销工作者的基础性工作；具备扎实的消费者行为的理论功底，掌握消费者行为分析的科学方法，已成为营销工作者必备的基本素质。

第1节　消费者和消费者行为

消费者行为学分析影响消费者心理和行为的各种因素，揭示消费者行为的变化规律。为此，我们首先要准确理解和掌握与消费者心理和行为相关的一些基本概念。

一、消费和消费者

消费是人类社会最大量、最普遍的经济现象和行为活动，是指人们消耗物质资料和精神产品以满足物质和文化生活需要的过程。消费是社会再生产过程的一个环节，是人们生存的必不可少的条件。

消费者是指从事消费行为活动的主体，是为个人的目的购买或使用商品和接受服务的社会成员，是消耗商品或劳务使用价值的个体。由于人人都需要衣、食、住、行，因此人人都是消费者。

消费者与生产者及销售者不同。消费者仅指因非商业性目的而购买和使用商品的人。所谓非商业性目的就是消费者购买商品的目的主要是用于满足个人或家庭需要而不是经营或销售，这是消费者最本质的特点。

在营销活动中，一方面把消费者看作市场营销的对象。消费者的需求是产品生产和市场营销的出发点，企业的经营活动以消费者为中心展开。另一方面把消费者看作消费行为的主体，为此需要全面深入地研究和把握消费者的心理和行为。

二、消费者的分类

从营销的角度看，消费者有多种类型，为了分析的需要，可以根据不同的标准对消费者进行分类。

(一) 根据产品或服务消费状态分类

根据对某种产品或服务的消费状态，可将消费者分为以下三类：

现实消费者是指已对某种消费有了需求，并且发生实际消费行为的消费者。生产经营企业主要是为这类消费者服务的。

潜在消费者是指对某种消费产生了需求，但未有实际的购买行动，在未来的某一时期内很有可能产生消费行为的消费者。生产经营企业应该特别重视这类消费者，因为他们是企业需要开拓的新市场，是在竞争中保持并提高市场占有率的潜在力量。

非消费者是指当前和将来都不可能需要、购买和使用某种商品的人。例如，对于皮大衣和丝绵被这类御寒商品来讲，生活在热带地区的人就是非消费者。

在同一时点上，消费者可以是某种商品的现实消费者，也可以是其他商品的潜在消费者，还可以是另一种商品的非消费者。

(二) 根据消费目的分类

根据消费的目的，可将消费者分为以下三类：

最终消费者是为了满足个人、家庭需要而购买、消费某种产品或劳务的个体或家庭，分为个体消费者和家庭消费者。

集团消费者是指为满足团体的各种不同需要而购买和使用商品的组织，包括政府机关，文艺、教育、科技、卫生等事业机构。

企业消费者是指为了转卖或进行产品加工而购买、消耗某些商品的经济实体，包括产品制造企业、批发商、零售商、代理商等。

(三) 网络消费者的分类

在网络购物情境中，消费者可以分为四种类型：

便利购物者更多以便利为动机。

变化寻求者比任何其他购物类型更多以选择多个零售商与产品类型及品牌为动机。

权衡购买者中庸地以便利与种类寻求为动机。

商店导向的购物者更多地以实体商店导向为动机，如对直接拥有商品与社会互动的渴望。

三、消费者行为

消费者行为是指消费者寻找、购买、使用、评价和处理能够满足自身需求的产品（服务）的行为。[①] 消费者行为分析以消费者在消费活动中的心理和行为作为分析对象，主要探讨个人和家庭消费者怎样支配可用资源（时间、金钱、能力）购买用以消费的产品。消费者行为具有多样性，表现为不同消费者在需求、偏好以及选择产品的方式等方面各有侧重，消费者在不同的时期、不同的情境、不同产品选择上，其行为呈现很大的差异性。消费者行为的定义可以从宏观和微观两个层面进行分析和说明。

在宏观层面，消费者行为与消费生活方式概念相联系，是对消费者人口统计特征及消费行为特征的描述，主要通过测量恩格尔等人提出的生活方式的四个维度（即态度、活动、观点、人口统计特征）来描述消费者的生活方式。

在微观层面，消费者行为通常与消费者认知、态度、购买意愿以及决策过程等具体购买行为相联系，倾向于对消费者在具体的信息沟通、购买决策、产品使用、品牌态度等方面的行为进行解释和说明。

例 1-1 他们年纪轻轻怎么就入“土”了?

消费者行为可以看作由两个部分构成：一是消费者的决策过程；二是消费者的行动。消费者的决策过程是消费者在使用和处置所购买的产品和服务之前的心理活动和行为倾向；消费者的行动更多的是购买决策的实践过程。在现实的消费活动中，消费者行为的这两个部分相互渗透、相互影响，共同构成了消费者行为的完整过程。

四、消费者行为的前提条件

消费者必须在一定的资源条件下才能完成其消费行为，进而获得需求和欲望的满足。消费者个体的资源主要有经济资源、时间和能力等。这些资源对于消费者购买什么样的产品、为什么买、购买时间、购买地点、购买频率、使用频率、购后评价、此类评价是否对顾客将来购买产品产生影响及其处理方法等均会产生重要的影响。

（一）消费者的经济资源

影响消费者行为的经济资源主要是消费者收入和消费信贷。

---

① 希夫曼，等．消费者行为学：第11版．北京：中国人民大学出版社，2015.

1. 消费者收入

消费者收入是消费者在一段时间内（通常指一年）所获得的实际货币收入。衡量消费者收入水平的指标有三个，即个人收入、个人可支配收入和个人可任意支配收入。个人收入是指个人在一年内获得的工资、奖金、红利、利息或其他各种收入的总和。个人可支配收入是扣除税收和交给政府的其他强制性支出（如强制性保险费）后可用于个人消费或储蓄的那部分个人收入。个人可任意支配收入是从个人可支配收入中扣除消费者用于购买生活必需品（如食品、房租、水电、燃料、保险等）的支出后的余额。

2. 消费信贷

消费信贷是对消费者个人贷放的用于购买耐用消费品或支付各种费用的贷款。信贷刺激了大量商品的购买和消费。从房子、汽车到家具、电器，甚至一些日常用品的购买，都可以采用消费信贷的方式。从长期来看，虽然消费信贷会降低人们未来的购买能力，但是可以迅速增加消费者的经济资源，将未来的预期收入转化为现实的购买能力。

受经济发展水平、传统文化观念以及消费习惯的限制，让我国居民大量举债消费可能还需假以时日。当前，消费升级已经成为共识，且随着"新零售＋消费金融"模式的不断完善，更多基于衣、食、住、行的分期消费场景已经被创造出来。可以预料的是，随着经济的发展和消费观念的转变，会有越来越多的人，特别是年轻人，希望用消费信贷的方式提前享受高品质的商品。他们对消费信贷的态度更加积极，从而推动消费信贷的发展。

（二）消费者的时间

时间对于今天的许多消费者来说是一种宝贵的资源。在新经济时代，时间的匮乏导致人们注意力和信任的缺乏，因此，时间、注意力和信任均被视为稀缺的资源，这些稀缺的资源都在影响和改变着消费者的行为。

今天的消费者由于竞争的压力和有太多的责任要承担，因此，一方面不得不投入更多的时间去工作，以面对信息爆炸带来的时间问题；另一方面为了释放工作中产生的紧张感和压力感，又需要有时间来进行一定的闲暇消费。网络和电子商务的发展为消费者提供了时间问题的解决方案。网络购物减少了消费者在购物方面花费的时间与精力，迅速获得了消费者的青睐。在享受网络购物的过程中，消费者的消费心理和行为习惯逐渐发生改变，呈现出新的特点和趋势。

（三）消费者的能力

能力是消费者的一种资源，会直接影响消费者的购买行为。

1. 能力的概念

人类从事任何社会活动，都需要有一定的能力。例如，读书需要有理解能力、记忆能力，广告工作需要有想象能力、创意能力、艺术表现能力、团队协作能力，等等。这里，能力是指使人们能够顺利地完成某种活动，并且直接影响其活动效率和结果的个人知识、经验以及各种生理和心理素质的集合。

人与人之间在能力上是存在个体差异的，正是这些差异决定了人们的活动具有不同的效率和结果。能力的差异主要表现在三个方面：

（1）智力水平的差异。

人与人之间智力水平的差异可能是很大的。根据智商测试，超过130分的人智力特别高，可谓天才，低于70分的人则属于智力偏低，而大多数人的智力水平在70～130分。人类的智力状况基本上呈正态分布，其中天才和智力偏低者大约各占2.5%，95%的人智力水平在正常范围之内。

（2）能力专长的差异。

不同的人往往具有不同的能力专长。例如，有的人乐感强，对音乐表现出良好的识别与接受能力；有的人立体感强，能生动、准确地描绘出几何图形和各种实物形象；有的人实际操作能力强，心灵手巧；有的人思维能力强，善于推理，对事物有自己独到的见解。

（3）能力表现的差异。

有的人天生早慧，有的人则大器晚成；有的人能力平平，有的人则能力非凡。能力表现的早晚或高低，主要与个人的成长背景、经历和积累有关。

2. 消费者能力的构成

消费者要获得需求的满足，需要具有认识问题、收集信息、判断选择、购买决策以及做出购后评价的能力。如果能力低，消费者行为则会受到限制，需求也就难以获得最有效的满足。研究人员已经识别出一系列影响消费者行为的重要能力。

（1）认知能力。

消费者在购买决策过程中，首先必须要有基本的认知能力，能够认知到自己的需求是什么，然后再去寻找能够满足自己需求的产品或服务。如果没有基本的认知能力，相关的产品知识就难以建立，也就无法在相互竞争的替代品之间做出合理的选择。

（2）感知能力。

感知能力是指消费者对商品的外部特征和外部联系等做出直接反应的能力。消费者通过感知可以获得有关商品的外观、型号、色彩、气味、重量、质地、风格等方面的信息，形成对商品的初步印象，为下一步的解释、分析和评价提供依据。

（3）辨别能力。

辨别能力是指消费者能将不同的商品区分开来的能力。消费者的辨别能力与个人经验密切相关。如果消费者购买、使用经验丰富，产品知识渊博，其辨别能力就会比较强。

（4）评价能力。

评价能力是指消费者对收集到的产品信息进行整理、加工、分析、比较，进而对产品的优劣、好坏做出判断的能力。评价能力对消费者行为的影响是相当重要的。如果不了解产品的性能、使用方法及其能给购买者带来的利益，那么消费者就会有较多的顾虑和担心，从而推迟或放弃购买。

（5）决策能力。

决策能力是指消费者在对商品进行评价、选择的基础上，在不同的购买备选方案中做出最优选择的能力。消费者决策能力的高低直接受其自信心、性格、气质以及对商品的认知程度、参与水平、经验和购买习惯等因素的影响。

（6）应变能力。

应变能力是指消费者对消费过程中出现的意外情况所具有的适应和应付能力。应变能力强的消费者面对突发情况，能够冷静分析，权衡利弊，重新做出判断选择，并尽可能地争取自己的利益；而应变能力差的消费者，面对新情况时，往往不知如何是好，甚至干脆放弃购买。

3. 能力与消费者行为

不同的能力会使消费者表现出不同的需求和行为特点。根据消费者的能力高低及其在消费行为中的表现，可以把消费者分为成熟型、普通型和缺乏型三种类型。

（1）成熟型消费者。

这类消费者具有较强、较全面的能力，他们对所需要的商品非常了解，具有较多的购买和使用经验。因此，这类消费者在购买现场往往表现得比较自信、坚定，自主性较强，能够按照自己的意志独立做出决策，而无须他人帮助，并较少受到外界环境和其他人的影响。

（2）普通型消费者。

这类消费者的能力结构和水平属于中等，他们通常具有一定的商品知识，但是缺乏相应的消费经验，主要通过广告宣传、他人推荐等途径来了解和认知产品。这类消费者在购买过程中往往乐于听取销售人员的意见和公司的宣传，经常主动向销售人员或亲友、同事、邻居进行咨询，以求更全面地做出比较和权衡。由于产品知识不足，他们会表现出缺乏自信，也没有多少独立的见解，比较容易受到外界环境的影响。

（3）缺乏型消费者。

这类消费者既没有产品知识，又没有相关的消费经验。在购买之前，这类消费者往往没有明确的目标；在选购过程中，对产品的了解仅建立在直觉和表面的观察之上，缺乏把握产品本质与个人需求间内在联系的能力，难以做出正确的比较和选择；在做出购买决策时，经常犹豫不决，不得要领，极易受环境的影响和他人意见的左右，其购买行为常常带有很大的随意性和盲目性。

上述消费者类型的划分是相对的。一个消费者可能在某种或几种产品领域表现得成熟，而在另一些产品的购买和消费中表现得普通，甚至可能在有些产品的消费中表现得极为无知。

例 1－2 爱网购，爱逛店

第2节 消费者行为学的研究内容

消费者行为学成为一门独立的学科体系大约在20世纪60年代。通过理论与实践的不断积累和演变，消费者行为学已演变成一门成熟的、跨学科的科学。当前，“互联网+”背景下的消费者数字化消费是消费者行为的新发展，因此，消费者行为学的理论面临新的挑战，我们需要构建大数据时代的、信息充分条件下的数字化消费者行为学。

一、消费者行为学的概念和性质

消费者行为学是研究消费者在获取、使用、消费和处置产品或服务过程中所发生的心理活动特征和行为规律的科学。消费者行为学是一门交叉学科，在发展过程中与自然科学、社会科学相互渗透、相互融合，形成了自己的学科知识体系。

消费者行为学是多学科的知识和原则在消费领域的运用和具体化，是以人为对象，研究人的心理现象及其行为规律的科学。随着市场的演变和发展，以及数字化时代的到来，人类进入一个全新的世界。消费观念和经营观念发生重大的转变，因此消费者行为学将发生许多新的根本性变化，其研究范围正不断扩大，科学依据日益充足，许多内容都将更新和重构，学科体系将日臻完善。

例1-3 梦妆挤挤唇膏·“AI”挤上唇

二、消费者行为学研究的主要内容

本书从不同的方面和角度重点研究消费者的心理和行为现象，具体从三个方面展开。本书的内容结构如图1-1所示。

1. 影响消费者心理和行为的内部因素

（1）消费者的需要和动机。

心理学研究认为，人的行为是由动机决定的，而动机是由需要引起的。需要和动机是消费者进行各种消费活动的源泉和推动力量，也是我们研究消费者的出发点。企业的生产经营活动必须从了解消费者的需要和动机入手，把满足消费者的需要和动机作为企业生产经营的目标与宗旨，促使消费者对自己的产品产生欲望，进而形成需求，最终购买本企业的产品或服务。

（2）消费者的个性心理特征。

人们在兴趣、能力、气质、性格等方面表现出个人的特点和相互差异，这是形成消费者不同购买动机、购买方式、购买习惯的重要心理基础。通过研究消费者的个性心理特征，可以进一步了解产生不同消费行为的内部原因，掌握消费者的购买行为和心理活动规律，了解社会消费现象，预测消费趋向，为制定生产、经营战略和策略服务。

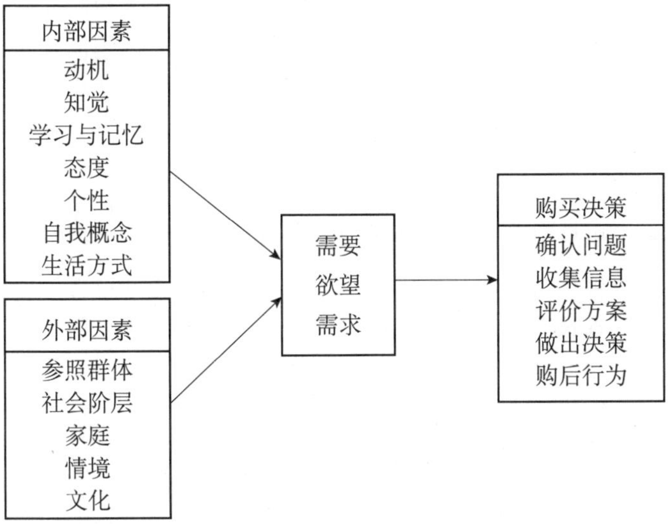

图1-1 消费者行为模型

（3）消费者的心理活动过程。

任何心理活动都有其产生、发展和完成的过程。消费者从进入商店购买商品，到使用商品的整个过程，一般存在着对商品的认识过程、情感过程和意志过程。消费心理学通过研究每一过程的发生、发展和表现形式等的规律性以及三个过程之间的联系，可以发现消费者行为中包含的心理现象的共性。

2. 影响消费者心理和行为的外部因素

消费者的心理和行为不仅受个人因素的影响，而且受所处的社会历史条件的制约和社会因素的影响。只有从社会因素影响的角度来研究消费者心理和行为的规律，才能科学地解释消费者的心理和行为，并为消费者心理和行为的预测提供切合实际的依据。外部因素对消费者心理和行为的影响是多方面的，主要有：文化因素、社会因素、家庭因素、群体因素、情境因素等。影响消费者的客观外部因素不同，反映的心理与行为也就不同。

3. 消费者购买过程分析

一般意义上，消费者购买过程由问题确认、信息搜索、方案评价、购买决策和购买后的行为五部分组成。从这个过程可以看出，消费者行为不仅指发生在购买过程中的行为，还包括购前过程和购后过程。消费者在购买过程的不同阶段表现出不同的行为特点，企业营销人员应当分析研究这些特点，制定相应的营销方案。

例1-4 拼多多善于制造爆款

三、研究消费者行为的意义

随着对消费者行为研究的深化，人们越来越深刻地认识到，消费者行为是一个整体，是一个过程。消费者需求是现代营销的起点，以营销管理为取向的消费者行为研究，注重与消费者心理行为关联的市场效应。因此，深入系统地研究消费者的心理活动规律和行为方式，有助于企业科学地进行经营决策，从而实现用消费来引导生产。

消费者行为学既注重学术，也注重应用，注重将研究与营销战略、营销活动结合起来。从以下方面可以看出，消费者行为研究决定了营销策略。

1. 市场机会分析

从营销角度看，市场机会是未被满足的消费者需要。要了解消费者哪些需要没有被满足或没有被完全满足，通常涉及对市场条件和市场趋势的分析。比如，通过分析消费者的生活方式或消费者收入水平的变化，可以揭示消费者有哪些新的需要和欲望未被满足，在此基础上，企业可以有针对性地开发新产品。

2. 市场细分

市场细分是制定大多数营销策略的基础，其实质是将整体市场分为若干子市场，每一个子市场的消费者具有相同或相似的需求或行为特点，不同子市场的消费者在需求和行为上存在较大的差异。企业细分市场的目的，是找到适合自己进入的目标市场，并根据目标市场的需求特点，制定有针对性的营销方案，使目标市场的消费者的独特需要得到更充分的满足。

3. 产品定位

营销人员只有了解产品在目标消费者心目中的位置，了解品牌或商店是如何被消费者认知的，才能制定有效的营销策略。

4. 市场营销组合

（1）新产品开发。

通过了解消费者的需求与欲望，了解消费者对各种产品属性的评价，企业可以据此开发新产品。可以说，消费者调查既是新产品构思的重要依据，又是检验新产品能否被接受和应在哪些方面进一步完善的重要途径。

（2）产品定价。

如果产品定价与消费者的承受能力或与消费者对产品价值的感知脱节，再好的产品也难以打开市场，产品定价离不开对消费者的分析和了解。

（3）分销渠道。

对于消费者喜欢到哪些地方购物，如何购买到本企业的产品，可以通过对消费者的研究加以了解。只有了解目标消费者在购物方式和购物地点上的偏好和形成这种偏好的原因，企业在分销渠道选择上的风险才有可能最大限度地降低。

例1-5 苹果产品不断精进

（4）广告和促销策略的制定。

对消费者行为的透彻了解是制定广告和促销策略的基础。只有在了解消费者行为的基础上，在广告、促销方面的努力才有可能获得成功。

第3节 消费者行为分析方法

消费者行为研究者要面对各种一般的或具体的消费者行为问题，要揭示消费者行为的一般规律，发现、分析、预测、解决具体的消费问题，为此需要采用多种分析方法。分析方法是人们探索解决问题、实现预期目的的途径和手段。方法正确就能收到事半功倍的效果。

消费者行为学如同任何一门社会科学一样，所运用的分析方法基本是一样的，如科学抽象、分析和综合、质量和数量分析、逻辑和历史的统一、实验方法、社会调查等，它作为一门独立学科，又决定了在其具体的研究领域中所运用的研究方法有某些侧重或特点，应用有关成熟理论、市场调查、案例研究等是其最主要的研究方法。

一、消费者行为分析遵循的原则

（一）客观性原则

客观性原则是指在搜集资料、分析资料以及得出结论的过程中都不能掺杂研究者的主观因素。对消费者心理和行为，必须严格按其本来面貌加以考察，不能脱离实际主观臆断。消费者的心理活动是抽象的、内在的，其外在行为则是具体的、生动的、可以观察的。

（二）科学性原则

科学性原则就是在对消费者行为进行分析研究时，必须依据科学方法建立具有学科特色的体系。这主要体现在在不同的范围内如何科学选择和抽取样本，如何正确运用定量资料和定性资料进行总结和分析等方面。

（三）发展性原则

发展性原则就是使事物产生、延续和变动的连续过程处于某种模式之中。影响消费者消费行为的因素很多，当其中的某些因素发生变化，对消费者的消费心理和消费行为的分析研究也必须随之变化。

（四）分析综合原则

分析综合原则是指在研究中要按照由部分到整体、由个别到一般的规律去分析问题。首先认识个别消费者在不同生活、活动条件下的心理和行为成分，并通过综合分析弄清全部个别心理和行为表现的相互联系，找出表明某个消费者整体特点的稳定心理和行为特征。

（五）联系性原则

联系性原则是指在消费者行为分析中，要综合考虑相关因素。影响和制约消费者的消费心理和消费行为的内部与外部因素之间是相互联系的，如商店营业环境的优劣会影响消费者的情绪，而消费者的心境（愉快、烦躁等）又制约着他们对营业环境的感受。

二、消费者行为分析的研究方法

消费者行为分析的研究方法具有与其他社会科学一样的一些共同的研究方法特征。但它作为一门独立学科，在其具体的研究领域中，所运用的研究方法又有着自身的侧重点或特点。

（一）观察分析法

观察分析法是消费者行为分析中的一种最基本的研究方法，主要是指对人们的行为做直接观察。在日常的消费活动中，对消费者行为进行分析研究的研究者依靠自己的视听器官，有目的、有计划地观察消费者的言语、行动和表情等行为，并把观察结果按时间顺序记录下来，从而分析其原因，以研究消费者行为的规律和特点，这种方法就叫观察分析法。

运用观察分析法的注意事项：首先，必须建立一个记录各种行为的等级量表，以便使记录迅速、准确。同时必须清楚，观察并不是要记录每一件事情。其次，记录行为的方法和层次必须预先设计好。最后，观察分析法也存在一定的缺陷。它仅能了解大量的一般现象和表面现象，而且只能被动地等待所要观察事件的出现。因此，只有当所研究的问题可以通过被观察者的言语、行动和表情反映出来时，才适于采用观察分析法。

（二）实验分析法

实验分析法是指有目的地严格控制或创设一定条件，来引起某种心理或行为现象进行分析研究的方法。实验分析法可分为实验室实验法和自然（市场）实验法两种形式。

（1）实验室实验法的运用。

这种方法强调在实验室里借助各种仪器进行研究，也可以在实验室里模拟自然环境条件或工作条件进行研究。例如，测定商品广告在消费者中的记忆率时，就可以在实验室中运用音像、图片和文字等广告媒体，测定消费者对不同形式广告的记忆效果。

（2）自然（市场）实验法的运用。

这种方法强调在各类消费环境中，有目的地创造某些条件或变更某些条件，给被研究者的心理和行为活动施加某些刺激和诱导，从中了解消费者的消费心理和行为。例如，商业企业举办单项或综合的商业展销会、展示会、各种方法的试销，借以分析消费者的反应，便是自然（市场）实验法的一种普遍的运用。

（三）调查分析法

调查分析法是指在消费活动中，通过各种手段（主要是文献、访谈和问卷）获取有关资料，通过整理分析，间接地了解各类消费者的消费行为的方法。在消费者行为分析的研究中，广泛采用的是问卷调查法。这种方法就是向消费者发出意见征询函，由被调查者回答问卷问题，回收后进行汇总、统计和分析。调查分析法在研究环境、职业对消费心理和行为的影响时运用得更多。在了解公众对某一问题、某一事件的态度时，也常采用调查分析法。

（四）案例分析法

案例分析法又称个案研究法，是指利用图书资料或影片，将实际或想象的情况用相当详细的方式描述出来的方法。对消费者行为分析运用案例分析法就是指把消费者在实际生活中出现的问题作为案例，交给研究者研究分析，通过对个案的分析研究，来分析消费者的消费行为特点和规律。

（五）自我体验法

自我体验法是指研究者通过对自己的消费心理和行为的反思和分析，来了解消费者心理活动和购买现象的研究方法。因为研究者本身也是消费者，虽然不同消费者的心理和行为现象千姿百态、五花八门，但消费者的特征总有许多相似之处，即共性，尤其是在一般的购买心理和购买行为过程上，基本趋于一致。

小知识 1-1 市场分析新方法

案例分析

坚果市场的竞争

坚果市场，群雄逐鹿，战火纷飞。

2016年10月，百草味上线了仁仁果，细分出缤纷果仁、活力果仁、灵动果仁，共三个系列，意在满足不同人群的营养需求。其中，缤纷果仁系列针对抗氧化和美肌，活力果仁系列主打健身人群，而灵动果仁更适合重脑力劳动人群。

沿着百草味这个思路，洽洽的每日坚果增加了红枣片和葡萄干，“讨好”女性消费群体。而三只松鼠推出3次方每日坚果，分为儿童款、学习款和妈妈款。

中粮集团旗下的中粮山萃跳出这一思路，打造了每日早餐脆，通过“每日坚果”与卡乐比脆麦的混搭，将坚果带上餐桌，延伸到早餐的食用场景。

人群、场景分无可分，百草味再次从包装、技术上找突破口。

2017年上线的百草味“90日鲜”每日坚果，采用独立锁鲜包装，类似“拉链”的设计，将果干和坚果分开包装，有效防止果干的水分被坚果吸收。除此之外，百草味还用上了90日保鲜的“短保技术”，革除目前坚果易潮发霉，口感和营养欠佳的弊端。

百草味在一系列产品和包装的创新上取得了竞争优势。

但显而易见，“每日坚果”除了改变产品和食用场景，更凭借“每日”的需求，改变了原有的坚果渠道价值。

中粮山萃每日坚果选择进入西贝等中高端餐饮门店，推出与西贝的联名款坚果；百草味的仁仁果等单品通过阿里零售通，仅一个月就进入了1万家社区小店；而三只松鼠则利用自己的线下“投食店”，自创渠道。

在渠道上，洽洽无疑是王者级别的对手。除了在热门影视剧《延禧攻略》里做贴片营销外，洽洽每日坚果一面世即全面铺向了全国的30多万个销售终端。甚至，洽洽还联合影院，力图让混合坚果取代传统的薯条、薯片成为观影必备零食。2017年，洽洽坚果业务的营收达到1.6亿元。

作为“每日坚果”的开创者，沃隆绝不可能坐以待毙。除了持续开拓KA、商超等传统渠道，追着洽洽跑的同时，为了维护品牌，沃隆大刀阔斧砍掉了40%的微商及批发市场渠道，转而与连锁水果店等新型零售渠道合作。果琳水果、先锋水果、百果园、叶氏兄弟等新渠道，都与沃隆达成了合作。水果易损耗与坚果保质期长的特点正好互补，并且水果店的高客单价，也让沃隆每日坚果的品质得以体现。

看似平静的“每日坚果”市场，实则因为各大品牌的布局，正暗流汹涌。

资料来源：向坚果英雄致敬.（2018-09-05）. http://stock.eastmoney.com/news/1699，20180905940428446.html.

问题

1. 案例中不同品牌的坚果满足的是哪些消费者需求？
2. 试分析案例中的坚果品牌如何通过产品、渠道策略来满足消费者需求。

重点名词

消费者　　消费者行为　　消费者行为学　　消费者收入　　消费者能力

思考题

1. 什么是消费者和消费者行为？
2. 简述消费者行为学的研究内容。
3. 简述研究消费者行为学的意义。
4. 简述消费者决策的前提条件。

实训练习

1. 实训目标和任务

本次实训旨在使学生通过对消费者行为的观察，了解并分析消费者行为产生的过程及影响因素。使学生了解到消费者行为不仅受内部主观因素的影响，也受外部因素如购物环境、推销人员的行为语言等影响。

2. 实训背景和准备

(1) 实训背景。

在超市或商场中，学生分别观察、询问并记录在工作日和节假日期间购物的2～3位消费者。实训场所为百货商场或购物中心的服装、鞋帽或家电专柜。实训时间为工作日和节假日。

(2) 实训准备。

教师准备：在实训前，指导教师需与百货商场沟通，以免引起不必要的误会；设计实训全过程，考虑临时出现问题的解决方案。

学生准备：各小组在指导教师的指导下，完成观察指标和询问问题的设计。其中，需注意询问问题的质量和数量，问题不宜过多，一般不超过7个，且均需能反映关键指标。此外，还可在实训中酌情补充相关题项。

理论知识准备：学生在实训前需对消费者行为学的基本概念、研究对象和范围有大致了解。

3. 实施步骤

(1) 学生分组。实训学生需根据实训的基本要求进行分组，4人一组，每组学生按观察者和询问者划分。

(2) 教师检查。指导教师需首先检查各组同学分工，进一步明确各自所承担任务；其次检查观察记录表格和询问的问题设计。

(3) 实训实施。根据实训时间各组进入实训地点，按照预先设计展开调查。

(4) 小组总结。现场实训结束后，各组根据调查资料进行相关分析，得出结论。

(5) 全班分享。各小组分享实训结果、体会、经验和不足，最后完成并提交一份完整的实训报告。

4. 实训反馈和完善

实训结束后，教师根据实训报告对学生的实训效果做出总体评价，并对实训内容设置的合理性和实际教学效果进行评价，不断完善消费者购买行为课程实训的设计。

第 2 章
消费者动机

本章要点

1. 消费者的需要和动机。
2. 消费者动机的不同类型。
3. 动机的概念与引发动机的内外部条件。
4. 消费者动机和企业营销之间的关系。

引　例

星巴克臻选烘焙工坊

随着消费需求发生变化，以及消费主力军正在向年轻一代转移，除了将线上和线下打通，线下零售还需要重新定义自身的价值和存在感。

2017 年 12 月 6 日，上海兴业太古汇，一家占地面积 2 700 平方米的新店开张。琳琅满目的商品，笑容灿烂的店员，奇妙浪漫的空间设计，新颖独特的体验环节，乐于拍照分享的消费者……好一番门庭若市的景象，仿佛“实体将死”的哀号只是个笑话。

这是咖啡巨头星巴克在中国推出的第一家臻选烘焙工坊，也是目前全球最大的一家。开张当天，星巴克董事会主席霍华德·舒尔茨来到现场，这是他继 4 月份清华之行后的再次访华。2017 年 4 月，舒尔茨受邀到访清华大学，他在演讲中提到，实体店面临着来自电商的威胁，而星巴克应对的方式，是做“更好的、有情感诉求的、浪漫的实体门店”。

与舒尔茨一同站台的，是刚见证完蚂蚁金服与上海地铁达成战略合作而赶过来的阿里巴巴董事局主席马云。在星巴克塑造“智慧门店”沉浸式体验上，阿里巴巴扮演着重要角色——除了移动支付、线上十线下渠道打通，阿里巴巴还为这座烘焙工坊嵌入了无处不在的 AR 技术，带消费者开启咖啡之旅。

资料来源：中国线下零售的未来之路．（2018 - 02 - 27）https：//www.zhihu.com/collection/276670618.

启示：消费者的需要是一切市场营销活动的起点，是市场营销概念中的精髓。在高度竞争的市场环境里，借助信息技术，比对手更早、更好地识别消费者需要，为消费者提供完美的体验，激发消费者的购买动机，是企业生存、获得利润与发展的关键。

消费者动机是消费者消费行为的内在动力。心理学认为，动机是个体的内在过程，行为是这种内在过程的表现。引起动机的内在条件是需要，外在条件是诱因。在消费行为学中，消费者动机是促使消费行为发生并为消费行为提供目的和方向的动力。需要、动机和行为的关系如图 2 - 1 所示。

图 2 - 1　需要、动机和行为的关系

第 1 节　消费者需要

人们的消费活动通常是由消费需要引起和决定的，消费需要是消费的先导，是消费活动的内在原因和根本动力。营销将市场建立在消费者需要的基础之上，准确判断消费者需要是开拓和发展市场的前提和关键。

一、消费者的需要

需要（need）是人类对诸如空气、食物、衣服和居所等的基本要求[①]，是人的机体自身或外部生活条件的要求在头脑中的反映。它反映了生活中的某个方面或某些方面的缺乏或者不平衡，由于缺乏而产生需要。例如，渴了是由于身体缺水，就渴望喝水；人在与他人的交往中有获得友爱、被人尊重的需要。

需要是和人的活动紧密联系在一起的。人们购买产品，接受服务，都是为了满足一定的需要。一种需要满足后，又会产生新的需要。在需要和行为之间还存在着动机、驱

① 科特勒，凯勒．营销管理精要：英文版·第 6 版．北京：中国人民大学出版社，2018.

动力、诱因等中间变量。比如，饥饿时消费者会为寻找食物而活动，在面对面包、馒头、饼干、面条等众多选择时，到底以何种食品充饥，并不完全由需要本身决定。

一个企业要想在竞争中保持不败，发现或激发消费者的潜在需要是一个关键因素。例如，我们以前不知道维生素和矿物质的缺乏，但企业在广告中大喊补充钙、铁、锌、硒和维生素，从而激发了我们的需求；又如服装厂用美女帅哥做广告，激发人们对变得更漂亮的潜在需要，于是纷纷去购买那些产品。因此，了解并激发消费者的需要是企业成功的一个关键因素。

例 2-1　到非洲卖鞋

二、消费者需要的分类

（一）根据需要的起源分类

根据需要的起源，消费者的需要可以分为生理性需要和社会性需要。

生理性需要是指个体为维持生命和延续后代而产生的需要，如饮食、饮水、睡眠、运动、排泄、性等。生理性需要是人类最原始、最基本的需要。

社会性需要是指人类在社会生活中形成的为维护社会的存在和发展而产生的需要，如求知、求美、友谊、荣誉、社交等。社会性需要是人类特有的。

（二）根据需要的对象分类

根据需要的对象，消费者的需要可以分为物质需要和精神需要。

物质需要是指对与衣、食、住、行有关的物品的需要。在生产力水平较低的社会条件下，人们购买物质产品，在很大程度上是为了满足其生理性需要。随着社会的发展和进步，人们越来越多地通过物质产品体现自己的个性、成就和地位。

精神需要主要是指认知、审美、交往、道德、创造等方面的需要，具体表现为对艺术、知识、美、认识、追求真理、满足兴趣爱好以及友情、亲情等方面的需要，这种需要反映了消费者在社会属性上的欲求。这类需要主要是由心理上的匮乏感所引起的，而不是由生理上的匮乏感引起的。

（三）按照需要的层次分类

美国心理学家马斯洛的需要层次理论认为，人的基本需要有五种，五种需要按照对个体的重要程度由低级至高级依次排列，如图 2-2 所示。

（1）生理需要。

生理需要是指人们日常生活中对穿衣、吃饭等的需要。生理需要是人类最原始也是最基本的需要，包括饥、渴、性和其他生理机能的需要，它是推动人们行为的最强大动力。只有在生理需要基本满足之后，高层次的需要才会相继产生。

（2）安全需要。

当穿衣、吃饭问题得到了一定的满足之后，人们最需要的是周围不存在威胁其生存的因素。人们的生活环境要有一定的稳定性，有一定的法律秩序，没有混乱、恐吓、焦躁等不安全因素的折磨。

（3）归属需要。

在生理需要和安全需要得到一定的满足后，人们会强烈地需要朋友、心爱之人、亲人的关怀等，即需要在群体中找到一种归属感，需要被人爱护，如果这种需要不能得到满足，人们会强烈地感到孤独、被抛弃。

（4）尊重需要。

归属需要满足后，人们还需要朋友、亲人以及社会上的其他人对于自我的良好评价，人们都具有自尊、自重的欲望，需要他人承认自己的实力、成就，得到个人的荣誉和威信，还需要有自信心，拥有个人的自由和独立性，能胜任工作和任务，等等。

（5）自我实现需要。

如果一个人在以上四个方面的需要都得到了较好的满足，就会激发一种最高层次的需要，即实现自我价值和发挥自我潜在能力的需要。自我实现需要是指实现个人的理想、抱负，最大限度地发挥个人的能力。

例2-2　趣头条激励目标客户

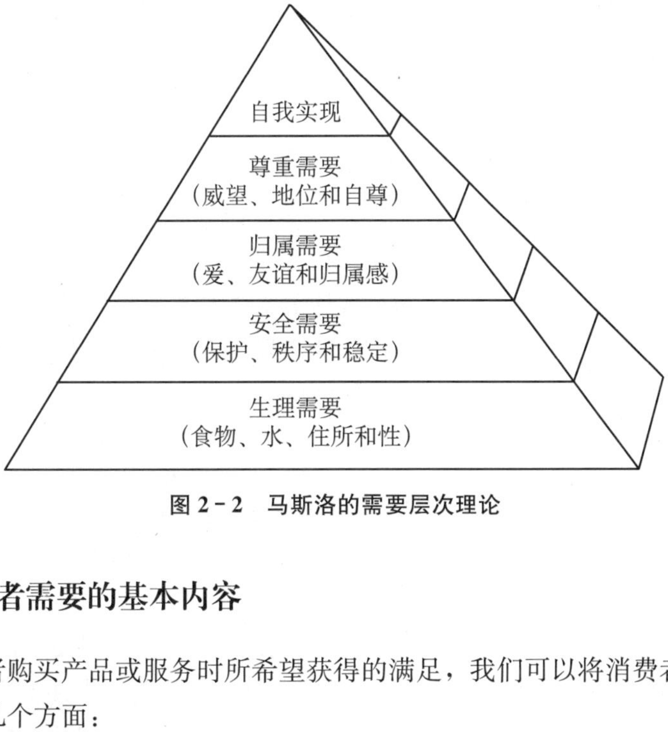

图2-2　马斯洛的需要层次理论

三、消费者需要的基本内容

根据消费者购买产品或服务时所希望获得的满足，我们可以将消费者需要的基本内容概括为以下几个方面：

（一）对产品基本功能的需要

产品的基本功能是指能满足消费者某种需要的物质属性，它是产品生产和销售的基本条件，也是消费者需要的最基本内容。大多数产品需要具有一定的功能，即能给消费者带来一定的效用，否则对消费者来说可能不具有任何价值。例如，冰箱必须要能冷冻和保鲜食品；空调要能产生冷气，并在制冷时省电、不产生噪声；等等。

（二）对产品安全性的需要

消费者要求产品在购买、使用、处置的过程中不会对自己的身体、财产造成任何伤害。对一些生态意识较强的消费者来说，对产品安全性的需要还包括产品在生产、营销、消费的过程中不对环境造成污染或有利于环境保护。

（三）对产品便利性的需要

这要求企业在消费者购买、使用产品的过程中尽可能为消费者提供方便，减少消费者在时间、精力、体力等方面的付出。由于对便利性的需要，在产品或服务的价格、质量等其他条件相同的情况下，消费者总是会选择那些能提供更大便利性的供应商、产品或服务，甚至在有些条件下，消费者还可能为便利而舍弃其他方面的利益。

（四）对产品审美功能的需要

这一需要表现为消费者对产品在工艺设计、造型、色彩、装潢、整体风格等方面审美价值上的要求。在消费活动中，消费者对产品审美功能的要求是一种持久性的、普遍存在的心理需要。在审美需要的驱动下，消费者不仅要求产品具有实用性，而且要求产品具有较高的审美价值；不仅重视产品的内在质量，而且希望产品拥有完美的外观设计。

（五）对产品情感功能的需要

情感需要是消费者心理活动中的情感过程在消费需要中的表现，也是人类所共有的爱与归属、人际交往等基本需要在消费活动中的具体体现。消费者作为富有情绪体验的个体，在从事消费活动的同时，会将喜、怒、哀、乐等各种情绪体验映射到消费对象上，即要求自己所使用的产品与自身的情绪体验相吻合，互为呼应，以求得情感的平衡。

例2-3 海尔：从线下实体到线上商城

第2节 消费者动机

消费者的消费行为都是有目的的，这些目的的实质是为了满足人们的某种需要，当需要未得到满足时，人们就会产生内心紧张或内驱力，进而生成具体的动机。消费者受到动机的驱使和外界诱因的激活，从而采取行动来实现目标。因此，企业应该顺应消费者动机，努力为他们提供合理的消费理由和让人信服的选择，激发消费者的购买欲望，从而产生购买行为。

一、动机的概念

动机是指消费者在产品购买和消费过程中满足生理和心理需要的激励因素。[①] 动机可以描述为在个体内部存在的迫使个体采取行动的一种驱动力。个体会有意识或无意识地通过采取某种行动来减轻这种紧张状态，使自己的需要得到满足。在现实生活中，当消费者受到某种刺激时，其内在的需要就被激活了，进而产生一种不安的情绪（如紧张、不自在），这种内在的不安情绪与可能解除这种情绪的消费对象相结合，演化成一种动力，就形成了消费动机。图 2－3 是个体动机过程模型。

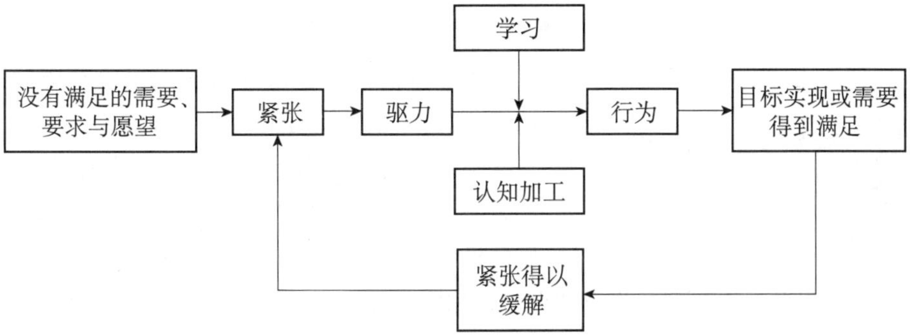

图 2－3　个体动机过程模型

人们的行为受动机支配，而动机来源于需要。每个人在任何时刻都有许多需要，有些是生理上的，如饥饿、口渴，有些是心理上的，如被他人认可、尊重和归属等。在一定时期内，人们的需要是多种多样的，动机不会只有一个，但动机的强弱程度各不相同，往往只有那些最强的优势动机才能支配人们去真正购买。动机把消费者的需要行为化，人们按照自己的动机去选择具体的商品类型。因此，研究消费者的动机可以为广大工商企业经营管理者提供更加直接、有效的参考依据，用于指导生产经营。

二、引发动机的条件

一般认为，引发动机必须有内在条件和外在条件。

（一）内在条件

引起动机的内在条件是需要，动机是在需要的基础上产生的。如果说人的各种需要是个体行为的源泉和实质，那么人的各种动机就是这种源泉和实质的具体表现。简单动机模型认为，需要引起一种内驱力的增强，出现一种被激发起来的动机状态。内驱力激发了反应，即一个或一组行为，以实现特定的目标，当特定的需要得到满足后，这个动机过程即告终结，如图 2－4 所示。

---

① 布莱克韦尔，等．消费者行为学：第 10 版．北京：机械工业出版社，2009.

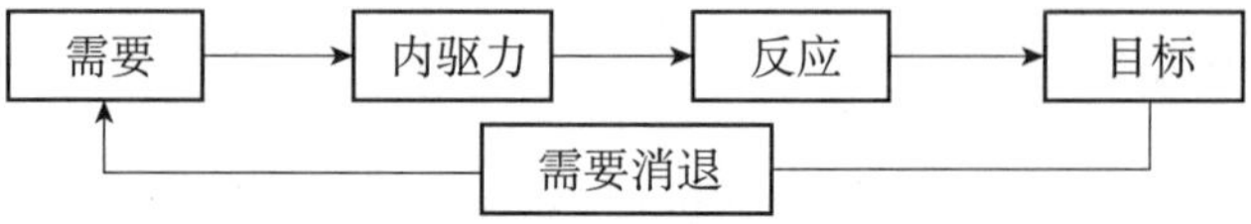

图2-4　简单动机模型

（二）外在条件

人的动机不仅受到内在需要的推动，还会受到外部刺激的拉动。一个目标物除满足需要外，还有某种诱惑力，这种力量称为诱因作用。一些目标的诱惑力很大，即使没有内部需要，它们也可能激发行为。例如，草莓蛋糕非常好吃，即使你不饿也很想吃。另一些目标的诱惑力很低，虽然你有内在需求，还是难以激发行为。

例2-4　“不正经”搜客逻辑

大多数情况下，人的行为是由内在需要与外在诱因两方面因素共同驱动的。例如，内在需要能使一些本来缺乏吸引力的刺激物变成合乎需要的目标，如果饿极了，残羹冷炙也会成为美味佳肴。内在需要的推与外在诱因的拉共同作用能产生强烈的动机。因此，对于商家而言，除要注意消费者的内在需要对动机的推动之外，还要在外在诱因上下功夫。

三、消费者动机的类型

由于消费者需要与刺激因素的多样性，消费者的购买动机是极为复杂的。在市场营销实践中，常见的消费者动机主要有以下十种。

（一）求实动机

这是以注重商品或劳务的实际使用价值为主要目的的购买动机。消费者在购买商品或劳务时，特别重视商品的实际效用、功能质量，讲究经济实惠、经久耐用，而对商品的外观造型、色彩、商标、包装装潢等不太重视。例如，消费者购买面膜，最关心的就是它的美白、补水等效果，而不是包装好不好看。具有这种购买动机的人大多是收入较低、支付能力有限或注重传统习惯和购买经验的消费者。

（二）求新动机

这是以注重商品的新颖、奇特和时尚为主要目的的购买动机。消费者在购买商品时，特别重视商品的外观、造型、式样、色彩和包装装潢等，追求新奇、时髦和与众不同，对陈旧落伍的东西不屑一顾。具有这种购买动机的消费者一般来说观念更新较快，容易接受新思想、新观念，生活也较为富裕，追求新的生活方式。拥有求新动机的消费者带有强烈的好奇心，想要彰显个性，追求与众不同，乐于接受新、奇、异的事物。

（三）求美动机

这是以注重商品的欣赏价值和艺术价值为主要目的的购买动机。消费者购买商品时特别重视商品对人体的美化作用、对环境的装饰作用、对身体的表现作用和对人的精神生活的陶冶作用，追求商品的美感带来的心理享受。购买时受商品的造型、色彩、款式和艺术欣赏价值的影响较大。具有这种购买动机的多为中青年女顾客以及文艺界人士，他们有浪漫情怀，关注精神生活，是时装、化妆品、首饰、工艺品、家庭装饰用品的主要购买者。

（四）求廉动机

例 2－5　宜家的新低定价战略

这是以注重商品价格低廉，希望付出较少的货币而获得较多的物质利益为主要目的的购买动机，价格敏感是这类消费者的最大特点，他们会花较多的时间和精力去比较同类商品的价格差异，并选择便宜的商品。创造出千亿级销售额的“双十一”，就是利用了消费者的求廉动机。一般而言，这类消费者收入较低或者经济负担较重，有时也受对商品的认识和价值观的影响。

（五）求名动机

这是一种以追求名牌商品或仰慕某种传统的名望为主要目的的购买动机。消费者通过购买特殊的商品来宣扬、夸耀自我。在购买时受商品的知名度和广告宣传等影响较大。在这种动机的驱使下，顾客购买时几乎不考虑价格和实际使用价值，以及商品的名称、产地、销售地点等，只是通过购买、使用名牌来显示自己的身份和地位，从中得到一种心理上的满足。

（六）好胜动机

这是一种以争强好胜或为了与他人攀比并胜过他人为目的的购买动机。消费者购买商品主要不是为了实用而是为了表现得比别人强。在购买时主要受广告宣传、他人的购买行为影响。对于高档、新潮的商品特别感兴趣。

（七）炫耀动机

这是一种以显示地位、身份和财富实力为主要目的的购买动机。消费者在购买商品或从事消费活动时，不太重视消费支出的实际效用，而格外重视由此表现出来的社会象征意义，通过购买或消费行为体现其身份、权威或名流的形象。具有炫耀动机的人与具有好胜动机的人相比，通常所处的社会阶层高，又经常与下一阶层的人在一起，为了与众不同，常常购买具有社会象征意义的商品。

（八）求同动机

这是一种求得大众认可的购买动机，是指消费者在购买商品时不自觉地模仿他人的购买行为而形成的购买动机。具有求同动机的消费者，在购买商品时主要以大众化为主，跟上潮流即可，人有我有，不求创新，也不甘落后，有时也称为从众动机。具有求同动机的消费者在互联网上体现得非常明显，正是因为有了这部分消费者，才会出现销售上万件爆款产品的现象。

（九）便利动机

这是一种以方便购买、便于使用维护为主要目的的购买动机。具有这种动机的消费者的时间、效率观念很强，希望尽可能简单、迅速地完成交易过程，不能容忍烦琐的手续和长时间等候，对商品本身不太挑剔。

（十）偏爱动机

这是一种以某种商品、某个商标或某个企业为主的购买动机。人们由于兴趣爱好、生活习惯或职业需要等原因，往往对某些商品表现出特殊的兴趣，产生了偏爱，成为这些商品的经常购买者，因此这一动机有时又称为惠顾动机。企业注重服务，善于树立产品形象和企业形象，往往有助于培养、建立消费者的偏爱动机。

例 2-6 “不方便”的方便

第 3 节 动机与营销策略

消费者需要和动机的有关理论为我们理解消费者在购买行为发生之前的一系列心理活动过程奠定了基础。了解消费者真实的购买动机，对其进行适当诱导，并在此基础上制定相应的营销策略，对于改善营销绩效具有不容忽视的现实意义。

一、动机可诱导性理论

动机是引起个体活动，维持已引起的活动，并促使活动朝向某一目标进行的内在心理活动。购买动机作为人的一种心理活动，影响它的不确定因素有很多，这就意味着人的某个购买行为要受到很多因素的影响，可以对它进行诱导，如图 2-5 所示。

引起动机的原因有两类，即内在需要和外在诱因，这两类原因可分别用驱力理论和诱因理论进行解释。驱力理论认为由于个体生理或心理的匮乏状态所引起的并促使个体有所行动的促动力量就是驱力。驱力有原始驱力和获得驱力之分。人和动物的行为均是受内部能量源的驱动，是经由学习而不是遗传引起的。诱因理论认为外部的诱因可引起消费者的购买动机。诱因理论并非否定个体内在动机的地位与作用，只是将关注点放在潜伏于个体身上的内在动机在多大程度上能够被特定的外在刺激物所激活和引导。这两个理论在解释消费者购买动机的可诱导性上是一致的。

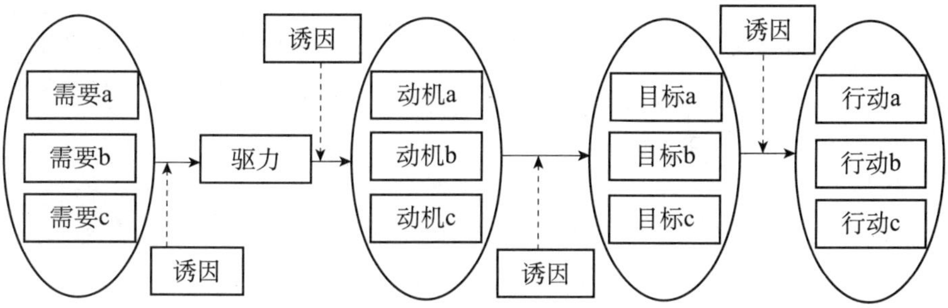

图 2-5　消费者动机的可诱导性

二、消费者购买动机可诱导性在营销中的应用

消费者的动机是可诱导的，因此，企业可以通过卓有成效的市场营销活动，使企业由被动地适应、迎合消费者，转化为积极的引导、激发和创造需要。

在消费者购买动机产生之后，企业就要设法激发购买行为的产生。营销者要知道怎样才能激发消费者的购买动机，以引导其购买行为。在现实生活中，消费者的购买行为往往是在多个动机共同驱使下进行的，是种种有意识和无意识的动机总和的结果，动机总和一般分两种情况。

一种情况是几种动机共同作用于促进购买行为方向（如图 2-6 所示），动机 a_1，a_2，…，a_n都促进购买。显然，购买动机得到强化，动机总和为各个动机之和，使消费者产生更为强大的推动购买力量，很容易产生购买行为。

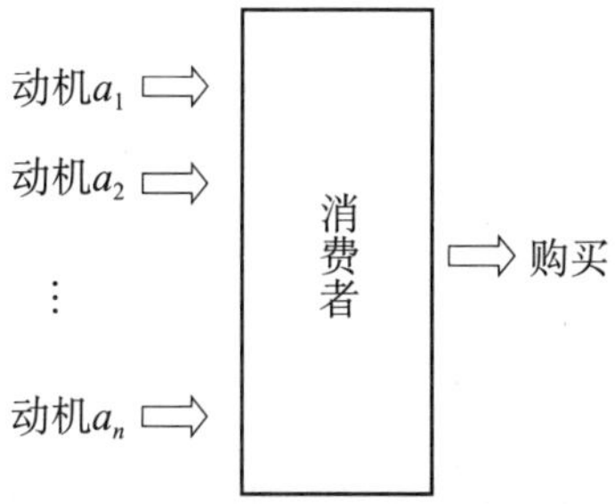

图 2-6　相同方向的购买动机

在这种情况下，营销者要清楚了解消费者都会有哪些购买动机，以及如何激发。营销者要善于激发那些指向相同的购买动机，以使指向购买的动机得到强化，起到事半功倍的效果。

另一种情况是有的动机促进购买行为，有的阻碍购买行为，即存在方向相反、相互抵触的动机（如图 2-7 所示）。动机总和不是各个动机之和，要比各个动机之和小，但只要不为零，就说明动机总和所代表的动机是存在的，要发生作用。

这时占上风的动机群决定购买行为，即如果促进购买的因素之和大于阻碍购买的因素之和，则结果为购买；如果促进购买的因素之和小于阻碍购买的因素之和，则不会产生购买行为。如果动机总和处于平衡状态，即促进购买的因素之和等于阻碍购买的因素之和时，消费者在买与不买之间徘徊，处于犹豫不定、优柔寡断的状态，要使消费者决定买或不买就需要加入外力。如果所加的是倾向购买的外力，就会强化购买动机，对购买行为往往产生决定性的影响；如果所加的是倾向不购买的外力，就会加大阻碍购买动机，使消费者决定不购买。

例2-7 谷歌眼镜引领顾客需求

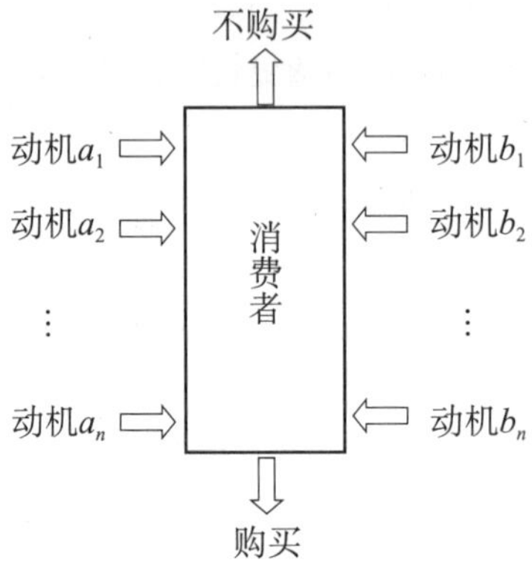

图2-7 不同方向的购买动机

（一）诱导的方式

如何对消费者的购买动机进行诱导，进而影响其购买行为呢？一般而言，要围绕影响消费者购买的环境因素进行诱导，也要根据影响购买行为的主要动机类型进行诱导。

（1）品牌强化诱导。

消费者对于购买某种产品已经做出了决定，但是对挑选哪个品牌心里没底，在购买现场会表现为对这个品牌的情况问一问，将那个品牌的说明书拿来看一看，可还是下不了决心。此时运用品牌强化诱导方式，售货员可以突出介绍一个品牌，详细说明它的好处，以及其他消费者对这个品牌的认识、感受，就可以促进消费者的购买。

（2）特点补充诱导。

当消费者对选择某品牌产品已有了主意，但是对其优缺点一时还不能做出判断时，应采用特点补充诱导方式，在消费者重视的属性之外，再补充说明其他一些性能特点，可以通过品牌之间的比较分析，帮助消费者进行决策。比如消费者在购买冰箱时，重视外观、容量、噪声等因素，但当对这些因素比较之后还不能做决定时，可以提示消费者某品牌的冰箱环保性能优越，还可以左右开门，方便在不同地点使用等来补充产品的优点，刺激其购买。

（3）利益追加诱导。

产品给消费者带来的利益是感性的、有限的，这就使得消费者对产品的评价具有局限性。此时应利用利益追加诱导方式，增加消费者对某一品牌、某种商品的认识，提高感知价值。某消费者已对某品牌的三门冰箱表示出浓厚兴趣，对于品牌、容量都比较满意，但是对于中间门的作用认识不足，这时厂家推销员过来介绍，中间门里面有个温度控制开关可以把温度调高，扩充冷藏室的容积（空间），也可以把温度调低，扩充冷冻室的容积（空间），可以随时进行调整，还有一个更重要的作用就是，一般而言冷冻室温度过低，把生肉等食物放进去以后会迅速冷冻，味道会变差，但可以保存较长时间，而在中间门里放进熟食、熟肉，两三天内食用绝对不会变味，也不用拿出来解冻，可以作为熟食专用柜。消费者一听这些介绍，马上就下定了购买的决心。

（4）观念转换诱导。

消费者对某一品牌的印象较差，往往是由于这个品牌的商品在消费者认为比较重要的属性方面不突出，不具有优势，此时可以采用观念（信念）转换诱导方式，改变消费者对商品的信念组合以及对商品属性重要性的看法。购买冰箱时，消费者把质量放在第一位，把价格放在第二位，把容量放在第三位。某品牌的冰箱价格不占优势，顾客在购买时难以下决心。若此时告诉消费者，价格不是最重要的，即使购买时价格略高一点，钱可以以后再挣，但要改变冰箱容量就难了。这样就会改变消费者对该品牌冰箱价格高、容量大的不好看法，认为容量大比较符合需要，进而对价格也就不那么敏感了。

（5）证据提供诱导。

有时消费者对于选择哪个品牌的商品已确定下来了，但还是没有把握，怕有风险而犹豫不决。此时运用证据提供诱导方式，告诉消费者都有什么人买了，有多少人买了这种商品，可强化从众购买的动机，打消消费者的顾虑，促成购买行为的产生。

小知识 2－1　锚定效应

（二）消费者购买动机可诱导性在营销中的应用

1. 包装上的应用

包装是无声的推销员，良好的包装不仅可以增加商品的价值，提高企业形象，而且能提高销售量。同样的产品不同的包装，销售结果完全不同。有这样一个小故事：一位老太太在一所大学门前卖苹果，天很冷，她的苹果很好却没有人买，这时一位教授从此经过，出于同情对老太太指点一二，于是，老太太买了一些红丝带，将两个苹果绑在一起，取名叫“情人果”，老太太的苹果很快就卖完了。

2. 广告上的应用

广告是指通过各种媒体将产品或服务的信息传递给消费者，激发消费者的购买欲望从而促进消费者做出购买决定的一种企业广泛使用的促销手段。广告之所以有这样的作用，就在于消费者购买动机的可诱导性。例如一个外地顾客出差到上海，在南京路办事，临近中午有点饿，这时他正好看到卖荣华鸡的商店，阵阵香味扑鼻而来，又看到旁边的广告宣传，把荣华鸡的特点介绍得清清楚楚，这样他就毫不犹豫地决定买荣华鸡。

3. 推销上的应用

推销是指企业通过从业人员与顾客的人际接触，传递商品信息，促进销售的一种促销手段，具有灵活、针对性强的特点，而且能够及时成交，对企业开拓市场非常重要。例如有三个推销员向一位老和尚推销梳子，第一个推销员被老和尚骂了出来；第二个推销员跟老和尚说，您可以把梳子送给香客，老和尚留下了十把梳子；第三个推销员对老和尚说，您德高望重，字也写得好，您在梳子上写上“积善”二字后再赠送给香客，香客们肯定不好意思白拿，他们就会给庙里捐钱，这样庙里就多了一份收入，而且会香火不断。老和尚听完特别高兴，当下就和他签了订单。

延伸阅读2-1　购物返券大揭秘

4. 营业推广上的应用

营业推广是指企业利用各种短期诱因刺激消费者及时做出购买决定。比如，降价、折扣、有奖销售、免费试用等都是使用短期诱因促使消费者及时做出购买决定。

案例分析

孩子王：打造社区商务

孩子王是一家由数据驱动、基于用户关系经营的创新型家庭服务品牌，主营母婴商品零售与增值服务，为准妈妈及0～14岁儿童提供衣、食、住、行、玩、教、学等购物及成长服务的综合性解决方案，拥有实体门店、线上PC端购物商城、移动端App等全渠道购物体验。孩子王2017年中期取得营收26.62亿元，同比增长38.83%；净利润6 145.73万元，同比增长206.66%。

社区商务模式（community business mode）是一种以社区范围内的居民为服务对象，以便民、利民、满足和促进居民综合消费为目标的属地型商业，具有经常性、便利性的特点，但不一定价格低廉。孩子王的社区，是以意见领袖和孩子王育儿顾问、合作伙伴为主体的用户进行精神消费的一个场所，包括知识分享、社交、儿歌或故事分享、购物笔记、动态圈子、关注等内容。

孩子王社区商务的核心是把服务体验做好，为会员提供更多商品和服务，并把线上线下的库存、用户、订单等打通，真正成为中国新家庭一站式商品和精神消费平台：不仅能售卖商品，还能通过社区给新家庭提供一个精神消费的场所，通过App社区、微信咨询、会员动态，用文字、图片、声音、视频等各种形式，把育儿、生活经验、情感交流、互动分享的内容展现给用户。

为了打造好社区商务，孩子王还建立了独家的妈妈在线互助交流平台，举办各种亲子活动、DIY手工制作平台、妈妈在线互助交流平台。平台按照宝宝年龄、居住区域来划分，在线交流育儿经，提供专家在线咨询，开展分门别类的育儿知识、丰富多彩的线下活动。这些系统化的独家活动，更好地培养了孩子的多种能力，并且深入浅出，寓教于乐。孩子王还首创“妈妈后援团”，团员全是25～45岁的妈妈，育儿经验丰富，她们负责配送商品，解决了陌生男性上门送货的种种不便。孩子王还配置了2 000多名育儿顾问，提供专业化的贴心服务，注重人性化的关怀。如为带着婴儿购物的顾客提供全程陪护，为哺乳期的妈妈提供专区，包括售前、售中、售后服务，这种全程化社区商务的营销模式，在国内还是第一家。

在竞争激烈的红海市场——母婴行业，孩子王市值已超过140亿元。孩子王找到了自己的新零售商业模式，成了行业龙头。

资料来源：范鹏．孩子王：经营用户关系的新零售革命．(2018-02-09). http://www.cmmo.cn/article-209989-1.html.

问题

1. 孩子王通过哪些独特方式来满足消费需求、刺激消费者的购买动机？
2. 结合案例分析企业如何借助社区商务实现跨越式发展。

重点名词

需要　需要层次理论　动机　动机理论　动机可诱导性

思考题

1. 影响购买动机的因素有哪些？
2. 简述需要与动机的关系。
3. 简述由消费者需要决定的购买行为的特点。
4. 动机可诱导性对营销人员有什么启示？

实训练习

实训项目：消费者的需要和购买动机

1. 实训目的

本实训的目的是要求学生将所学的理论知识运用于实践，通过分析消费者的需要和购买动机，提高分析问题、解决问题的能力，有针对性地制定特定产品的营销方案。

2. 实训内容

实训内容：以小组为单位，选择一种产品，确定目标客户。讨论产品的卖点并制定具有可行性的营销方案。

提示：

分析所选定的产品具备哪些卖点。

制定出一套较为可行的营销方案来打动目标客户。

如何更有效地激发目标客户的购买动机并使之转化为行动？

3. 操作步骤

小组成员分工协作，制定出切实可行的产品营销方案。

小组代表简要说明本组方案的特色与优势。

4. 教师点评

由教师点评每个小组的方案。引导大家梳理消费者的需要、购买动机及个体特征，完善各自的营销方案。

5. 实训条件

多媒体教室，分组讨论室。

6. 实训注意事项

学生的参与很重要，特别要鼓励小组成员分工协作、默契配合。

7. 实训作业

完成一份书面营销方案。

第3章 消费者知觉

本章要点

1. 消费者的知觉过程。
2. 知觉的概念和特征及其影响因素。
3. 消费者对产品质量的知觉。
4. 消费者对购买风险的知觉与减少知觉风险的方法。

引　例

星巴克新体验

2017年12月6日，星巴克公司历史上面积最大、业务最复杂、耗资最高昂的门店，在这一天正式对外营业。这家店和此前中国市场上所有的星巴克门店都不一样，消费者在这里收获到的惊喜感甚至可能是反“星巴克体验”的：普通门店里逼仄且消费日趋廉价的体验消失了，总面积超过2 700平方米的两层楼建筑内使用了大量的棕色木材和金属铜色，布置宽敞；没有像从流水线上下来的牛奶味拿铁，每杯奶咖都出自顶级的半自动咖啡机，还被仔细地拉了花；与店员交流的机会更多了，他们会教你捕捉优质咖啡和茶叶的独特香气；每隔十几分钟，就能见证一批咖啡豆从烘焙机内新鲜出炉并被送入店内巨大铜制储藏罐的全过程；这里甚至还有从马克杯、咖啡器具到衣服、包袋，乃至自行车在内的超过400种周边商品出售，其中包括多个昂贵的合作品牌和联名款。

舒尔茨将在这家门店的消费体验比喻为“乘着一张承载咖啡、戏剧和浪漫的魔毯，在咖啡的奇幻乐园里遨游”，甚至曾将其与上海市郊的迪士尼主题乐园对比。

资料来源：许冰清．星巴克的转折点．http：//rdbk1. ynlib. cn：6251/Qk/Paper/656936.

启示：在当前消费者需求日益个性化的时代，每个企业都必须采取策略适应。星巴克公司门店的变化充分考虑了消费者的需求，给消费者创造独特的消费体验，使消费者对星巴克公司产生积极的新认知。

动机被激发的消费者随时准备付诸行动，而如何行动会受到其对情境的知觉影响。在营销中，知觉比现实更为重要，因为知觉会影响消费者的实际行为。消费者的购买行为由许多因素决定，包括消费者的文化倾向、生理与心理结构以及过去的经验。从心理结构而言，消费者是以回忆、意象和思考来构建个人刺激-反应模式，即建立一种参考架构来感知外在世界并予以回应。知觉是一种调整与适应多变世界以求生存的方法。消费者在有意义的个人或情境变量之下，有意识或无意识地处理一些与质量属性有关的线索，进而影响其选择最适消费的产品。

第1节　消费者的知觉过程

消费者知觉是指消费者将由外部输入的各种各样的刺激加以选择使其有机化，并作为有意义的首尾一贯的外界映像进行解释的过程，即知觉是人对所感觉到的东西经过分析综合后的整体反映。

一、感觉与知觉

感觉是指我们的感受器（眼、耳、鼻、口等）对光线、色彩、声音、气味等基本刺激的直接反应。知觉是指对这些感觉进行选择、组织和解释的过程。[①] 人在感觉的基础上，形成知觉。因此，对知觉的研究就集中在为了给初始感觉赋予意义，我们在原始感觉上添加了什么。

现实中，消费者通常以知觉的形式直接反映商品等消费对象，而不是孤立地感觉商品的某个属性，因此，与感觉相比，知觉对消费者的影响更直接，也更为重要。知觉的形成决定消费者对商品信息的理解和接受程度；知觉的正误偏差制约着消费者对商品的选择比较；经知觉形成的对商品的认知，是购买行为发生的前提条件。

二、知觉的特征

消费者知觉过程受到消费对象特征和个人主观因素的影响，表现出某些独有的活动

---

① 所罗门，等．消费者行为学：第10版．北京：中国人民大学出版社，2014.

特性，具体表现在选择性、理解性、整体性、恒常性等方面。

（一）知觉的选择性

消费者并非对所有的刺激都做出反应，而是有选择地把其中一部分刺激作为信息加以接收、加工和理解，这种在感觉基础上有选择地加工处理信息的特性，即知觉的选择性。有研究表明，平均每天显现在消费者眼前的广告信息达 1 500 个，但被感知的广告只有 75 个，能产生实际效果的只有 12 个。

（二）知觉的理解性

知觉是在知识经验的参与下形成的。消费者在以往的生活实践中积累了一定的商品知识和经验，借助这些知识和经验，消费者才能对各种感觉到的信息加以选择和解释，将其认知为可以理解的确定的事物。比如，消费者在购买家电的时候会用以往的经验来评价产品，如果先前使用过的 A 品牌质量较好的话，很有可能在下一次购买中仍然选择 A 品牌。如果缺乏必要的知识和经验，消费者就不能形成对商品的正确知觉。

（三）知觉的整体性

心理学研究表明，虽然知觉对象由许多个别属性组成，但是人们并不把对象感知为若干相互独立的部分，而是趋向于感知为一个统一的整体。在认知商品的过程中，消费者经常根据消费对象各个部分的组合方式进行整体性知觉。人们通常把某种商品的商标、价格、质量、款式、包装等因素联系在一起，形成对该商品的整体印象。之所以如此，是因为通过整体知觉可以加快认知过程，同时获得完成、圆满、稳定的心理感受。

（四）知觉的恒常性

由于知识经验的参与和整体知觉的作用，人们对客观事物的认知更加全面深刻。即使知觉的条件发生变化，知觉的映像仍能保持相对不变，即具有恒常性。知觉的这一特性使消费者能够避免外部因素的干扰，在复杂多变的市场环境中保持对某些商品的一贯认知。有些传统商品、名牌商标、老字号商店之所以能长期保有市场份额，而不被众多的新产品、新企业所排挤掉，重要的原因之一就是消费者已经对它们形成恒常性知觉，在各种场合下都能准确无误地加以识别，并受惯性驱使连续购买。

例 3－1　可口可乐新包装

三、知觉的过程

我们的大脑首先通过感觉刺激接收外部信息，或者说感觉输入，然后依次经过三个相互联系的阶段，即展露、注意和理解。如果一则信息不能通过这几个阶段并被消费者保留下来，那么它就很难被存储在消费者的记忆中，也就无法有效地对消费者行为产生影响，如图 3－1 所示。

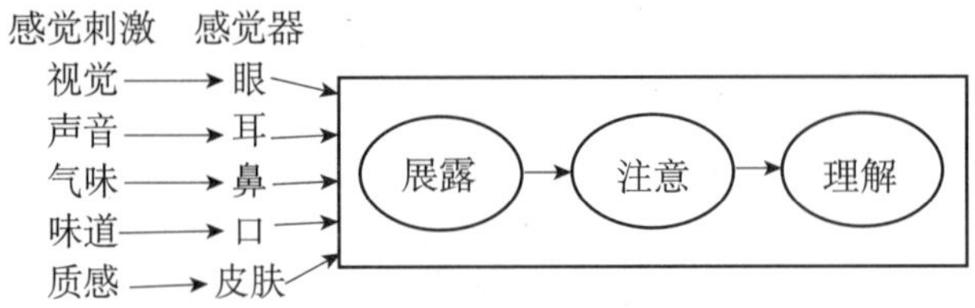

图3-1 知觉的过程

(一) 刺激物的展露

展露是指刺激物出现在消费者的感觉接收神经范围内。刺激物在消费者面前展现仅需刺激物出现在消费者相关环境之内，并不一定要求消费者接收到刺激物信息。例如，你在房间里，电视正播放广告，你可能在与朋友谈话而没有注意到，但广告展露在你面前则是事实。通常消费者面对的仅仅是展露的刺激物中的很少一部分。现在，有成百的电视频道、广播电台和呈爆炸性增长的电脑网络。然而，在一段时间内人们通常只看一个电视台的节目，只阅读一种杂志、一份报纸或一本书。

(二) 注意及其影响因素

由于认识能力的限制，在某一特定时点，消费者不可能同时注意和处理所有展露在他面前的信息，而只是部分地对某些信息予以注意。注意是指个体对展露于其面前的刺激物做出进一步加工和处理。注意具有选择性的事实，要求企业认真分析影响注意的各种因素，在此基础上设计出更能引起消费者注意的广告、包装、品牌等营销刺激物。

一般而言，影响注意的因素主要有三类，即刺激物因素、个体因素和情境因素。

(1) 影响注意的刺激物因素。

刺激物因素是指刺激物本身的特征，如大小、颜色、位置、运动等。刺激物的影响如表3-1所示。由于刺激物因素是企业可以控制的，因此，在营销实践中常用于吸引消费者的注意。

表3-1 刺激物的影响

刺激物的特征	容易引起认知	不容易引起认知
规模	大	小
位置	显著	偏僻
色彩	鲜艳	暗淡
动静	运动	静止
反差	明显	模糊
强度	强烈	微弱

一般来说，大的刺激物比小的刺激物更容易引起注意。例如，一则全页广告较半页广告或1/4页版面广告更容易被注意到。同样，刺激强度越大，如更大的声音、更明亮的色彩，更容易引起注意。彩色画面通常较黑白画面更易引起注意。一项涉及报纸广告色彩效果的研究发现，减价品新增销量的41%是由于零售商在黑白报纸广告中增加了

一种颜色所致。具有动感的刺激物较静止的刺激物更容易抓住人们的视线。街上的霓虹灯广告及其他一些具有动感的广告均是运用此原理来吸引受众的注意。通常，处于视野正中的物体较处于边缘的物体更容易被人注意，这就是制造商为取得与视线平行的货架位置而展开激烈争夺的重要原因。

（2）影响注意的个体因素。

个体因素是指个人的特征，通常是企业不能直接控制的，这些因素主要有需要与动机、态度、适应性水平。

当处于某种需要状态时，消费者对能够满足这种需要的刺激物会主动关注。饥肠辘辘的人会对食品和有关食品的信息给予更多的注意；喜欢户外运动的消费者，对有关运动器材的广告可能格外注意。因此，当消费者的某种需要被激发时，与满足该需要相联系的刺激物会备受注意，对习以为常的事物不再注意。虽然广告很新颖，但重播时间一长，其效果就会下降，只有在内容和形式上不时做出变动，才能使消费者在较长时期内保持对该广告的注意。

（3）影响注意的情境因素。

情境因素既包括环境中独立于中心刺激物的那些因素，又包括暂时性的个人特征（如个体当时的身体状况、情绪等）。一个忙碌的人较一个空闲的人可能更少注意到呈现在其面前的刺激物。处于不安或不快情境中的消费者，会注意不到很多展露在他面前的信息，因为他可能想尽快从目前的处境中摆脱出来。

例3－2　巧掷酒瓶振国威

（三）对刺激物的理解

知觉的最后一个阶段，是个体对刺激物的理解，它是个体赋予刺激物以某种含义或意义的过程。理解涉及个体依据现有知识对刺激物进行组织分类和描述，同样受到个体因素、刺激物因素和情境因素的制约和影响。

（1）对刺激物的组织与分类。

人们总是倾向于按一定的规则将新的刺激物和存储在头脑中的既有知识、经验相联系，并将新刺激物当作是有意义的。对一个新刺激物，人们通常要根据存储在头脑中的既有概念加以归类。刺激物被归入何种类别中，对消费者行为将产生重要影响。例如，西洋参与人参在功用和效能上可能差别很大，但大多数人将其归入同一类别，即补品或滋补品类别，而且将有关人参的感知评价自动移入对西洋参的评价中。

（2）影响理解的个体因素。

动机会影响个体对刺激物的注意，也会影响对刺激物的理解。不仅如此，动机还影响理解过程中个体对信息加工的深度。如果刺激物被认为与达到某种目的或提供某种利益有关，就有可能激发各种联系和想法，此时信息加工深度提高，反之则会削弱。

存储在头脑中的知识是决定个体如何理解刺激物的一个主要因素。新手和专家对同一事物的判断可能截然不同。知识丰富的消费者更可能识别信息传播中的逻辑错误，集中思考刺激物中包含的事实，而知识欠缺的消费者则可能更多着眼于背景音乐、图片等非实质性内容。

例3-3 华邑2018京东超市年货节social传播

理解很大程度上取决于个体对所要看到的事物的期待。美国学者奥利森做过这样一个实验，要求被试品尝不同品牌的啤酒并打分：先是将啤酒标识去除进行实验，结果各种啤酒的评价值几乎没有区别；然后贴上标识再行评价，此时对不同品牌评价的差异性就显现出来了。由此说明，由品牌名所产生的预期，对消费者的感知确实有非常大的影响。

（3）影响理解的刺激物因素。

刺激物的实体特征（如大小、颜色等），对消费者如何理解刺激物有着重要影响。苹果计算机公司最初将功能更强但体积更小的计算机推向市场时，很多消费者难以相信这一事实，于是苹果公司不得不发起一场名为“它比看起来要大得多”的推销活动，结果是消费者看法的改变和产品销量的上升。刺激物的颜色在消费者的理解过程中是重要的认识点。在美国，橙色代表廉价。一家快餐连锁店为突出其食物的物美价廉，在店面装修中更多地加进橙色，结果销量增加了7%。家用电器制造企业发现，当使用柔和的而不是较深或较暗的色彩时，消费者会觉得产品的重量轻一些。

语言和符号作为刺激物的一部分对信息的最终理解亦产生重要影响。同样的语言或符号在不同情境和不同文化背景下的含义可能截然不同。对于“降价销售”，如果从字面上理解是商品价格降到正常价位以下销售，很多情况下消费者都会这样理解，然而，同样的词如果用于时装的销售上，消费者可能会认为这些时装已经或即将过时。

假设甲是你和你的朋友均不认识的一个人，现在有人分别向你们描述甲的个性特征，所描述的特征完全一样但次序颠倒，你猜会怎么样？这种描述次序上的不同是否会导致你和你的朋友对甲形成态度上的差异？根据研究，答案是肯定的。对企业来说，通过市场调查或市场测试了解是否存在次序影响是很有必要的。

（4）影响理解的情境因素。

一些情境因素，如饥饿、孤独、匆忙等暂时性个人特征，以及气温、在场人数、外界干扰等外部环境特征，均会影响个体理解信息。可口可乐公司和通用磨坊公司均不在新闻节目之后播放其食品广告，它们认为新闻中的坏消息可能影响受众对其广告与食品的反应。

（5）对营销信息的误解。

营销者希望消费者能正确理解其传递的信息。然而，一个涉及商业广告和非商业性电视节目的研究发现，很大一部分受众对商业电台的传播内容存在误解。无论是商业广告还是非商业性节目均无法避免被误解，总体信息中有30%被误解。

产生误解的原因多种多样，有时，可能是受众注意力不集中，也有可能是刺激物本身不明确和模糊所致。消费者知识的局限性可能导致对营销信息的误解。减少误解非常重要，但它又是一个很复杂的问题，迄今尚未找到十分有效的消除误解的办法。企业在与消费者和其他社会公众沟通的过程中，应预先认真测试所要传递的信息，以尽可能减少误解。

例3-4 天猫：如何度过无聊年海报

第2节 消费者对产品质量的知觉

在高度全球化的市场竞争中，产品质量的作用越来越突出，能够提高企业的市场份额、价格和利润，使企业获得竞争优势。企业既需要通过全面质量管理等手段提高产品质量，又需要从消费者的角度来提高产品质量。因为市场竞争的结果取决于消费者对产品的评价和购买，而不是企业和产品质量专家对产品质量的评价，产品质量的提高需要以顾客为导向，而非以企业为导向，所以了解“消费者如何感知和评价产品质量”非常重要。

一、认知质量

认知质量是消费者在客观质量基础上形成的主观心理感受，这种主观的评价将影响消费者购买过程的各个环节，消费者对企业的质量认知将直接影响其购买决策。在科学技术高度发达的今天，产品变得非常复杂，产品的物理属性知识高度专业化。作为只是购买者和使用者的消费者，即使非常努力地投入大量时间和精力去收集产品信息，也难以掌握产品的全部信息。虽然销售者可以把产品质量信息传达给购买者，但是销售者需要把信息进行编码，然后传播，接收者需要解码才能了解这些信息，在编码—传递—解码的过程中，就会发生信息的部分丧失和失真。由此在购买者与销售者之间形成关于产品质量的信息不对称，导致消费者很难做出理性的选择。

消费者对产品质量的知觉或认识，既和产品本身内在的特性与品质相联系，又受到主观因素的影响。我们把消费者对产品适用性和其他功能特性适合其使用目的的主观理解叫知觉质量或认知质量。认知质量以产品内在质量为基础，但不与其相等同。两种产品的内在质量即使完全一样，消费者对它们的质量认知也可能相去甚远。

例3-5 农夫山泉，甜并快乐着

二、消费者认知质量的形成

消费者利用一些线索作为判断产品质量的依据。根据线索利用理论，产品由一系列能够作为消费者评价产品质量的信号组成，线索是产品属性的函数，产品属性包括内部属性和外部属性。线索是消费者能够观察到的，质量属性是消费者希望得到的，如果质量线索能够准确地与质量属性相关，那么质量线索就非常有效。

线索对消费者的价值可以分为两类：一是预示价值，是消费者认为或者感知一个线索预示产品质量的程度，是消费者把一个给定的信号与产品质量相联系的程度，表示了这个线索的可靠性，以及消费者用它来判断产品质量的准确程度；二是信心价值，是消费者对自己能够正确地判断和使用线索能力的信心程度。

根据线索的特点，线索分为内部线索和外部线索。内部线索包括产品大小、形状、味道等。外部线索是与产品有关的属性，但不是物理产品的一部分。外部线索包括营销组合产生的相关信号。消费者可利用的外部线索有价格、品牌名称、包装、商店名称、颜色及零售商的声誉。与内部线索相比，外部线索比较容易获得，容易接近，认知过程简单。

三、营销启示

既然消费者一般根据与产品相关的某些线索形成对产品质量的认知，那么企业就应充分认识到产品管理并不只是一个企业内部管理的问题，而是包括企业或市场的全面管理过程。企业应针对自己的产品或服务开展调查，以了解消费者主要依据哪些线索做出质量判断，并据此制定营销策略。如果某些产品特征被消费者作为质量认知线索，那么它们就具有双重的重要性：一方面作为产品的一部分具有功能效用；另一方面对消费者具有信息传递作用。后一作用在企业制定广告等促销策略时具有特别的意义，将不构成认知线索的产品特征或特性大加宣传很难收到预期的传播效果。

企业还应充分重视形成认知质量的外在线索。既然价格、商标知名度、出售场所等构成消费者判断质量好坏的重要线索，企业就应了解这些线索对消费者的相对重要程度，以及不同消费者在评价这些线索时存在的差异，据此做出回应。比如，高品质的产品应有相应的价格、包装，分销渠道应避免过于大众化，对短期促销活动应格外慎重。

总之，企业应充分认识到质量是消费者、环境和企业活动综合作用的结果。在销售及消费过程中，一方面企业要不断提高自身的服务质量，因为世界范围的“质量战”，使各国的产品质量不断提高，市场竞争的结果促使各国的产品质量差距越来越小，因此产品服务成为企业竞争新的焦点，销售服务质量的优劣已成为决定企业胜负的关键。另一方面，企业必须从研究消费者行为角度出发，加强产品认知质量管理，因为消费者对产品质量的认知形成于购买前的信息搜集处理、购买及购买后的使用过程中，而且上次的认知会直接影响其下次的购买决策，而现实中由于诸多因素的影响，消费者对产品质量的认知偏离了产品的客观质量或者对产品根本就缺乏认知。因此，企业必须了解认知形成过程及其对消费和购买决策的影响。单纯从制造过程或设计过程入手，不把握消费者的需求与反应，是不可能提供消费者所认可和接受的质量的。

例 3－6 Build A Bear：玩具公司还是娱乐公园？

第 3 节　消费者的知觉风险

一、知觉风险的概念

知觉风险是指消费者所知觉到的购买决策中存在的风险。由于购买风险本身具有不确定性，人们对这种风险的知觉必然具有不确定性。消费者一旦有了某种需求，就会在心理上产生紧张和不安的感觉，当这种感觉被意识到后，便产生解除这种紧张和不安的心理愿望，这就形成了一定的需求。紧张感驱使他们寻求能满足需求的产品或服务，直到购买和消费产品或服务的过程结束，紧张感才会消失。知觉风险使人们选择产品与服务时信心不足，举棋不定，从而延缓了紧张感的消除。

应该强调的是，我们所指的知觉风险是消费者知觉到的风险，不是实际风险，因为无法知觉的风险，不管其真实性或危险性有多大，都不会影响消费者的购买决策。例如，当你驱车飞驰险些与突然从路口驶出的一辆汽车相撞时，你会惊出一身冷汗，而坐在你旁边的昏昏欲睡的朋友可能对此一无所知。因此，风险只有被知觉和感受到才会对行为产生影响。在购买产品过程中，消费者可能会面临各种各样的风险，这些风险有的会被消费者感觉到，有的不一定被感觉到；有的被消费者夸大，有的被弱化。因此，知觉风险与实际风险并不一致，两者甚至有较大的差距。

正是由于知觉风险的存在，消费者有可能会产生某种紧张感。研究指出，当人们面对同样程度的获利和损失时，损失带来的负面感受是获利带来的正面感受的两倍，也就是说，痛苦比快乐的感觉更加强烈。消费者自身有缓解紧张的机能，会通过某些行为消除紧张感。因此，消费者有可能会增加信息收集来延迟、更改购买决策，或者索性因为担心知觉风险而放弃购买。

二、知觉风险的类型

例 3－7　“土特产”难成大品牌

消费者知觉风险主要有以下五种类型。

（一）功能风险

功能风险是指产品不具备人们所期望的性能或产品性能比竞争品差所带来的风险。如汽车的耗油量比企业承诺的高，电池寿命比正常预期的短，均属于功能性风险。

（二）物质风险

物质风险是指产品可能对自己或他人的健康与安全产生危害的风险。例如，消费者对食品的营养与卫生标准是否达到了法律所规定的要求，转基因食品是否会对人体健康产生无法预料的影响等的担心均属于物质风险的范畴。

（三）经济风险

经济风险是指担心产品定价过高或产品有质量问题蒙受经济损失所产生的风险。在网络购物中，消费者可能面临付款而货不到的风险。没有网购经历的消费者可能在心理上的感知风险更大，有过网购经历的消费者的感知风险较小。

（四）社会风险

社会风险是指因购买决策失误而受到他人嘲笑、疏远而产生的风险。例如，我的家人、朋友如何看待我的选择？我买的产品是否会被我所渴望加入的群体人员所接受和欣赏？对这类问题的关注和担心属于社会风险。

（五）心理风险

心理风险是因决策失误而使消费者自我情感受到伤害的风险。对所买产品是否适合自己，能否体现自己的形象等问题的担心属于心理风险。

知觉风险对消费者以及购买决策的影响见表3－2。

表3－2 知觉风险及其影响

风险类型	对风险最为敏感的消费者	最受风险影响的购买
功能风险	风险资本由执行功能或满足需要的备选方式组成。注重实效的消费者对这类风险最为敏感。	购买和使用需要高度介入的产品或服务对这类风险最为敏感。
物质风险	风险资本由体力、健康和精力组成。年老的、体弱的或健康状况不好的人最容易受到这类风险的影响。	机械类或电子类产品、药品和医学治疗、食品和饮料对这类风险最为敏感。
经济风险	风险资本由金钱和财产组成。收入较低、财产较少的人最容易受到这类风险影响。	需要高额支出的贵重产品最容易受到这类风险影响。
社会风险	风险资本由自尊和自信组成。缺乏安全感或缺少自信的人对这类风险最为敏感。	社会可见的或象征性的产品，如服装、珠宝、汽车、住房或运动装备等最易受社会风险的影响。
心理风险	风险资本由归属关系和地位组成。缺乏自信或对同伴的吸引力的人对这类风险最为敏感。	可能会引致犯罪的个人奢侈品、耐用品，以及要求自律或付出代价的服务对心理风险最为敏感。

三、产生知觉风险的原因

如前所述，知觉风险是消费者对其购买活动的结果的不确定感，因此人们产生知觉风险的最根本原因是其购买活动结果优劣的不确定性，这种不确定性受多种因素的影响。

第一，由于所依据的信息十分有限，进而对购买决策的正确性缺乏信心，从而产生一定的知觉风险。消费者购买的是新产品或对所要购买的产品以前没有体验，在大多数人看来，新产品或没有体验的产品存在更大的不确定性，这种感觉既和经验与常识有关，又与人们习惯于现有状态和现有事物的心态有关。

第二，以往在同类产品或同一品牌的其他产品的消费中有过不满意的经历，即“一朝被蛇咬，十年怕井绳”。一旦以前在购买中遭遇过不愉快的体验，就会心有余悸，人们对本次购买这类产品或这类品牌就有一定的知觉风险。

第三，购买中机会成本的存在。人们的时间和金钱是有限的，要购买某种产品就必须放弃对其他产品的购买，这就是购买决策中的机会成本。比如，选择了海尔空调，就放弃了对格力、春兰、三菱等其他众多空调品牌的选择。

第四，要购买的产品是刚上市的新产品或从未购买和使用过的老产品。由于对这种产品缺乏经验，消费者心中就有一种前途未卜的感觉。在购买决策过程中，如果对备选产品具有充分、可靠的信息，那么不确定感就很小，甚至不存在不确定感，也就很容易做出决策；相反，如果信息不全，或者认为手头的信息不可靠，则风险感会骤然升高。

第五，所要购买产品的技术复杂程度高。对技术领先的新产品或功能属性较复杂的产品消费者一般了解较少，这类产品的购买往往有较高的知觉风险；对与消费者身体或者健康紧密相关的商品消费者容易有较高的知觉风险。一般来说，对于技术复杂程度较高的产品，人们往往难以比较不同品牌之间的差异，这势必增强购买决策中的不确定性。

第六，如果所购产品价值很高或产品对购买者特别重要，选择后果具有不可更改性，或购买有特殊用意，如作为礼品、招待客人之用，此时，消费者所知觉的购买风险会相应增高。

四、减少知觉风险的方法

消费者是能动的，能知觉到某种风险的存在，必然会想办法来减少风险。通常，消费者应对知觉风险的办法多种多样，不同的个体在应对同一风险时所采用的办法也不尽相同。

（一）主动收集信息

当对选择后果存在不确定感和缺乏信心时，很多消费者会主动从外部获取信息，因为更多的或例外的信息意味着选择后果的可预见性和确定性增强。消费者获取信息的渠道很多，信息收集得越多，消费者对各品牌的功能、属性的了解也越多，相应地知觉到的风险也会适当降低，但购买知觉风险越高，消费者越有可能更多地依赖个人信息源和口头传播所获取的信息。

（二）保持品牌忠诚

在存在购买风险的情况下，从外部收集信息无疑有助于降低风险，但信息的收集是需要成本的，这些成本既包括时间成本，又包括金钱和精力的投入。如果消费者对现有品牌尚感满意，那么可以通过重复选择该品牌，即形成品牌忠诚来避免由于选择新品牌而可能带来的不确定感。

（三）依据品牌与商店形象

著名品牌或有影响的商店不仅有众多购买者，而且它们本身构成指示线索，有助于降低消费者的风险感。

（四）购买高价产品

价格常被消费者作为产品质量的指示器，不少消费者基于“便宜无好货”“优价优质”而对产品质量做出判断。虽然这种判断不总是正确的，但很多消费者仍有意无意地在价格与质量之间建立这种联系。

（五）寻求商家保证

如果企业或卖方通过包修、包换、包退、包赔等方式对产品或服务提供保证，那么消费者的风险就部分或完全地转移了。

（六）从众购买

模仿和跟随其他大多数消费者的购买行为是消费者常用的降低知觉风险的方法，尤其在中国文化的影响下，跟风购买似乎总让消费者有一种不会出错的安慰心理。在消费者看来，很多人使用同一产品或做出类似的购买决定，一定有其理由，即使这种决策不是最好的，也不至于是最糟糕的。

例3－8 “负面营销”的是与非

五、降低知觉风险的营销策略

消费者的知觉风险会极大地影响消费者的购买行为，无论企业还是消费者都力图消除或减少各种知觉风险。由于信息的不对称，要完全消除知觉风险是不可能的。我们可以采用适当的营销策略在一定程度上减少消费者的知觉风险。

在现实营销活动中消费者为降低知觉风险，通常会收集更多的产品信息，可根据消费者收集信息的不同程度而采取不同的营销策略来降低消费者的知觉风险，加快消费者的购买决策。对此，特别需要考虑两个层面：一是决策类型，它影响信息收集水平。据此，可以把消费者分为两类，即有限信息收集者和广泛信息收集者。二是激活域水平，它影响信息收集的方向，即产品的品牌处在消费者的激活域内还是激活域外。

以此为基础，我们可组合成四种营销策略（如表3－3所示）。虽然这些策略有重叠，但是每个策略均有独特的作用。

表3－3 降低知觉风险的营销策略

品牌位置	决策模式	
	有限信息收集者	广泛信息收集者
激活域内的品牌	捕获策略	偏好策略
激活域外的品牌	拦截策略	引导策略

（一）捕获策略

这种决策模式通常涉及运用少数几个标准如价格或可获得性对少量品牌进行比较。大部分信息收集发生在购物点或容易获得的媒体上，如果企业的品牌属于被考虑的品牌之列，企业目标应是尽可能占有较大的市场份额。由于消费者的信息收集有限，企业需要了解他们在何处搜寻信息，并通过在媒体上做合作性广告或通过购物点的陈列以及足够大的货架空间向消费者提供有关价格、可获性等方面的信息。

（二）拦截策略

如果目标消费者是有限的信息收集者，而品牌又在激活域外，则企业的目标是在消费者寻找有关激活域内品牌的过程中对其实施拦截。这里的重点同样是媒体上的合作性广告、购物点陈列、货架空间、包装设计等，赠送奖券也非常有效。由于消费者对企业的品牌不予关注，吸引消费者的注意至关重要。此外，低涉入度学习、产品改进、免费样品可以帮助企业进入目标市场的激活域。

（三）偏好策略

当消费者的信息收集属于广泛收集，企业的品牌又在消费者激活域内时，企业应采用此策略。由于消费者收集信息的广度大，其收集的信息往往涉及好几个品牌、很多产品属性的信息，简单的捕获策略是不够的，企业需要构建一种信息方案，以使企业品牌受到消费者的偏爱。第一步，在那些对目标消费者十分重要的产品属性上建立强势地位；第二步，信息必须提供给所有合适的渠道，包括那些虽然不买该产品但有可能向他人推荐该产品的渠道；第三步，鼓励非商业性组织或群体检测该产品，向销售人员提供产品属性的详细信息，另外，给销售人员适当的额外刺激，以鼓励他们推荐该产品。

（四）引导策略

该策略与偏好策略极为相似，然而，更为复杂的是，有些目标消费者不会搜寻有关企业品牌的信息，因此除偏好策略所提到的各种活动外，企业还必须吸引消费者注意或促使消费者了解企业的产品。可以用鼓励低涉入度学习的长期广告或增加吸引力的广告两种方式，其目的不是直接销售产品，而是使产品进入消费者的决策范围，当某种购买情境出现时，消费者将会更多地收集该产品的信息。

案例分析

给点颜色瞧瞧

黄昏，葡萄牙首都里斯本，卡塔琳娜走进一家超市，将几大包 Renova 纸巾放进购物车。卡塔琳娜今年 25 岁，在一家外贸公司工作。在同事眼中，她是一个“颜控”，喜欢一切外观漂亮的东西，包括纸巾。在卡塔琳娜看来，优雅地抽出一张漂亮的纸巾拭嘴，比随意掏出一包普通纸巾要高级十倍。

事实上，超市里的卫生纸品牌琳琅满目，但无论哪个品牌，什么价位，它们的颜色都是白色。谁规定卫生纸必须是白色的？

纸巾生产商Renova偏偏要打破这种“约定俗成”，研发了彩色卫生纸。早在2005年，其首款黑色卫生纸一经推出便引起了轰动，引发全欧洲的媒体竞相报道，一度卖到脱销。黑色卫生纸试水成功后，Renova又陆续推出了红色、紫色、粉色等色系的卫生纸，并在营销上主动赋予每种颜色性格特征。比如，红色象征“热情、自由”，对标那些坚持自我、崇尚个性的潮流追随者。据说，美国流行天后碧昂丝就钟爱红色款，出门必备一包。

很快，Renova就在欧美纸巾市场掀起了一股“最炫彩色风”，成为那些追求品位的女性顾客居家、出行的标配。虽然Renova的主力客群是女性，但它却偏偏抛弃选用女性代言人的传统做法，而是选用男模作为广告片的主角。

究其原因，第一，男性是粗犷、力量的代表，与以往卫生纸广告中所表达的柔软形成鲜明对比，这种差异化的品牌形象可谓记忆点十足；第二，女性是家用卫生纸的购买决策者，男性对卫生纸的关注比较少，Renova将自己定位为“男人都爱的卫生纸”，借此吸引增量人群——男性用户购买。

如果单纯把Renova走红的原因归结为“彩色”，那你就错了。

卫生纸换个颜色还是卫生纸，但Renova的高明之处在于挖掘出了顾客未被充分满足的需求。当所有卫生纸品牌都在大力强调功能性的时候，Renova却跳出来告诉大家——卫生纸不仅要好用，而且要好看。对于那些愿意掏钱为Renova埋单的顾客而言，卫生纸本身的功能反而变成次要了，彩色卫生纸所带来的时尚感和设计感才是最重要的。

这样一来，Renova就成功突破了原有的顾客群体，成功开发了增量市场。Renova深知，存量市场的竞争逻辑是如何把产品功能做得更好，而做增量市场的关键在于如何做得不同。

资料来源：王含玥．这个卫生纸有点“色”．商界，2018（3）．

问题

1. Renova如何通过色彩来改变消费者对卫生纸的认知？
2. Renova为什么采用男模作为广告片的主角？谈谈你的看法。
3. 结合案例，说明消费者对不同颜色的知觉。

重点名词

感觉　知觉　展露　知觉风险　认知质量
外在线索　内在线索

思考题

1. 简述感觉和知觉的概念和类型。
2. 简述知觉的形成过程。
3. 消费者认知质量是如何形成的？

4. 消费者知觉风险产生的原因以及减少知觉风险的方法是什么？

实训练习

1. 实训目标和任务

本次实训旨在借助消费者的感官评定来确定消费者喜好，通过对消费行为的观察和实验，了解消费者对食品类商品的感觉和知觉及影响因素，分析消费者对食品形成的知觉和潜在消费喜好，从而使学生深入理解消费者知觉的相关理论。

2. 实训背景

(1) 实训背景。

本实训在实验室进行。选择五个品牌的啤酒并将其分为三组，每组每个品种的编号应当是不一样的（变换编号），在无标志的情况下对被试进行分组品尝测定，观察其对这五个品牌啤酒的选择性喜好。

(2) 学生角色。

根据实训任务，学生分为两组，分别扮演两种角色，即实验观察小组和消费者小组。

消费者小组对实训中选择的啤酒进行品尝；实验观察小组需观察整个实验过程中消费者小组的行为并做记录，将品尝结果记录下来。两种角色在实验中可以对调，使学生对两种角色均有体验。

3. 实训准备

教师准备：实训前，指导教师应设计和准备实训项目的内容和要求，采购五种品牌的啤酒；实训中，指导学生基于感官鉴定的方法进行品尝实验，填写品尝记录表；实训后，指导学生完成实训报告，并总结经验和不足。

实训建议：根据测试对象的不同，还可选择饮料等作为实验中的被品尝商品。

理论知识准备：基本了解消费者感觉、知觉、感觉和知觉的区别、知觉过程三阶段及各阶段的主要内容、营销应用的相关内容。

4. 实施步骤

(1) 学生按角色分组。指导教师根据实训班级人数进行分组。每组学生按实验观察小组和消费者小组划分。其中实验观察小组3～4人一组，消费者小组6～8人一组。

(2) 教师指导。指导教师为各组分派任务，说明实验规则和程序。

(3) 进入实验。各组自行开始第一轮实验，按规定记录实验过程和结果；指导教师根据进度对调各组角色，进行第二轮实验。即原做实验观察的小组，现在扮演消费者；原做消费者的小组，现在做实验观察，并按规定记录实验过程和结果。

(4) 形成小组实训报告（一式两份，一份自留，一份交到指导教师处）。

(5) 各小组报告分享，联系本章所学的内容谈体会，并总结实验的经验和不足。

5. 实训反馈和完善

实训结束后，教师根据实训报告对学生实训效果做出总体评价，并对实训内容设置的合理性和实际教学效果进行评价，不断完善课程实训的设计。

第4章 消费者学习与记忆

本章要点

1. 消费者学习、记忆等概念。
2. 消费者学习与记忆的原理与规律。
3. 消费者学习的基本途径。
4. 影响消费者遗忘进程的因素。
5. 消费者学习理论及其应用。

引　例

怀旧是一道护城河

当用户年龄越大，对过去的怀念就会变得越强烈。童年时期常吃的零食、从前父母常用的洗衣粉、爷爷讲故事提到的老字号……对于很多用户而言，这些都可能是美好的“回忆杀”。

2018年，一款名为摩奇桃汁的老牌饮料高调“复活”，在电商平台创出3天卖出3万箱的销售佳绩。20世纪90年代，摩奇桃汁在北京市场深受欢迎，成为许多80后的经典回忆。之后摩奇桃汁一度停产，直到今年，在电商平台每日优鲜的策划下，北京二商集团旗下的摩奇桃汁品牌在线上重新回归，并把怀旧作为最大卖点。

“生于1984年，兴于1992年，并在2018年1月复活”“还是1992年的北京味”等宣传语充满怀旧的味道，立刻唤起了70后、80后的记忆。为了把怀旧做到极致，每日优鲜找到了当年生产摩奇桃汁的老职工，并翻阅了大量的老资料，确保摩奇桃汁从配方到包装，都能够做到与原版无异。之后，每日优鲜又推出“旧貌新颜”的摩奇宝盒限量版，内附玻璃球、铁皮青蛙、小蜡笔、泡泡胶等复古玩具，产品很快被抢购一空。

一个品牌只要在一个时代里占据了用户的某个瞬间，将这种记忆点与用户怀旧的浪漫化倾向结合，就能构建起自己的护城河。

资料来源：营销大迁徙．(2018－06－06). https：//finance. sina. com. cn/roll/2018-06-06/doc-ihcqccip3080732. shtml.

启示：记忆中美好的事物对消费者具有致命的杀伤力，摩奇桃汁把怀旧作为最大卖点，击中了消费者的痛点，为企业的成功创造了条件。

消费者绝大部分的需要和行为是后天习得的。消费者通过学习获得了丰富的知识和经验，提高了对环境的适应能力，同时，在学习过程中，其行为也在不断地调整和改变。消费者的学习与记忆是紧密联系在一起的，没有记忆，学习是无法进行的。

第1节 学习概述

消费者的知识和经验是通过学习过程获得的。消费者是否发生学习活动，取决于消费者是否产生一定的需要。

一、学习的含义

学习是一个内涵相当广泛的概念。广义的学习是人和动物在生活过程中获得个体行为经验，并由经验引起行为或思维的较持久变化的过程，它体现了学习最本质的特征。狭义的学习是指人类的学习。人类除获得个体的活动经验外，还以语言为中介，经思维活动而自觉、积极主动地掌握人类长期历史发展中积累的社会知识经验和自然科学知识经验。

消费者的学习是存在于人类消费领域里的一个特殊学习现象，是指消费者在购买和使用商品的活动中，不断地获取知识、经验与技能，提高自身能力，完善自身的购买行为的过程。通过正式与非正式的方法，消费者在消费活动中不断积累经验，获得商品知识与消费技能，形成消费观念，这就是消费者的学习。消费者不仅能够保存过去获得的经验，而且能够运用这些经验来改变或调整自己的消费行为。

事实上，消费者的大部分行为是后天习得的，人们通过学习获得绝大部分的态度、价值观、品位、行为偏好、象征意义和感受力。诸如学校、家庭这样的社会组织以及文化与社会阶层，为我们提供各种学习体验，这些体验极大地影响着我们所追求的生活方

小知识 4-1 平衡生活

式和消费的产品。营销人员因此花费相当大的力气确保消费者知道和了解其产品的存在及性质，而且事实证明，用有效的方式帮助消费者认识（学习）其产品的企业能够获得长期的竞争优势。

二、消费者学习的一般特征

（一）消费者学习是源于消费需求的被动性学习

与学生积极主动的学习不同，消费者学习是一个被动的过程。消费者认识一种商品一般不会像学生一样接受专门的学习和培训，他们是在消费需求的指引下对商品的“无奈”学习。因为要穿衣服，所以要了解一些服装面料、款式的知识；因为要饮食，所以要知道一些食物营养、烹制方法方面的知识。因为学习具有被动性，所以消费者的学习水平相对肤浅，缺乏对商品的深刻认识，而且消费者学习的知识比较零散，缺乏系统性。

（二）消费者学习是实践性学习

消费者的学习行为是人类实践活动的一部分，是人获得直接消费经验、消费知识和消费技能的主要途径和方式。消费者的每一次消费过程也是一次实践学习过程。比如，在购物过程中，消费者通过观察、对比，了解到不同商品的差异，这就是学习过程。

（三）消费者学习是对隐性知识的学习

20 世纪 60 年代初，波兰尼首先提出隐性知识的概念。隐性知识来源于个体对外部世界的判断和感知，来源于经验，是高度个人化的知识，有其自身的特殊含义，因此很难规范化，也不易传递给他人，只能被演示证明它是存在的。学习这种技能的唯一方法是领悟和练习。

消费者的隐性知识可以划分为两类：一类是技能方面的隐性知识，包括消费者购物过程中非正式的、难以表达的技能、技巧、经验和诀窍等；另一类是认识方面的隐性知识，包括消费者对于商品的洞察力、直觉、感悟、兴趣爱好等。

三、消费者学习的基本途径

（一）直接学习

直接学习是指消费者通过亲身参加消费实践，直接了解消费方式、消费对象的各种情况，以完善其消费行为的学习途径。消费者是在消费过程中学习的，得到的知识都属于感性知识，因此，可把直接学习称为“过程学习”或“感性学习”。

直接学习是十分普遍的，也是最受消费者信任的学习途径。不过，直接学习的成本很高，特别是购买高档商品、知识技术结构复杂的商品和从事难以更改结果的消费活动时，一旦出现错误，则可能会给消费者带来很大的损失。因此，有的厂商在营销过程中推出免费试用、无理由退货、无效退款等打消消费者顾虑的促销措施，确实取得了较好的销售业绩。

（二）间接学习

间接学习是指消费者从他人的知识和经验中学习，或从商业信息来源处间接了解各种消费问题，从而指导自己未来的消费行为。这种学习得到的结果是理性知识。间接学习的方法有许多，归纳起来主要有以下四种。

1. 观察学习

观察学习是指通过观察他人的消费行为所获得的知识来指导自己消费行为的学习。在观察学习的过程中，首先要有榜样的示范行为出现。“榜样”并不一定是产品方面的专家，也不一定是名人，只要是消费者能够尊重和认可的角色即可。汰渍洗衣粉的广告模特就是一群典型的家庭主妇，她们用地地道道的家务动作（如洗衣、晾衣、逛超市）和朴实无华的日常生活用语表演，打动了成千上万女性消费者的心，获得了巨大的成功。

2. 向名人专家学习

由于名人的社会知名度或专家在某一领域具有公认的权威性，使得源于他们的信息具有很高的可信度，这是大多数消费者都持有的观点，尤其是消费者面对市场上最新推出的产品或产品技术知识复杂的情况，总是倾向于相信名人的推荐、专家的介绍。因此，在营销实践中，有许多企业不惜花重金聘请名人为产品做广告或作为公司的形象大使，医药卫生、工程机械产品则往往选用医生、工程师、教授等专家来宣传。

3. 接受暗示

暗示是指采用某种含蓄、间接的方式对他人的心理和行为施加影响的过程。主体有意无意地接受暗示，实际上也是一种学习。暗示是每个人所固有的一种普遍的心理现象。暗示最大的特点是，暗示给出的信息看似无明确目的、不明显，这就使得主体在接受暗示信息时，并未意识到来自信息源方的任何压力，因此会不假思索地、毫无批判意识地全盘接受暗示信息。暗示法是一种效果很好的学习方法。

4. 主动阅读和收集信息

例4-1　杀毒软件的病毒传播

消费者在学习过程中并不总是受外界刺激的影响，他们会主动地学习解决问题，以图控制外部环境。在这类学习中，消费者为了不受外界的控制，在购物前，会主动阅读和收集各种有关的商品信息，再独立地对有关的信息进行加工处理，然后做出合乎自身动机要求的行为反应。

四、消费者的基本学习模型

消费者的基本学习模型由动机（内驱力）、暗示（刺激）、反应、强化四个部分组成

(见图4-1)。

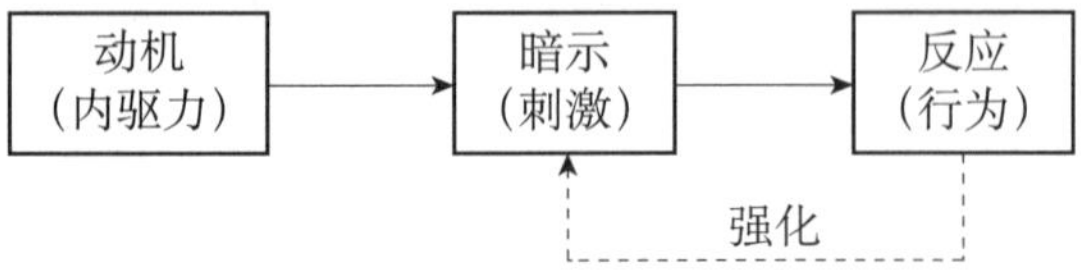

图4-1　消费者学习模型（刺激-反应模式）

动机是指人们的心理紧张状态。动机是由生理需求（如饥饿、口渴）造成的，也是后天习得的。动机的概念对学习理论很重要，动机对学习来说是一种刺激。例如，希望成为优秀网球选手的人，会在这一动机的驱使下学习网球的有关知识，并在可能的条件下随时练习。相反，那些对网球不感兴趣的人则可能会忽视所有与网球有关的信息。这种关联程度决定了消费者去搜寻与产品或服务相关的知识和信息的动机水平。

暗示又称为线索，是引导人们寻求满足方式的一种启示。例如人们饥饿时常会被饭店的招牌、食物的香味所吸引。在市场上，价格、设计、包装、商品陈列等都起到了暗示作用，它们有助于消费者需要的满足。当暗示与消费者的期望一致时，暗示就成为消费者的直接驱动力。例如，消费者预期名牌服饰应该是价格昂贵的，只在高水准的专卖店里出售，因此，名牌服饰就应该在高级的专卖店出售，并在迎合高层次消费者的时装杂志上刊登广告。

反应是对暗示采取的行动。消费者接收到暗示后，并不一定会产生反应。例如，汽车制造商持续地给消费者提供一致的暗示，并不一定能成功地引发消费者的购买行为，但要是汽车制造商成功地使消费者记住了一款讨人喜欢的、与众不同的汽车，那么以后当消费者有购买意向时，很可能就会考虑购买这款汽车。

强化提高了某种特别的反应在将来的情境中再次发生的可能性，并使该反应稳定下来。强化的结果是对某种行为加以肯定，并能不断重复这一行为。人们对某一品牌的商品产生品牌忠诚度，就是刺激不断强化的结果。如果一位大学生发现某种止痛药能够使他即使在膝盖受伤的情况下也能跑完马拉松，那么他很可能在别处受伤的情况下也去购买该种止痛药。

第2节　消费者的记忆与遗忘

消费者实施购买决策时，要依靠各种信息，其中一部分信息是从记忆中搜索。记忆能力的强弱以及记忆的准确性，可以影响消费者对信息的使用。

一、记忆的含义

记忆是以识记、保持、再认和回忆的方式在人脑中积累和保存个体经验的心理过程。识记即识别和记住事物的特点及联系，它的生理基础是大脑皮层形成了相应的暂时神经联系；保持即暂时联系以痕迹的形式留存于大脑中；再认或再现则为暂时联系的再活跃。通过识记和保持可积累知识经验，通过再认或再现可恢复过去的知识经验。对过去经验的反映，即感知过的事物、思考过的问题、体验过的情绪与情感、做过的动作等都可能重新出现在头脑中，就是回忆。其中，识记和保持是“记”的过程，是信息在头脑中存储、编码的过程；再认和回忆则是“忆”的过程，是在头脑中提取相关信息的过程。记忆的过程如图 4-2 所示。记忆既不同于感觉，又不同于知觉。感觉和知觉反映的是当前作用于感官的事物，离开当前的客观事物，感觉和知觉均不复存在。记忆总是指向过去，出现在感觉和知觉之后，是人脑对过去经历过的事情的反映。

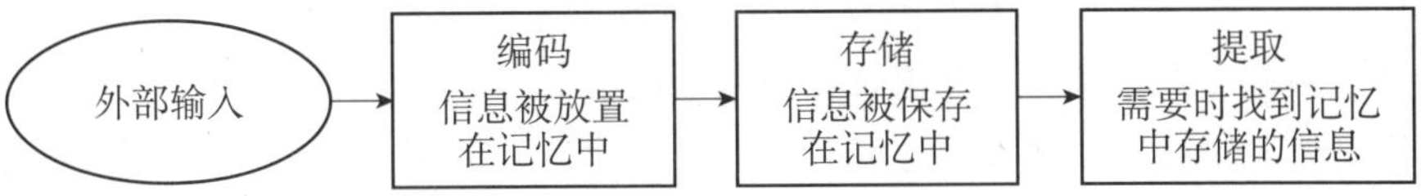

图 4-2　记忆的过程

虽然从理论上讲，消费者的记忆容量很大，对信息保持的时间很长，但是在现代市场条件下，消费者接触的信息实在太多，能够进入记忆并被长期保持的实际上只有很小的一部分。正因为如此，企业才需要对消费者的记忆予以特别的重视。

小知识 4-2　7±2 法则
——顾客的记忆力的局限

二、记忆的三个系统

人的认知活动可以看作对信息进行加工的过程，它把记忆看作人脑对输入的信息进行编码、存储和提取的过程，并按信息不同的编码、存储和提取方式，以及信息存储的时间长短，将记忆分为瞬时记忆、短时记忆、长时记忆三种系统。在消费者信息加工过程中，每种记忆系统都扮演着不同的角色。这几种记忆系统之间的关系如图 4-3 所示。

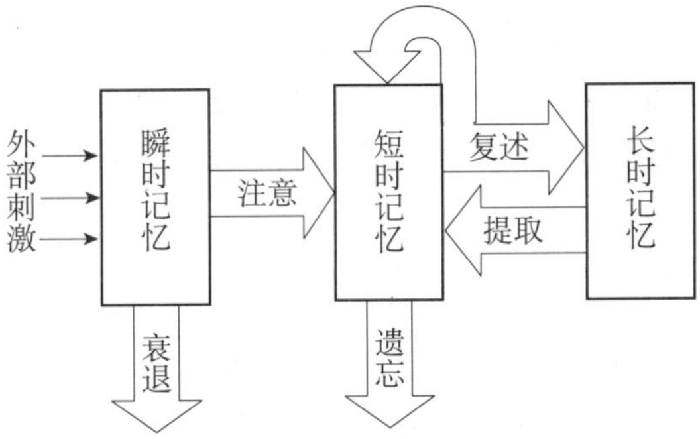

图 4-3　记忆系统之间的关系

（一）瞬时记忆

瞬时记忆是指外界刺激以极短的时间一次呈现后，信息在感觉通道内迅速被登记并保留一瞬间的记忆。一般又把视觉的瞬时记忆称为图像记忆，把听觉的瞬时记忆称为声像记忆。瞬时记忆只留存在感官层面，如不加注意，转瞬便会消失。乘车经过街道，对街道旁的店铺、标牌、广告和其他景物，除非注意，否则大多是即看即忘的，此类现象即属于瞬时记忆。

（二）短时记忆

短时记忆是指外界刺激以极短的时间一次呈现后，保持时间在1分钟以内的记忆。例如，我们从电话簿上查一个电话号码，然后立刻就能根据记忆去拨号，但事过之后，再问这个号码就记不起来了，此类记忆就是短时记忆。

感觉记忆中的信息如果被注意和处理，就会进入短时记忆，而且这些信息可以保持在一种随时被进一步处理的状态。也就是说，短时记忆中的信息可以自动而迅速地被提取，一旦需要对新输入的信息予以解释，长时记忆中的信息也可带入短时记忆中。

（三）长时记忆

长时记忆是指外界刺激以极短的时间一次呈现后，保持时间在1分钟以上，直到数年乃至终生的记忆。人们日常生活中随时表现出的动作、技能、语言、文字、态度、观念，以至于有组织、有系统的知识等，均属于长时记忆。长时记忆系统被认为是语义和视听信息的永久存储所。各种事件、物体、处理规则、事物的属性、感觉方式、背景资料等，均可存储在长时记忆中。

三、记忆品质的判断

一般根据什么来判断人的记忆品质及记忆的优劣标准呢？综合来看，一个人的记忆力水平可以从记忆品质的敏捷性、持久性、正确性、备用性四个方面进行衡量和评价。

（一）敏捷性

记忆的敏捷性体现为记忆速度的快慢，是指一个人在一定时间内能够记住的事物的数量。人们记忆的速度有相当大的差异。有人做过这方面的实验，让受试者背诵一首唐诗，有的人重复5次就记住了，而有的人需要重复26次才能记住。有的学者让被试识记一系列图形，有的人只需看33次就能记住，有的人却需要看75次才能记住。

（二）持久性

记忆的持久性是指记住的事物所保持的时间长短。仅有敏捷性还不能称为良好的记忆，像前面讲的，记得快忘得也快，那就没有什么实际意义了。因此，良好的记忆必须具备的第二个标准就是持久性。顾名思义，记忆的持久性是指记忆的事物能在头脑中保持长久的时间，它是记忆巩固程度的体现。人们的记忆在持久性方面有很大差别。有的人记忆长久，可以维持多年；有的人却十分健忘，过不了多久就忘掉了。

（三）正确性

记忆的正确性是指对原来记忆内容的性质的保持。一个人的记忆，如果既有敏捷性，又具有持久性，但是不具备正确性，记得又快又牢固，可就是记错了，显然这样的记忆毫无用处。记忆的正确性是保持人们获得正确知识的重要的心理品质。我们常常可以看到有的人记忆总是非常正确，回答问题、处理事情总是那么信心十足，准确全面，从不丢三落四或添枝加叶，而有的人的记忆不是错误百出，就是犹豫不决，拿不定主意，总是大概、或许、差不多等，这说明人的记忆在正确性方面是大不相同的。

（四）备用性

记忆的备用性是指能够根据自己的需要，从记忆中迅速准确地提取所需要的信息。记忆的备用性是决定记忆效能的主要因素，是判断记忆品质的最重要的标准。记忆的备用性也是记忆的敏捷性、持久性、正确性、系统性和广阔性的体现。人们进行活动是为了储备知识，并使之备而有用，备而能用，如果记忆没有备用性，它就失去了存在的价值。

例 4－2　伊可新："伊始于心"品牌营销案例

四、遗忘及其影响因素

遗忘是对识记过的内容不能再认和回忆，或者表现为错误的再认和回忆。从信息加工的角度看，遗忘就是信息提取不出来，或提取出现错误。

最早对遗忘现象进行实验研究的是德国心理学家艾宾浩斯。艾宾浩斯以自己为被试，以无意义音节作为记忆材料，用时间节省法计算识记效果。艾宾浩斯绘制了不同时间间隔的记忆节省图，即保持曲线或遗忘曲线（见图 4－4）。

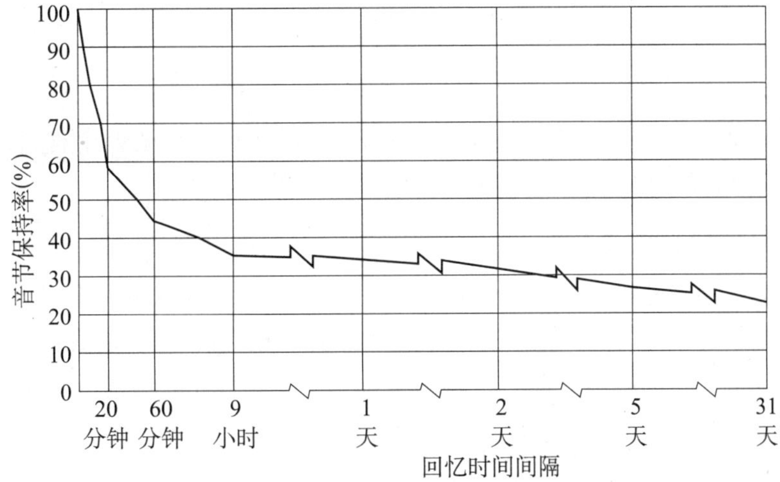

图 4－4　艾宾浩斯遗忘曲线图

从艾宾浩斯的遗忘曲线中可以看到，一个明显的结果是，遗忘的过程是不均衡的，在第一个小时内，保存在长时记忆中的信息迅速减少，然后遗忘的速度逐渐变慢。在艾宾浩斯的研究中，甚至在距初学 31 天以后，仍然存在着某种程度的节省，对所记的信息仍然有所保存。艾宾浩斯的开创性研究引发了两个重要的发现。一个是描述遗忘进程的遗忘曲线。心理学家后来用单词、句子甚至故事等各种材料代替无意义音节进行了研究，结果发现，无论要记的材料是什么，遗忘曲线的发展趋势都与艾宾浩斯的结果相同。另一个是揭示了在长时记忆中的信息能够保存多长时间。通过研究发现，在长时记忆中信息可以保留数十年。因此，儿童时期学过的东西，即使多年没有使用，一旦有机会重新学习，就会较快地恢复到原有水平。如果不再使用，可能被认为是完全忘记，但事实上遗忘绝不是完全彻底的。

除时间以外，识记材料对消费者的意义与作用、识记材料的性质、识记材料的数量、识记材料的系列位置、学习程度、学习时的情绪等均会对遗忘的进程产生影响。

（一）识记材料对消费者的意义与作用

凡不能引起消费者兴趣，不符合消费者需要，对消费者购买活动没有太大价值的材料或信息，往往遗忘得快，相反，则遗忘得较慢。同是看有关计算机的宣传材料，对于准备购置计算机的消费者与从未想要购置的消费者，两者对所记信息的保持时间存在明显差别。

（二）识记材料的性质

一般来说，熟练的动作遗忘得最慢。研究发现，人掌握一项技能后在一年后只遗忘了 29%，而且稍加练习即能恢复。同时，有意义的材料较无意义的材料，形象突出的材料较平淡、缺乏形象性的材料遗忘得慢。对于广告主来说，要使广告内容被消费者记住并长期保持，广告主题、情境、图像等应当具有独特性或显著性，否则广告内容可能很快被遗忘。广告中经常运用对比、新异性、新奇性、色彩变化、特殊规模等表现手法，就是为了突出宣传材料的显著性。

（三）识记材料的数量

识记材料数量越大，识记后遗忘的就越多。实验表明，识记 5 个材料的保持率为 100%，10 个材料的保持率为 70%，100 个材料的保持率为 25%。

（四）识记材料的系列位置

一般而言，系列性材料开始部分最容易记住，其次是末尾部分，中间偏后的内容则容易遗忘。之所以如此，是因为前后学习材料相互干扰，前面学习的材料受后面学习材料的干扰，后面学习的材料受前面材料的干扰，中间材料受前后两部分学习材料的干扰，因此更难记住，也更容易遗忘。

（五）学习程度

一般来说，学习强度越高，遗忘越少。过度学习达 150%时，记忆效果最佳，低于或超过这个限度，记忆的效果都将下降。过度学习是指一种学习材料在达到恰好能背诵时仍继续学习的状况。

（六）学习时的情绪

心情愉快时习得的材料保持时间更长，而焦虑、沮丧、紧张时所学习的内容更容易遗忘。美国学者斯鲁尔通过将被试置于过去的某些经历中，激起了三种情绪状态，即积极的情绪、消极的情绪和中性的情绪。然后，向被试呈现一则关于马自达跑车的印刷广告，要求被试在阅读该广告时形成对该跑车的整体印象。在 48 小时后，要求这些被试对这种跑车做出评价。结果发现，阅读广告时处于积极情绪状态的被试对该跑车的评价最高，其次是处于中性情绪状态的被试，而处于消极情绪状态的被试对该跑车的评价最低。由此说明，信息获取时的情绪状态对信息如何编码具有直接影响。

例 4－3　连接心灵孤岛，解锁私人定制新玩法

第 3 节　消费者学习理论的应用

消费者通过学习可以改变购买态度和行为方式，这对于生产企业和商品销售者来说具有很大意义。通过不断学习，消费者对产品、用法及其竞争品牌的特点都积累了一定的知识。随着时间的推移，消费者越来越老练，充分了解需求、实际市场价格，甚至供应商的成本等方面的信息，这些信息帮助消费者做出更好的购买决策。消费者的信息搜寻和处理过程如图 4－5 所示。在这种情况下，消费者比在信息缺乏的情况下掌握更多的讨价还价筹码，处于更有利的位置。

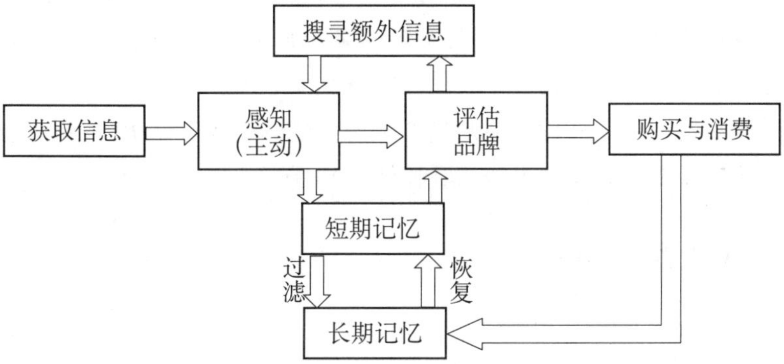

图 4－5　信息搜寻和处理过程

消费者的学习进度随产品的不同而不同，取决于购买的重要程度和消费者的技术专长。同时，随着时间的推移，产品和工艺技术越来越非专有化，变得更加成熟，其知识传播越来越广，在这种情况下，消费者学习的速度越来越快。

对企业来说，仅仅知道消费者的行为是学习得来的这一事实还远远不够，能够掌握消费者是如何学习的对厂商来说才是最重要的。只有在准确把握消费者学习过程的发展规律、了解消费者是如何学习的情况下，企业才有可能采取相应的营销措施去影响消费者的学习效果。

一、树立良好的企业形象

企业可以通过树立良好的企业形象，提高产品质量，增加人性化设计，减少消费者获得负面学习效果的机会。对于生产企业来说，消费者的学习可能涉及两方面的内容，即企业的形象和产品的美誉度，两者是相辅相成的关系。一方面，企业的良好形象可以提高产品的知名度和销售量，使消费者产生爱屋及乌的演绎性联想；另一方面，美誉度高的产品可以帮助企业树立良好的形象，使消费者产生由点带面的归纳性联想。

归根结底，企业还是要通过产品来赢得市场和消费者，因此企业要注意自身的形象、产品的质量和人性化设计，强化消费者的认知和学习行为，促使消费者保持积极的消费态度，并产生重复消费行为。

二、建立组合型的广告宣传策略

企业应改变单一的广告宣传策略，采取多种方式，加强主动宣传的力度。现代企业都十分重视广告的作用，将广告成本列入产品成本之中，但是这还不够。我们知道，消费者是被动学习和实践性学习，这样学习得到的知识缺乏深度和系统性，影响消费者的学习效果。企业要加大宣传的力度，对消费者施加更加积极的影响，努力强化消费者对产品的学习程度。比如，在卖场与消费者互动，通过多种媒体沟通方式与消费者互动交流，有计划、有组织地推介产品，都是主动帮助消费者学习的措施。

把本身并无任何意义的产品与美丽的景物、可爱的动物、优美的艺术、吉祥的话语等联系起来，或者通过给产品、商标以美好的寓意命名，或者为产品做配以精彩的画面、优美的音乐的广告，或者在汽车展销会上请美女、歌手表演，都是利用条件反射的学习原理试图让消费者产生一种爱屋及乌的联想：既然表现者是美丽的、美好的，能让我愉快的，那么这种产品或品牌也会给我愉快的感受。

三、改善消费者产品体验

产品是企业满足消费者需求及核心利益的载体。虽然产品形式存在有形产品和服务的差异，但是任何产品的学习都要经历一个体验的过程。尽管产品说明更客观，但产品相关体验比产品说明更具决定性，因为会给消费者留下深刻记忆。据调查，当今80％以上的产品都是体验品，只有少部分是查验品，因此有关产品的价值判断很难通过感官感知来实现，需要消费者亲身体验，而企业应承担体验成本。

事实上，这也从一个侧面揭示了国外研究者钟情于从消费者体验角度来研究产品学习的根本原因。在无形产品的消费中，消费者对产品价值的判断更多地通过体验获得。例如，顾客对 3D 产品的学习只有通过亲身体验或者虚拟体验才能获得比较充分的产品信息，进而做出相应的价值判断。消费者往往因对质量满怀信心而信任企业，经常又因体验不佳而备感失望。忽视学习效应会对公司长期收益产生不良影响。

通过消费者学习，新产品也得到了充分的关注，大量的消费者学习可促使公司更新产品设计。在两种情况下公司可从消费者学习中获益：第一种是公司通过在线社区建立公司和消费者的交流平台；第二种是公司组织引导并促使消费者了解相关产品。对于一种新产品，应该考虑消费者学习对消费者体验的影响。

在当今移动互联网时代，微信、微博、今日头条、抖音等社交媒体深受消费者喜爱，已经成为消费者沟通的主要工具。借助社交媒体可以与消费者及时互动，获得成功的消费者体验，从而使得消费者记忆深刻，提升企业的知名度。

例 4-4　五芳斋为糯米拍了一支有趣的广告片

四、帮助消费者形成合理的参考价格

消费者具有强烈的兴趣记住经常购买的商品的价格，这能够帮助他们评估广告促销（店内促销单、广告以及商店本身）的吸引力，警惕价格上涨，比较不同商店的价格。然而，先前经济学中价格理论关于消费者知道大部分价格信息的假设，经调查发现是无效的。有关价格知识的调查显示，价格知识估计值惊人地低，只有 47%～55%的被调查者可以准确地回忆起他们刚刚放入购物篮中的商品的价格，19%～23%的被调查者甚至不愿意尝试去估计价格。

参考价格是指消费者在购买商品时，在记忆中有关此类商品的价格标准，它源于消费者先前的购物经验，是价格知识的重要组成部分，它具有一定的主观性，并且因消费者不同而不同。参考价格会影响消费者对某种商品现有价格的感知，从而影响其决策和需求。由于参考价格具有模糊性，消费者既有知识的差异会对价格接受范围有影响。知识水平较低的消费者可接受的价格范围和限制价格较低，而消费者知识的增长会使可接受价格幅度增加。当消费者产品信息不完备时，有关消费者理性、推理、风险厌恶等方面的理论提供了三种可选策略，即最佳价值、价格搜寻和价格厌恶，这实质上是消费者对价格的三种反应，即理性、过度看重和不太看重价格。事实上，当质量很重要而关于质量的信息很少时，会导致消费者对价格的积极反应。

五、使用促销活动促进消费者购买

促销是企业为了促进销售而选择的营销工具的总称，对它的研究主要集中在广告和销售促进上。很多研究者认为，强化是重要的促销策略。从延续性上来看，强化可以分成两种：一种是持续强化，它可以迅速达到学习效果，但是在刺激停止后消费者会立即停止反应；另一种是断断续续的刺激，虽然学习较为缓慢，但是可以维持很长时间。当消费者能够获得清晰的证据时，对产品质量的判断只需依靠客观的外在物理证据而不是广告的影响。然而，当消费者只有模糊的证据时，广告对产品质量的认识会产生强烈的影响。

消费者学习的存在，使优势品牌周期性提供价格型促销成为企业的最优策略。消费者的购买行为不仅会受现在的价格影响，而且会受到将来的预期价格影响。在知道要促销的情况下，具有价格知识的消费者更倾向于购买价格低或知名度低的品牌产品，而没有此价格知识的消费者则相反。消费者对价格和促销活动的预期能够解释消费者的购买行为，特别是当消费者没有预期到有促销活动或者消费者预期的促销活动没有举行时，对消费者选择商品会产生很大影响。

由于信息传播使消费者知晓人数不断上升，因此企业应高度关注忠诚顾客以及针对新顾客进行的销售促进反应，以免产生不必要的反作用。此外，有关消费者对销售促进交易价值感知及价格型促销对参考价格影响的研究也得到了充分关注。虽然优惠券比打折促销更能得到消费者有利的交易价值评价，但是由于只有持有人才能享受，所以赠券不会导致消费者内在参考价格的下降，而折扣则相反。

案例分析

云想衣裳花想容，营销何必不美好?

2017年，中国家电业的厨卫阵营上演了一出“神州祥瑞”的美好营销大戏。活动的整个过程置于厚重的美学文化背景下，用可视的传统文化经典符号赋予品牌新的内涵，唤醒消费者沉睡的记忆，创新了品牌认知，实现了很好的效果。

该活动由中国燃气热水器开山鼻祖——广东神州燃气用具有限公司执导。神州这个老牌企业高调推出一套集燃气热水器、燃气灶、吸油烟机、消毒柜于一体的产品，命名为“神州祥瑞”艺术厨电，而且义无反顾地将其定位于“中国高端艺术厨电”。

2017年伊始，神州就大胆运用品牌资产进行创新：把品牌定位在中产消费阶层；把用了18年的广告口号“用名牌，选神州”，替换成更响亮大气的“中国家，神州牌”，直接把品牌“神州”和国家符号巧妙关联在一起，构建一个得天独厚的品牌格局。同时，神州把“中国家”和“神州产品”建立起一种符号式的消费联想。

神州公司工业产品美学中心从17个国宝级的博物馆中寻找灵感，这些博物馆中的藏品有中国商朝至晚清的、欧洲中世纪至巴洛克时期的、新艺术主义时代的等。经过对约9 000多件皇家、贵族、士大夫阶层的吉物、神兽、图形、山水意象和审美代码进行系统研究提炼，并借鉴中外皇家艺术的镂金、掐丝、鎏线等高端艺术品表现工艺，公司创造出具有“中国家”韵味的“神州祥瑞”全套图案。

2017年7月，神州举行建厂以来最高规格的全国经销商大会。设在五星级的澳门财神酒店的整个会场充满着“神州祥瑞”的美学视觉，来自全国各地的300多名核心代理商享受了一场“神州祥瑞”美学文化熏陶。“神州祥瑞”系列新产品发布日，因“神州祥瑞”的文化诱动和新产品助力，当日的会议订货金额突破4 000万元。

资料来源：博锋．神州：云想衣裳花想容，营销何必不美好．(2018－05－21). http：//www.cmmo.cn/article-211276-1.html.

问题

1. 试分析企业应该如何在营销中应用根植于消费者心中的传统文化。
2. “神州祥瑞”案例有什么启示？

重点名词

学习　　记忆　　遗忘　　记忆曲线　　消费者学习理论

思考题

1. 简述学习的基本特性。
2. 简述学习与记忆的关系。
3. 简述观察学习的特点。
4. 试述影响记忆的因素。
5. 简述记忆在消费者购买过程中的作用。
6. 简述记忆系统模式。
7. 强化学习原理为企业的哪些营销活动提供了理论支持？

实训练习

1. 实训目标和任务

本次实训旨在通过广告的播放来观察消费者的记忆情况，分析其潜在的行为和意识，由此使学生进一步理解消费者学习和记忆的相关知识和规律。

(1) 采用不同播放方式播放广告，观察并记录消费者的不同记忆行为。

(2) 使学生了解在消费者行为中，引起他们注意、兴趣、记忆的过程，以及影响其记忆的因素。

2. 实训背景

(1) 实训背景。

本实训共选择10个视频广告，对被试用不同方式进行播放，每次播放时长约5分钟（每个广告8～15秒钟）。被试在每次观看后，对问卷中的问题做出回答。其后学生基于问卷来分析被试所关注的广告及其原因、留下记忆的广告的记忆程度和广告遗忘情况、记忆受干扰的情况等，由此了解和把握消费者记忆的相关内容。

本实训在实验室里完成。

(2) 学生角色。

根据实训任务，学生的角色是进行问卷设计，参与实验和观察，进行问卷整理和数据分析，最后得出结论。

3. 实训准备

教师准备：指导教师可以根据课程需要关注广告形式和类型，如卫生用品类、洗涤品类、洁齿品类等，对具体的广告选题形成倾向性意见；对学生在实训中的问卷设计形成整体框架性意见；形成实训过程的总体设计和安排。

理论知识准备：学生需对学习的相关概念和理论、记忆及其影响因素、记忆干扰等有一定的了解和知识基础。

4. 实施步骤

（1）选择实验广告。学生在指导教师参与下，选择10个视频广告。每个广告时间限制在8～15秒。

（2）设计问卷。学生在指导教师的指导下，进行实训所需的问卷设计，并在修改和完善的基础上定稿。问卷不宜过长，6～8个问题较为合适。

（3）被试分组。将被试分为三组，每组人数以30人左右为宜。

（4）进入实验阶段。首先请第一组被试进入实验室，在不做任何提示的情况下，以纯电视广告的形式播放已准备好的10个广告，其后被试填写问卷，由实验室人员收回问卷，第一组被试退场；第二组被试进场，此次变换播放形式，即在广告播放前先播放一段吸引人的短片，如动画故事或《舌尖上的中国》等，其后被试填写问卷，由实验室人员收回问卷，第二组被试退场；第三组被试进场，再变换播放形式，即在广告播放结束后播放一段吸引人的短片，如动画故事或《舌尖上的中国》等，其后被试填写问卷，由实验室人员收回问卷，第三组被试退场。

（5）结果分析。学生分三组对三组被试的问卷进行分析和讨论，形成问卷结果。

（6）全班分享。各小组分享问卷结果，谈体会，总结经验和不足。

（7）撰写实训报告。各小组完成实训报告，上交指导教师。

5. 实训反馈和完善

实训结束后，教师根据实训报告，对学生实训效果做出总体评价，并对实训内容设置的合理性和实际教学效果进行评价，不断完善本课程实训的设计。

第5章

消费者态度形成与改变

本章要点

1. 消费者态度的概念和功能。
2. 消费者态度的结构。
3. 态度的形成过程和影响因素。
4. 态度的改变方式和影响因素。
5. 消费者态度的营销策略。

引　例

均衡生活

“均衡生活”是指追求快节奏与慢生活的平衡。实际上，如今中国消费者的聚焦重点正在经历从关注自我转移到关注家庭，从高效工作转移到高质量休闲。在不断追求自我平衡的过程中，越来越多的解压行动颇受消费者欢迎，包括亲子游、家庭游，以及包括饮食、身体在内的一些调理都成为消费者追捧的热点服务项目。

均衡生活成为消费者除衣食住行之外的更高的消费追求。例如，针对很多消费者在纸巾消费领域的关注因素的变化，知萌咨询帮助恒安集团旗下的“心相印”纸巾进行了品牌升级，并确立了“黄金柔韧1∶1”的引领行业并区隔对手的产品定位，从平衡生活出发，传递“心相印”纸巾的一种“刚好，对你更好”的态度和主张。品牌应该基于人们对慢生活的向往、减压、自我平衡等诉求开展相应的营销。

资料来源：2018消费市场还会有哪些新鲜趋势？.（2018-01-18）. http：//www.myzaker.com/article/5a6013191bc8e0e841000009/.

启示：消费者态度对其消费行为有至关重要的影响，如何改变消费者态度，让其了解、喜爱自己的产品是企业必须关注的问题。心相印纸巾抓住消费者工作和生活态度的变化，系统地向消费者传递信息，取得了很好的效果。

消费者对于产品或服务喜欢还是不喜欢，购买还是回避，很大程度上取决于消费者的态度。社会心理学家指出，态度与行为之间联系紧密，态度在很大程度上影响并决定个体的行为。研究态度是为了进一步预测个体的行为。因此，对行为个体态度的研究成为当前消费者行为领域一个重要的课题。

第1节　消费者态度概述

一、消费者态度的含义

态度是一种行为倾向，表现为对某一特定产品持续的喜欢或不喜欢。[①] 因此，消费者态度是消费者对某件商品、品牌或公司经由学习而有一致的喜欢或不喜欢的反应倾向，是一种持久状态而不是瞬时的状态。

态度导致人们对某一事物产生或好或坏、或亲近或疏远的感情。态度使人对相似的事物产生相当一致的行为，因为人们通常不会对每一件事都建立新的态度或做出新的解释和反应，按照已有态度对所接触到的事物做出反应和解释能够节省时间和精力。

人们几乎对所有事物都持有态度，这种态度不是与生俱来的，而是后天习得的。态度既不同于行动，也不同于情绪。情绪相对短暂，而态度一经形成，具有相对持久和稳定的特点，并逐步成为个性的一部分，使个体在反应模式上表现出一定的规则和习惯性。正因为态度所具有的持久性、稳定性和一致性，使态度改变具有较大的困难。态度包含情感的成分，不是中性客观的。

对于态度我们要注意以下几点：第一，态度是一种心理反应，带有明显的倾向性。第二，态度是相对稳定的心理反应倾向。心理反应倾向具有各种形态，但是不一定构成态度。第三，态度具有内隐性。态度存在于个体自身内部，是难以直接观察到的。第四，态度的对象性。任何态度都是针对某一对象的，如一个人或一种事物，因此具有主体与客体的对应关系。

① 希夫曼，等. 消费者行为学：第11版. 北京：中国人民大学出版社，2015.

二、消费者态度的结构

消费者对特定产品或劳务的评价或见解是一种协调一致的、有组织的习惯化的心理反应，直接影响购买决定。消费者态度由三个部分组成，如图 5－1 所示。

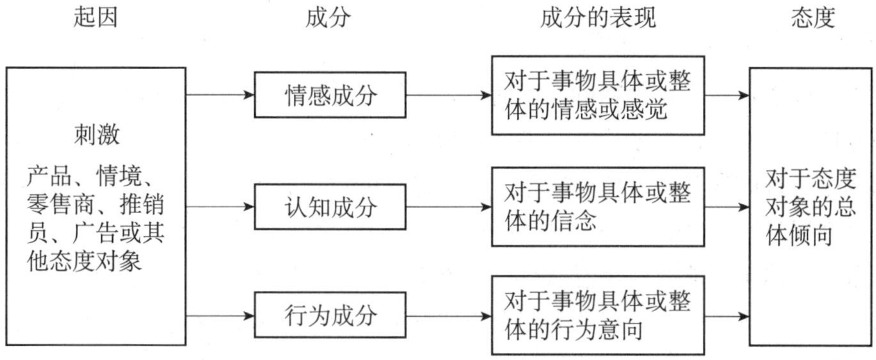

图 5－1　态度的组成部分及其表现

(一) 认知成分

态度模型的认知成分是指从态度对象和与各种资源相关信息的直接经验组合中获得的知识与知觉，这种知识及由此产生的知觉通常表现为信念，即消费者相信态度对象拥有不同的特征，而且特定的行为将导致特定的结果。一般来说，性能先进、造型美观的名牌商品，被消费者认为是信得过的商品；而返修率高、性能不可靠的商品，被消费者认为是不可信的商品。可见，消费者对商品的好坏、优劣、档次高低等的认识、评价，便是消费者态度结构中的认知因素，它直接影响消费者态度的倾向或方向，是态度形成的基础。

(二) 情感成分

我们对于某个事物的感情或情绪性反应就是态度的情感成分。这些感情和感受经常被消费行为研究者视为实际上是可以评价的，即它们反映了个体对态度对象的直接或全面的评价（或个体评价一个态度对象是“喜欢的”或“不喜欢的”、“好的”或“坏的”的程度）。一般来说，消费者对品质优、设计精、用途广的商品怀有好感，产生肯定的情感体验，从而对这类商品持积极的、热切的态度；相反，对假冒伪劣商品，没有提供良好服务的商品，怀有厌恶、鄙视、怀疑的情感体验，对这类商品持消极对抗的态度。由此，消费者对商品喜爱、厌恶、追求、抵制、满意或不满意的情绪、情感体验等情感因素是构成态度的核心。

(三) 行为成分

态度的行为成分是一个人对于某事物或某项活动做出特定反应的倾向。购买或不购买华为手机，向朋友推荐该品牌或其他品牌等一系列决定，能反映出态度的行为成分。

行为成分提供了反应倾向或行为意向。我们的实际行为反映出这些意向，而这些意向会随着行为所发生的情境而调整。行为往往是针对整个事物的，它不像信念或情感那样有具体的属性指向。当然，这不是绝对的。对于零售店而言，消费者针对某些具体属性做出不同的反应仍是可能的，但是对于单个产品来说，我们难以针对产品的具体属性做出不同的行为反应，只能对整个产品做出购买或不购买的决定。

（四）各成分间的一致性

一般情况下，对一定事物的态度而言，认知成分、情感成分和行为成分三者之间是协调一致的，而不是相互矛盾的。举一个简单的例子，一个消费者通过各种信息渠道了解到市场上出售的众多品牌的电冰箱中，A 品牌的质量较好且价格合理，售后服务较为完善（认知成分），自然会对其产生好感和积极的评价（情感成分），假如这位消费者正打算添置一台冰箱，那么他愿意选择 A 品牌冰箱作为购买对象（行为倾向）。图 5－2 说明了态度的一个重要特征：态度的三个组成成分倾向于一致。这意味着某个成分的变化将导致其他成分的相应变化，这一趋势构成了很多市场营销策略的基础。

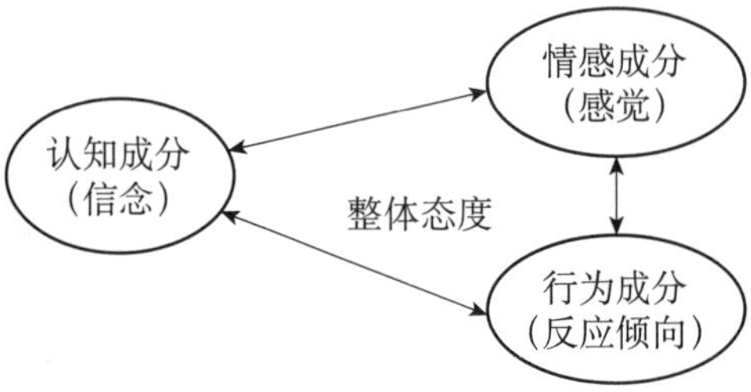

图 5－2　态度组成成分的一致性

三、消费者态度的功能

消费者对产品、服务或企业形成某种态度，并将其存储在记忆中，需要时，就会将其从记忆中提取出来，以应付或帮助解决当前所面临的问题。通过这种方式，态度有助于消费者更加有效地适应动态的购买环境，使之不必对每一件新事物或新产品、新营销手段都以新的方式做出解释和反应。态度的功能包括以下四个方面。

例 5－1　果倍爽 2018 CNY 互联网营销项目

（一）适应功能

适应功能是指态度能使人更好地适应环境和趋利避害。营销者在广告中经常许诺会给人们带来好处，并进行广泛的产品试验以保证产品确实能带给人好处。例如，一位认为安全性和速效性是选择止痛剂最重要标准的消费者会直接寻找满足这些利益的品牌。人是社会性动物，他人和社会群体对人的生存发展具有重要的作用。只有形成适当的态度，才能从某些重要的人物或群体那里获得赞同、奖赏或与其打成一片。

(二) 自我防御功能

自我防御功能是指形成对于某些事物的态度，能够帮助个体回避或忘却那些严峻环境或难以正视的现实，从而保护自我不受威胁或保持心理健康。例如，大多数消费者使用漱口水是为了清新口气，而不是为了治疗口腔疾病；那些被宣传为男性化的产品很可能被那些对自己的阳刚之气没有自信的男性所看好；感到自己在社会中处境堪忧的个体可能对那些表现成功或至少使人觉得安全的产品和品牌形成好感。

(三) 知识功能

知识功能是指形成某种态度能帮助消费者组织日常接触的大量信息，更有利于对事物的认识和理解。知识功能还减少了不确定性和混乱性。事实上，态度可以帮助人们理解某种标准或参照物，有助于人们赋予变幻不定的外部世界以某些意义。例如，某个消费者对于可乐的态度也许是“它们都是一个味道”。在实际购买中，该消费者很可能选择最便宜的或手边就有的品牌，即使他能在口味试验中辨别出不同口味并喜欢某种口味，但在实际的消费活动中仍有可能做出随便购买的选择。

(四) 价值表达功能

价值表达功能是指形成某种态度能够向别人表达自己的自我形象和价值体系，特别是对于高度参与的产品。广告人员常常通过暗示使用或购买某一特定的产品将会增强自我意识、成就感或独立等，就是利用态度的价值表达功能。例如，锐步在法语广告中说，穿锐步的人总是知道她在做什么，并且会是一个主动参与的、自发的体育运动的热爱者，这显示了一个自信、自我意识觉醒的女性形象。

一种态度可能具有多种功能，但其中往往只有一种功能起支配作用。营销人员只要能识别出产品对于目标消费者的关键意义所在，就可以在广告中对此加以强调。这类广告能帮助消费者建立更清晰的产品认知，消费者也更容易接受此类广告及其所宣传的产品和品牌。

例 5－2　谷歌“猜画小歌”刷爆朋友圈

四、消费者态度对购买行为的影响

营销管理者极为关注如何影响消费者行为，但是要直接地影响行为通常是很困难的，换言之，我们通常不能直接地要消费者购买、使用并向他人推荐我们的产品。不过，消费者通常会听取推销人员的介绍，注意产品的广告和包装。于是，我们可以通过提供信息、音乐或其他刺激来间接影响消费者对产品的认知或情感，促使行为的发生。消费者购买产品以后，会使用并对该产品进行评价，进而影响对该产品的态度。这个过程如图 5－3 所示。营销者常常鼓励消费者先试用或先购买，然后形成态度，例如，采用品尝、试用、赠品、赠券等手法，这在形成消费者态度偏好和购买行为中甚至比广告更有效。

在日常的购买行为中，消费者何时、何地、以何种方式购买何种商品，取决于多种因素，其中态度具有极其重要的作用。传统上，很多学者认为，消费者一般是先形成关于产品的某些信念或对产品形成某种态度，然后受信念和态度的影响，决定是否购买该产品。现在很多人认为，购买行为并不必然受信念或态度的直接支配，在有些情况下，消费者可能是受环境或情境的影响，如在朋友的压力下、在促销的引诱下，先采取购买行动，然后再形成关于产品或服务的态度。总之，消费者态度与购买行为之间并不必然是一种指示和被指示的关系。

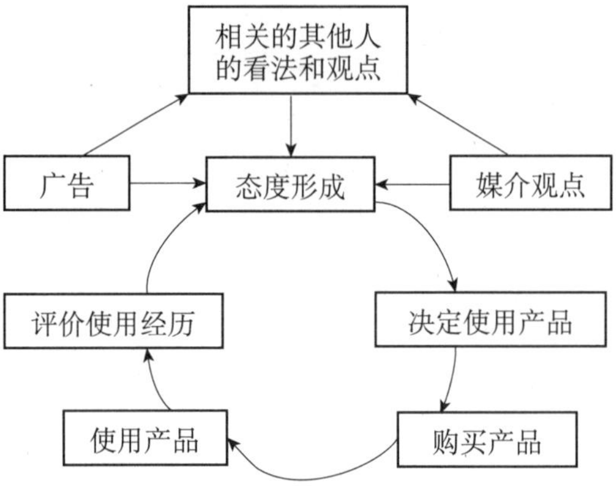

图 5-3　态度与行为的循环图

不管怎样，态度与行为之间确实存在密切的联系。通过态度测量了解人心向背，在不少情况下对预测行为具有特殊的价值。

一般而言，消费者态度对购买行为的影响主要体现在以下三个方面。

（一）消费者态度将影响消费者对产品和品牌的判断与评价

消费者的立场和期望会造成认识判断上的偏差，从而影响消费者对产品和品牌的态度。比如，现在，由于企业生产、技术日益成熟，产品质量出现同质化的现象，但是一些消费者长期形成了名牌产品质量较好的信念和态度，由此在一部分人中形成了宁愿多花钱也要选择名牌产品的购买倾向。

（二）态度影响消费者的学习兴趣与学习效果

已有研究证明与消费者态度相吻合的材料易被吸收、存储和提取，而与消费者态度不一致的材料则容易被忽视、曲解。显然，态度在学习过程中起着过滤器的作用。同样，消费者在接触各种来源的产品信息时，会因对企业、产品的不同态度，产生先入为主的看法，从而影响他们对这些信息的注意和理解。

（三）态度通过影响消费者购买意愿进而影响购买行为

例 5-3　羊群效应

研究证明态度与消费者购买意愿间存在直接联系：抱有最积极态度的消费者具有明确的购买意愿；抱有最消极态度的消费者完全没有购买意愿；漠不关心的消费者则对将来是否购买持观望和不确定态

度。由此得出的结论是：意愿是态度的直接函数，即态度能够在很大程度上预测意愿。

第 2 节　态度的形成与改变

研究态度的形成与改变可以使我们对态度有一个更加科学全面的认知，积极影响并改变消费者的态度，使消费者的态度朝着企业所期望的方向改变。

一、态度的形成

(一) 态度的形成过程

在现实社会中，消费者在信息中生存、成长，在信息中形成自我的世界观、价值观以及态度。在信息处理过程中，消费者态度的形成如图 5-4 所示。

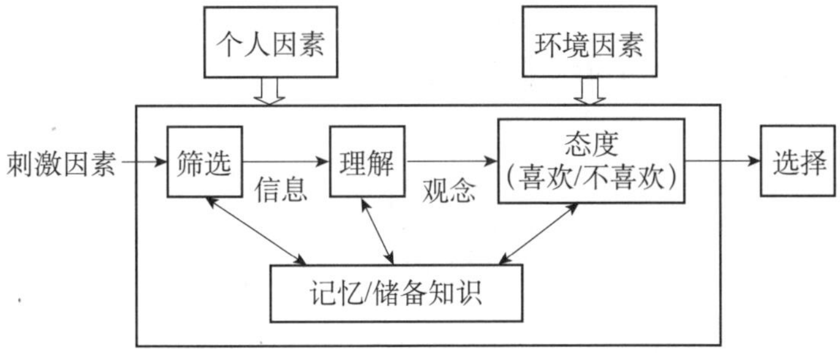

图 5-4　信息处理与消费者态度的形成

态度的形成和改变是态度活动过程中两个不可分割的组成部分，同时，态度的形成和改变的过程是一致的。一个人态度的形成不是一蹴而就的，而是要经过模仿和服从、同化、内化三个阶段。

（1）模仿和服从阶段。

态度的形成始于两个方面：首先出于自愿，不知不觉地开始模仿，而后产生受到一定压力后的服从。消费者态度在这一阶段基本处在萌芽期。在幼儿期，儿童主要的行为倾向就是模仿，模仿父母、周边关系较亲密的对象以及电视广告等。服从是人们为了获得物质和精神上的满足，或者为了避免惩罚而表现出来的一种行为。服从的特征往往表现为本身的行为和观点是受到外界的影响而被迫发生的。人们的消费内容和消费方式受社会价值观、道德或行为规范的约束，此时的消费者态度是由社会规范衍生出来的。

（2）同化阶段。

这一阶段是消费者态度形成的关键时期。在这个阶段，消费者态度的主要特征是“我愿意”，即不是被迫而是自愿接受他人的观点、信念、行为或新的信息，以使自己的态度与要形成的态度相接近。同化者希望自己具有与施加影响者一样的态度和行为。这个时期新的态度还没有和自己原有的全部态度体系相融合。

例5－4　SK-Ⅱ #我行我素#营销战役开启

（3）内化阶段。

同化阶段以后消费者的态度基本形成，即消费者对于产品或服务有了一定的情感与认知、行为倾向，建立了相对稳定的态度结构，也就是到了内化阶段。内化阶段是态度形成的最后阶段。在这个阶段个体的内心真正发生了改变，接受了新的观点、新的情感、新的打算，并将其纳入自己的价值体系和人格之中，成为自己态度体系的有机组成部分。

（二）态度形成的影响因素

在消费领域，影响消费者态度的因素非常多。

1. 社会因素

（1）社会环境因素。

社会环境对个体态度的影响，自个体出生之时起直至生命结束始终存在。这种影响主要是通过社会规范和社会准则的要求和制约、各种思想观念的宣传和教育、风俗习惯的潜移默化以及文化的熏陶等方式进行。

（2）家庭因素。

对于个体态度的形成，家庭及父母的影响具有十分重要的作用。个体年幼时在家庭生活中所受到的教育和抚养，对其态度的形成以及以后态度的变化和发展具有决定性的作用。

（3）同伴的影响因素。

随着个体年龄的增长，父母以及家庭的影响作用会逐渐减小，而同伴和朋友的影响作用会越来越大。在青春期后期，同伴已成为主要的参考群体。

（4）团体的影响因素。

每一个团体都有自己的行为规范和准则，并要求成员必须共同遵守。当个体加入一个团体后，其一言一行就必须与团体保持一致，个人所持有的态度也必须与团体保持一致。

2. 企业因素

（1）广告。

这是一个广告的时代，广告已经成为人们社会生活的重要组成部分，是人们重要的信息来源，无时无刻不在左右着人们的心智模式和行为模式，同时对消费者的态度也有着最直接的影响。

（2）口碑。

口碑不但能够影响消费者的产品选择和购买决定，还能影响消费者购前的期望、使用前的态度，甚至使用后对产品和服务的质量评价，特别是在促使消费者态度由否定、中立到肯定的转变过程中，口碑传播所起的作用是广告的9倍。

(3) 企业的营销传播战略。

例 5－5　小米全国首家旗舰店

由消费者态度形成的特性可知，企业对消费者态度形成的时间、程度在一定时间内很难界定与捕捉，因此需要企业的营销宣传有计划、有步骤地进行，同时企业的营销宣传应该有自己的总体方略，不仅以满足消费者的产品需求为导向，而且应以满足消费者的信息需求为导向，只有这样才会在任何时间、任何地点，使企业传播的信息在消费者心中打上积极的烙印。

二、态度改变

态度改变是指一个人已经形成的态度，在接受某一信息或意见的影响后所引起的相应变化。在现实生活中，每个人从早到晚都会接收大量的信息，会遇到各种各样的宣传和说服，也就是说，我们每个人都面临着被说服，都面临着不同程度的态度改变。霍夫兰德于 1959 年提出了一个态度改变的说服模型（如图 5－5 所示）。霍夫兰德认为，说服是引起人的态度改变的有效途径，即通过给予一定诉求，引导接收者的态度和行为趋于劝说者的预定方向。在霍夫兰德的说服模型中，态度改变的过程分为外部刺激、目标靶、中介过程和劝说结果等四个相互联系的部分。

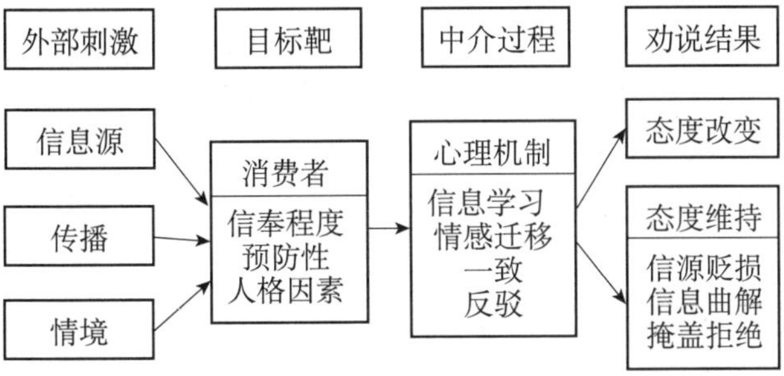

图 5－5　霍夫兰德说服模型

(一) 态度改变的复杂性

如前所述，从态度的形成和特性以及影响因素来看，要有效改变一个人的态度是一个很复杂的过程，特别是态度本身所具有的稳定性以及形成过程的随机性。

首先，作为说服的对象在说服过程中处于信息接收者的位置，因此就存在主动和被动的问题，说服个体的这一心理状态往往难以界定，很难量化，所以该问题极大地影响了说服的效果，增加了态度改变的困难程度。

其次，要改变个体的态度首先要了解个体目前的态度，然而态度具有内隐性，说服对象内心的真实态度很难在第一时间界定。态度还具有防御性，说服对象在群体中的态度与独处时的态度在有些情况下是有出入的，因此我们可以说态度的防御性衍生了态度的欺骗性，于是，说服者在说服活动之前收集的信息往往失真，也就影响了说服的最终效果。

（二）态度改变的方式

根据变化方式的不同，消费者态度的改变可以分为性质的改变和程度的改变两种方式。

（1）性质的改变。

性质的改变表现为态度发生方向性的变化，即由原来的倾向性转为相反的倾向性。例如，消费者对某名牌冰箱一直抱有好感，但购买后频频发生质量问题，从此对该品牌失去信任，即由积极肯定的态度改变为消极否定的态度。

（2）程度的改变。

程度的改变表现为态度不发生方向性变化，而是沿着原有倾向呈现增强或减弱的量的变化。例如，消费者通过实际使用对微波炉由一般感兴趣发展为大加赞赏，并极力向他人推荐，即态度的积极程度得到了加强。

（三）态度改变的影响因素

（1）消费者的认知和情感。

认知要素对消费者态度的形成和改变有显著影响，通过改变认知结构，能够有效地改变消费者的态度，同时评价结构与消费者情感对消费者态度的形成和改变具有重要影响，两者共同作用于消费者对产品的需求。

（2）时间。

时间是一个很重要的影响因素。研究表明，广告对消费者态度的影响和销售促进、公共关系对消费者行为的影响一样都会有一定的时滞，这个时滞就是时间变量对于消费者心智模式和行为模式的干扰。

（3）个体价值观。

态度与个体价值观有密切的联系，若消费者的态度与形成态度基础的个体价值观有密切的关联，那么消费者的态度很难改变，反之则容易改变。例如，生于新中国成立初期的人受当时的勤俭节约、艰苦奋斗的思想的影响，形成了相应的价值观，即使到了现代，该价值观依然左右着他们的生活和消费，由此形成的消费态度就很难改变了。

（4）既有态度。

消费者既有态度对于态度的改变有重要影响。一般来讲，个体的态度形成后持续的时间越短，其态度越容易改变；相反，个体的态度形成后持续的时间越长，其态度越不容易改变。此外，既有态度形成的因素越复杂，其态度就越难改变；相反，既有态度形成的因素越简单，态度就越容易改变。

例5-6　阿尔迪：一家特立独行的“穷人超市”

（四）态度改变的路径分析

有目的、有计划地说服消费者做出态度改变的方式和方法很多，其中我们最为熟知的便是大众传播。近年来不断出现的新媒体，特别是移动互联网、智能手机等媒体的发展，扩大了传播的时效和范围。那么如何通过大众传播有效地说服消费者，改变消费者针对产品、服务的心智模式和行为模式，从而改变消费者的态度，以达到最终的传播效果呢？

我们可以按照以下步骤建立消费者态度改变的技术路径。

步骤一：对目标消费者的信息接触情况进行准确评估。

若使营销说服更有效，必须做到信息的“精准打击”，以此来防止营销传播的盲目性，同时减少与传播有关的各种资源的损耗，因此该项工作是企业在进行营销传播时首要的工作，它为后续的工作奠定了基础。研究表明，情感和心理的诉求比产品的特性和功能本身更能引起消费者的共鸣。在信息传播过程中，告诉消费者能得到什么好处（这常常带有某种心理学成分）通常比介绍产品特性的推销效果更好。比如，告诉消费者新的计算机将如何提升他们的生活品质，往往比解释它如何工作要有效得多。

目标消费者接触信息的情况分为两个方面：一个方面是获取信息的渠道偏好。例如，互联网和手机是 80 后 90 后接触信息的主要渠道之一，与传统的电视、广播、报纸信息渠道相比，该类人群更倾向于网络；对于高端商务人士，财经类报纸和杂志是该类人群获取信息的渠道。另一个方面是获取信息的基本面分析，包括获取信息的集中时间、场所、信息类别、信息量等。我们必须清楚传播对象在哪个时间段和场所获取信息，如家里、上班路上、橱窗、广场、户外媒体等。

步骤二：对大众传播的信息进行营销加工。

此步骤的工作是通过大众媒介传播企业的产品和服务信息，吸引消费者的注意，激发消费者的兴趣与欲望，并在传播的信息中传达产品的诉求、特性以及给消费者带来的利益和价值，或者在传播过程中建立自己的品牌资产、提升企业的社会形象等。

步骤三：对大众传播的信息进行心理学加工。

若要进行有效的说服，达到说服的目标，必须科学地分析消费者接受说服信息的心理过程和特点，使说服信息的内容和传播方式与消费者的心理特性相契合，以突破消费者的心理防线，最终使消费者的态度发生改变。如何通过大众传播有效地影响和改变消费者态度中的认知、情感变量成为说服消费者态度改变的关键，也是对大众传播的信息进行心理学加工的意义所在。

综上所述，以上三个步骤组成了消费者态度改变的技术路径，与以往的营销说服工作相比，该路径更加具体，考虑的因素更加全面，消费者态度的改变也能变得相对容易。

例 5－7　采乐去屑，挖掘药品新卖点

第 3 节　消费者态度的营销策略

在市场营销和企业竞争中，消费者的态度决定着产品或品牌的一切。企业应该做和必须做的是影响消费者的态度或改变消费者的态度。虽然态度一旦形成便具有相对稳定性，但是并不意味着一成不变，态度是可以改变的，改变消费者态度的策略是存在的。

一、情感迁移策略

企业可利用消费者对某事、某物、某人的积极情感，把它们迁移到对于品牌或产品的好感上来，这就是情感迁移策略。当消费者对产品或品牌产生了喜爱时，这种喜爱情感会使他们更多注意产品或品牌的美好一面，会增加他们对产品的正面信念，进而增加购买此产品的倾向性。在企业的营销中，可用的方法有：

（1）提供消费者喜欢的刺激。

将消费者所喜欢的某种刺激，如一段音乐，不断地与品牌名称同时播放，过了一段时间后，与该音乐相联系的正面情感就会转移到品牌上。其他刺激，如喜爱的图画、喜爱的运动，也可以使用。

（2）激发对广告本身的情感。

消费者对广告的正面情感能导致对产品的喜爱。在广告中可使用幽默、名人或情绪诉求等形式以增加消费者对广告的喜爱。

（3）向消费者不断地、大量地展示某品牌能使他们对该品牌产生积极的态度。

二、行为参与策略

行为参与策略是指企业利用消费者的其他需要，如好奇、实惠、表现等，吸引消费者使用产品，使消费者对产品形成积极态度或改变消费者的消极态度。消费行为可以先于认知和情感而发生，导致认知或情感的形成，促使积极态度形成；也可以与认知和情感相对立的形式发生，导致认知或情感的转变，促使积极态度形成。

行为参与策略的具体内容可以是：

（1）邮寄或分发某厂家或商店的购物优惠券，促使消费者用这些优惠券购物。

（2）在商场门口或向消费者信箱里派发某些产品，让他们免费试用。

（3）向光顾某一商店的消费者展示产品，比如给消费者化妆，让消费者试穿服装。

（4）在特定时间进行产品降价、折扣、给小礼物等优惠活动。

（5）商家或厂家进行买一送一活动。

引导消费者试用产品，可使消费者在事先没有认知和情感的情况下尝试购买和使用一些便宜的新品牌或新型号产品，进而对所买或所试用的产品或品牌产生积极态度。

三、认知改变策略

对于某一商品消费者会在心理上产生许多与此相关的认识和信念，这些认识和信念可能是关于该商品的特点或属性的，也可能是该商品与其他事物的关系，每种认识和信念在重要性和其效价的强度上是有差异的，它们的综合就形成了消费者对商品的不同态度。企业通过各种方法改变消费者对产品或品牌的认知来影响消费者的态度，使消费者对产品或品牌形成积极态度，这就是认知改变策略。

认知改变策略的具体方法有四种：一是改变信念，即改变消费者对于品牌或产品一个或多个属性的信念。二是改变权重，即改变消费者对产品不同属性重要性的认识程度。消费者在认知某产品或品牌时，常常会看重产品或品牌的某种或某些属性，认为产品的某种或某些属性比其他属性更重要。三是增加新信念，即在消费者的认知结构中增加新的信念。可以增加以前被消费者忽视的属性，也可以增加反映实际产品变化或技术创新的属性。四是改变理想点，即改变消费者对理想产品的认识。

例 5-8　克劳德·霍普金斯的广告技巧

四、动机唤醒策略

消费者对一种商品的态度主要取决于该商品能否满足自己的需要，动机唤醒策略就是唤起消费者的动机，使他们的特定需求显性化，从而对产品或品牌形成积极态度。

企业可以将其产品与重要需要联系起来，以此形成或改变消费者的态度，刺激消费者购买；也可以向消费者显示他们没有考虑到的产品效用来激发消费者的需要与动机，改变消费者态度以支持某产品；还可以通过引起消费者的好奇心，激起消费者的信息需要，促使消费者更详细地了解产品，以形成或改变消费者态度。

五、信息呈现策略

从某种意义上讲，消费者的态度是他们在接收各种信息的基础上形成或改变的，因此，企业可以通过制造和发布公司或产品的各种信息来影响消费者的态度。这里的关键是企业通过谁发出信息、以怎样的方式呈现信息，这些将决定信息制造和发布的成效以及消费者是否接收信息。

同样的信息经由不同的信息源传递，效果大不相同，这缘于信息来源的可靠性。当消费者认为信息源是高度可靠的，其态度就易受影响，企业的营销活动便可达到目的。同样的信息以不同的方式呈现，效果也有差异。信息的呈现方式主要指言语与非言语、单面与双面。一般来说，言语信息通常比非言语信息能容纳更多的特定产品或服务的信息，而两者结合通常比单独使用能提供更多的信息。信息可分为单面信息与双面信息。如果消费者是友好的，那么单方面信息只强调好处就是最有效的，如果消费者是挑剔的，那么正反两方面的信息则更具效力。双方面信息比单方面信息的可信度更高，但效果也受消费者的文化程度及个性等影响。

例 5-9　网易云音乐又把大家惹哭了

案例分析

快手差不差

前几天，知乎上出现了一个“为什么快手惹人嫌?”的问题，大 V“立党”回答说，快手上太多差的内容，间接拉低了中国农村人的形象，这个回答有上万的赞同。本来这个回答也不算太过分，但是快手的员工私下“人肉”了“立党”，发现“立党”也在用快手，于是一位自称为“快手小编”的人给他发私信怒怼，除了扒出“立党”的快手信息、浏览记录等，更是在之后封禁了该账号。

在这位快手员工“作死”之后，网友们开始一边倒谴责快手。本来处理这件事的危机公关并不难，毕竟是员工私下的个人行为，无非就是官方站出来说“临时工做的”，道个歉可能就完事了。但是，快手没有抓住这根救命稻草，反而继续“作死”。不久后发布官方声明，非但没有把员工的个人行为和企业官方行为区分开，反而毫不掩饰地支持这位快手员工的行为。

这份声明等于火上浇油，网友的嘲讽更加此起彼伏，主要集中在快手员工私自“人肉”用户信息以及公关失败等。于是快手首席内容官曾光明再次发布声明，表示“严厉处罚”和“道歉”，这次基本上按套路来了。但生活总是比小说还精彩，这位道歉的曾光明在朋友圈发的内容被扒出……结果不用多说。

公关最重要的，就是站在用户角度思考问题，危机公关的首要目的就是安抚用户，然而很多企业还高高在上，不把用户当回事，不知道是谁给的“勇气”。快手这次把企业危机当成私人恩怨，傲慢自大且错误百出，当面一套背后一套，为品牌带来了极坏的负面影响，值得其他企业警惕。

资料来源：谭金鹏．7 月营销圈刷屏事件盘点．（2017－08－28）．http：//www.cmmo.cn/article-207114-1.html.

问题

1. 快手在这次事件中有哪些方面的失误?
2. 在这次事件后，你认为快手应该如何消除负面影响，改变消费者的态度?
3. 在当前新媒体时代，企业危机公关应该如何去做?

重点名词

态度　　消费者态度　　信念　　态度强度　　态度方向

思考题

1. 简述态度的功能。
2. 试述消费者态度对购买行为的影响。
3. 简述态度的形成过程。
4. 简述影响态度形成的因素。

5. 试述影响态度转变的因素。

6. 简述转变态度的方法。

实训练习

1. 实训目的

掌握消费者态度理论在市场营销中的应用及消费者态度的发展变化。

2. 实训要求

(1) 设计一个调查问卷。

(2) 调查对象不能少于20人。

(3) 写出调查结果。

3. 实训内容

选择一种常用的商品（如洗发水、洗衣粉、牙膏等），对身边的消费群体进行市场调查，了解消费者选用哪些品牌、选择该品牌的原因、是否会更换品牌以及更换的原因。

4. 实训步骤

(1) 要求同学们就某种常用的商品设计出一份市场调查问卷。

(2) 教师审核调查问卷，合格后方可进行调查。

(3) 学生可在班级内进行调查，也可在社会上进行调查，要求被调查对象签字。

(4) 分析总结，写出调查结果。

5. 考核办法

调查问卷占30%，调查过程占40%，调查结果占30%。

第6章
消费者个性、自我概念与生活方式

本章要点

1. 消费者个性、自我概念和生活方式的含义。
2. 消费者个性的结构。
3. 自我概念对消费者行为的意义。
4. 针对消费者个性的营销策略。
5. 消费者生活方式的构成要素和特征。

引　例

抖音15秒成名

我们身边有太多爆火的事件，它们的一个共同标签是“抖音”。例如，一夜爆红的抖音之城西安、卖到断货的coco奶茶、风靡全国的海底捞花式吃法。

抖音备受欢迎有它的必然性。首先，它满足了互联网时代每个人的“表达欲”。波普艺术领袖安迪·沃霍尔曾说，每个人都可能在15分钟内出名，而在抖音，每个人都可能在15秒内成名，它改变了过去成名路径掌握在少数精英手中的局限，每个人手里有一部智能手机，就握着一张通往成名之路的通行证，这对喜欢自我表达的人来说无疑具有莫大的吸引力。其次，视频是比文字更具感染力的表现形式，同时也降低了创作者的门槛。更为重要的是，依托今日头条的智能算法和智能分发，它通过技术真正实现了抖音用户“以爱好会友”，把兴趣相投的人用短短15秒的短视频聚合在一起。

不可否认，抖音在定位上对用户有着强大的吸引力。比如它主打音乐相关的内容，拥有海量版权音乐，并有专业原创音乐团队结合热点产出创意音乐素材。在音乐的选择上，有流行、电音、说唱等20多种选择。从用户的反馈来看，节奏感强、美好、温暖、素材丰富等词汇反复出现，这也成为抖音在用户心目中的平台印象。此外，吴亦凡、周冬雨等明星的入驻，更是吸引了众多年轻用户。

美好感以及“去中心化”的15秒成名时间，让抖音用户既可以是“明星”，也可以是“粉丝”，在这个以视频为内容载体的平台上，他们除了围观“明星”和“红人”，也参与其中。这种新型的互动模式让抖音的用户对品牌有着不同于一般社交平台的价值。

资料来源：社交平台广告效果如何衡量？. 成功营销，2018（1）.

启示：年轻消费者具有强烈的个性和自我意识，希望得到展示自我的机会。抖音为他们提供了平台，进而成为消费者最喜爱的社交平台。

个性、自我概念和生活方式是有密切联系的三个概念，是构成消费者千差万别、各具特色的购买行为的心理基础。它们之间的关系及其对消费者行为的影响如图6-1所示。研究了解消费者的个性、自我概念和生活方式的相关理论以及它们对消费者行为的影响，不仅可以解释其目前的购买行为，而且可以在一定程度上预测其消费趋向。

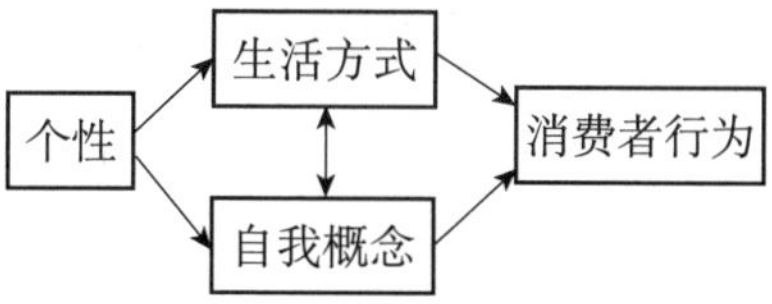

图6-1　个性、生活方式和自我概念之间的关系

第1节　消费者的个性

随着社会经济的发展，如今的社会已变成一个比较张扬个性、宣扬自由的社会，特别是网络技术的发展，使人们有了更多的张扬个性的机会。21世纪的新生代通过外在的衣着打扮、言行举止以及内在的价值观、审美观，向社会大众展示与众不同的个性风格。在日常娱乐和消费购买过程中，新生代群体强烈追求能充分体现个性的东西，喜欢攀岩、徒步穿越、孤身野营、探险漂流等充满强烈的个性光芒的娱乐项目，购买领导科技前沿的4G手机、智能产品、AR和VR等高科技产品，个性化消费成为消费的主流。

一、个性的含义与特点

个性即个人独特的心理结构，这种结构长期稳定地影响个人对环境的反应方式。[1]个性是在个体生理素质的基础上，经由外界环境的作用逐步形成的。个性的形成既受遗传和生理因素的影响，又与后天的社会环境尤其是童年的经验有直接关系。人的个性在不同场合通过自己的行为表现出来，构成个性的心理特征不仅对产品选择产生影响，而且会影响消费者对促销活动的反应以及何时、何地和如何消费某种产品或服务，因此它是消费者行为研究的重要内容。

例6-1 一汽奔腾&小米运动跨界营销

人的个性具有多方面的特点。首先，个性既反映了个体的差异又反映了人类、种族和群体的共同心理特征；其次，个性具有一致性和稳定性；最后，个性并非完全不可改变。生活中的某些重大事件，如小孩的出生、亲人的去世、离婚等都可能导致个性的改变。

消费者的个性可以从能力、气质、性格三方面分析。

（一）能力

消费者在购买商品时需要注意、记忆、分析、比较、检验、鉴别、决策等各种能力。由于个人素质、社会实践、文化教育等不同，个人的能力有很大差别。这种能力方面的差别，使得有些消费者在购买活动中比较自信，能比较迅速地对商品做出评价，从而做出相应的决策；有些消费者则由于能力较差，缺乏主见，对购买犹豫不决，往往需要求助参谋人员。

（二）气质

心理学认为人的气质有多血质、胆汁质、黏液质和忧郁质四种。多血质的人好动、灵敏，容易产生对某一事物的注意和兴趣，但也容易消失，他们一般喜欢时尚新品，易受宣传影响；胆汁质的人直率、热情、精力充沛，购买商品时愿花时间选择比较；黏液质的人冷静、善于思考、自制力强，讲究实用，不易受宣传影响；忧郁质的人多虑谨慎，对新商品反应迟钝，购买决策迟缓。四种气质类型的特点和消费特征如表6-1所示。

表6-1 四种气质类型的特点和消费特征

气质类型	表现	购买特征	接待注意事项
胆汁质	直率、热情、易冲动、暴躁、情绪变化激烈	购货迅速，不善于比较和挑选，要求服务态度好	要态度和善，语言友好，千万不要刺激对方
多血质	活泼、好动、开朗、善交际、注意力分散，兴趣、感情变化快	乐于攀谈、咨询，好沟通，但容易移情别恋，喜新厌旧	应主动接近、介绍（展示）、交谈

① 所罗门，等．消费者行为学：第10版．北京：中国人民大学出版社，2014.

续表

气质类型	表现	购买特征	接待注意事项
黏液质	情感变化缓慢，行动迟缓，少言或言语拘束、细致	购物精挑细选，品牌忠诚度高	主动热情，要有耐心
抑郁质	严重内向，反应慢，不灵活，内心体验深刻，刻板、羞涩、敏感、孤僻，防御性强	购买动作拘谨，优柔寡断，附和营业员	要有耐心，多做介绍，要允许反复

（三）性格

性格与气质既有区别又有共同之处，两者相比较，性格带有更多的社会因素，气质则带有更多的生理色彩，性格更能反映一个消费者的心理特征。人们的性格大致可分为五种：外向型、内向型、理智型、意志型和情绪型。

二、个性的结构

从构成方式上讲，个性其实是一个系统，由三个子系统组成。

（一）个性倾向性

个性倾向性是指人对社会环境的态度和行为的积极特征和倾向性，是个性结构中最活跃的因素。个性倾向性是一个人进行活动的基本动力，决定着人对现实的态度，决定着人对认识活动的对象的趋向和选择。个性倾向性是个性系统的动力结构，它较少受生理、遗传等先天因素的影响，主要是在后天的培养和社会化过程中形成的。需要是个性倾向性乃至整个个性积极性的源泉，只有在需要的推动下，个性才能形成和发展。动机、兴趣和信念等都是需要的表现形式。世界观占有最高指导地位，它指引和制约着人的思想倾向和整个心理面貌，是人的言行的总动力和总动机。

（二）个性心理特征

个性心理特征是指人的多种心理特点的一种独特结合，是个体在其心理活动中经常地、稳定地表现出来的特征，主要是指人的能力、气质和性格，反映人的心理特点的独特性和个别性。能力、气质和性格三方面的个性心理特征在一个人身上的结合方式是因人而异的，这就形成了千差万别的个性。个性结构中的各个部分不是散乱地堆积或机械地组合在一起的，而是彼此紧密联系，组成一个有机的整体个性结构。

（三）自我意识

自我意识是指自己对所有属于自己身心状况的意识，包括自我认识、自我体验、自我调控等方面，如自尊心、自信心等。自我意识是个性系统的自动调节结构。有的学者还把自我意识称为自我调控系统。

个性结构的这些成分或要素，又因人、时间、地点、环境的不同而重新排列组合，结果产生了在个性特征上千差万别的人和一个人在不同的时间、地点、环境中的个性特征的变化，而心理过程是个性产生的基础。

小知识6-1 购买珠宝的心理

三、个性与消费者行为

消费者个性与其消费行为之间存在一定的关系。企业在激烈的竞争中，需要对消费者的个性特点有充分的认识，并制定具有针对性的营销策略。

（一）个性与信息搜寻行为

不同个性的消费者在进行信息搜寻时会表现出不同的行为。如有些消费者的个性中具有较强的求知欲，表现出爱思考的倾向，则信息搜寻时会较细致，并有一定的深度，更注意信息的质量。有些消费者的求知欲却较弱，表现出不爱思考的倾向，则在信息搜寻时易浮于表面，更容易受广告、模特之类的边缘刺激的影响。

年轻一代将个性化作为自己的标志，他们追求能够体现个人形象和生活方式的事物，而新媒体完美地满足了消费者对追求个性独特的需求。同时，新媒体也为人们带来了专属感，消费者可以通过新媒体定制只属于自己的信息与产品。可见如何向各类消费者提供各类信息，并使这些信息发挥它们的作用是一个值得思考的问题。

（二）个性与产品选择

不同个性的消费者可能在不同的产品领域形成各自的偏好，从而在特定产品的使用程度上表现出明显的行为差异。例如，有学者调查了个性与饮酒之间的关系。调查结果表明，在外向特征上得分较高的人比低分者饮酒量大，外向的人比内向的人更可能通过在酒馆饮酒来寻求刺激。从管理者特别是从正在考虑如何设计“酒馆氛围”以增进消费者安全感和舒适感的啤酒供应商的观点来看，这种结果是令人感兴趣的。

当代社会，人们渴望与众不同。虽然市场上的产品丰富多样，但是依然无法完全满足消费者对个性化的追求。所以，越来越多的人追求定制化，开始寻求对所选商品的专属感，并且希望在购买过程中能够体现自己追求的价值观与独特性。很多企业正是抓住了这一点，开始专门针对目标群体提供定制化服务。

（三）个性与品牌选择

越来越多的研究表明，个性特征有助于预测品牌或店铺偏好等购买活动。当某个品牌的个性与消费者的个性保持一致时，这个品牌将会更受欢迎。品牌个性是品牌形象的一部分，是指产品或品牌特性的传播以及在此基础上消费者对这些特性的感知。比如，某品牌的服装可能表现出青春、动感和冒险，另一个品牌可能显得庄重、保守和高贵典雅。具有不同个性的服装会被不同类型的消费者购买或在不同的场合穿着。消费者倾向于购买与自己具有相似个性的产品或那些使他们感到能让自己的某些个性弱点得到弥补的产品。

（四）个性与创新产品采用

消费者采用新产品是有先有后的，有些人是新产品的率先采用者或叫创新采用者，而有些人则是落后采用者。创新采用者和落后采用者有哪些差别特征是营销者特别希望了解的。创新性反映的实际上是消费者对新事物的接受倾向与态度。有些人对几乎所有新生事物都采取排斥和怀疑的态度，有些人则采取开放和乐于接受的态度。有证据显示，外倾型消费者倾向于运用自己内心的价值观或标准来评价新产品，他们更可能成为创新采用者；相反，内倾型消费者倾向于依赖别人的指引做出是非判断，因此成为创新采用者的可能性相对较小。

例 6－2　菊色风暴

四、针对消费者个性特征的营销策略

为了使消费者的购买行为愉快、顺利地进行，营销人员必须根据消费者的不同性格特点，采取合适的、行之有效的营销策略。具体地说，大致有以下五个方面。

（一）对待不同选购速度的消费者的策略

消费者的性格不同，选购商品的速度也不同。一般来说，对慢性子的消费者，销售人员要有足够耐心，千万不能因为消费者选购商品的时间长而沉不住气，更不能急躁，显出不耐烦的表情；对急性子的消费者，销售人员对他们没有经过充分思考匆忙做出的购买决定应谨慎稳重，要及时提醒他们仔细挑选商品；对敏感的消费者，销售人员应根据他们的要求，需要买什么就拿什么，不要过多介绍商品性能和特点，以免引起消费者的误解和猜疑。

（二）对待言谈多或寡的消费者的策略

不同性格的消费者在购买活动中，有的爱说话，有的则沉默寡言。对爱说话的消费者，销售人员的接待要稳重，掌握分寸，多用纯业务性的语言，态度要热情。对少言的消费者，销售人员应根据他们的面部表情和目光注视方向等，及时摸清他们的购买意图，用客观的语言来介绍商品，并尽快找到共同语言，促使消费者的购买行为尽快实现。

（三）对待随意或有疑虑的消费者的策略

随意型消费者对商品的性能和特点往往不太了解，在选购商品时常拿不定主意，销售人员应主动给他们出主意，检查商品的质量，挑选合适的商品，千万不要弄虚作假，要以诚信为本。对疑虑型消费者，销售人员的最好办法是尽量让他们自己去观察和选定商品，如果消费者有任何疑问，应该用真诚和客观的语言给以解释或介绍，尽可能帮助他们打消对商品的疑虑。

（四）对待不同购买行为态度的消费者的策略

购买行为积极的消费者，购买目标明确，购买计划清楚，购买过程中的举止和语言表达比较流畅。销售人员在了解他们的意图后，应主动配合，使他们的购买行为迅速实现。购买行为消极的消费者，常常无明确的购买目标和意图，进店后能否产生购买行为，在很大程度上取决于销售人员是否积极、热情、主动，并激发他们的购买热情，引发他们的购买行为。

（五）对待不同情绪的消费者的策略

性格不同的消费者，受各种因素的影响，在购买过程中会有不同的情绪表现。对待情绪容易激动的消费者，销售人员应注意他们的语言，要冷静、耐心地接待，不能随便开玩笑，否则会激起消费者兴奋的情绪并难以抑制。对待情绪温和的消费者，销售人员应该主动、热情地介绍商品，为他们选择合适的商品当好参谋。

例6－3　奥利奥的个性营销

第2节　消费者的自我概念

自我概念是理解消费者行为的一个重要概念，每个人如何看待自己、如何评价自己的各种特征，往往会影响其行为，因为人们总是购买有助于强化自我意识的品牌和产品。

一、自我概念的含义

自我概念是指一个人所持有的关于自身特征的信念，以及他对于这些特征的评价。[①] 自我概念是个体对自身一切的知觉、了解和感受的总和。自我概念回答的是诸如“我是谁”和“我是什么样的人”之类的问题，它是个体自身体验和外部环境综合作用的结果。一般来说，消费者的自我概念不同，表现在购买行为上的特点也不同。消费者将选择那些与自我概念相一致的产品与服务，避免选择与自我概念相抵触的产品和服务。

消费者的自我概念具有多种类型：（1）实际的自我概念，指消费者实际上如何看待自己；（2）理想的自我概念，指消费者希望如何看待自己；（3）社会的自我概念，指消费者感到别人如何看待自己；（4）期待的自我概念，指消费者期待在将来如何看待自己，这是介于实际的自我与理想的自我之间的一种形式。

消费者的自我概念不是天生的，其形成过程漫长而复杂。自我概念是个人在社会生活中，通过与他人交往以及与环境发生联系，对自己的行为反观自照形成的。自我概念实际上是在综合自己、他人或社会评价基础上形成和发展起来的。通常情况下，人们都具有从实际的自我概念向理想的自我概念转化的意愿和内在冲动，这种冲动成为人们不断修正自身行为，以求自我完善的基本动力。不仅如此，人们还力求使自己的形象符合

---

① 所罗门，等．消费者行为学：第10版．北京：中国人民大学出版社，2014.

他人或社会的理想要求，并为此努力按照社会的理想标准从事行为活动。

二、自我概念与消费者行为

例6-4 密语瓶：引领人际交互表达

(一) 自我概念在消费行为中的作用

消费者的任何购买行为都是为了满足自己的一定需要：一方面满足功能的需要，如买矿泉水用来解渴，这种消费者对功能性价值的追求体现了购买行为的功能一致性；另一方面满足形象的需要，即消费者的购买行为受自我概念制约，需要通过某种产品的使用表现自己的个性形象，这种消费者对形象性价值的追求体现了购买行为的自我一致性。在同质化程度日益增高的市场环境下，消费者在进行购买决策时更多依赖于产品与自我概念之间的相关联程度，而不是产品的功能性物理特征，这正是自我概念在消费者行为中的反映。

大量实践证明，消费者在选购商品时，不仅以质量优劣、价格高低、实用性能强弱为依据，而且把商品品牌特性是否符合自我概念作为重要的选择标准，即判断商品是否有助于“使我成为我想象或期望的那样的人”，以及“我希望他人如何看待我”。如果能够从商品中找到与自我印象或评价一致（相似）之处，消费者就会倾向于购买该商品。例如，一个自认为气质不凡、情趣高雅、具有较高欣赏品位的消费者，在购买服装时会倾心于那些款式新颖、色调柔和、质地精良、做工考究、设计独特的服装。

(二) 自我概念在消费行为中的地位

当今社会中消费者的消费行为在很多情况下已经不仅是为了获得产品所具有的功能性价值，而且还要获得其形象性价值。一些学者认为，某些产品对于消费者而言具有特别丰富的含义，它们能向别人传递关于自我很重要的信息。贝尔克用“延伸自我”来说明这类产品与自我概念之间的关系，他认为延伸自我由自我和拥有的产品两部分构成。人们往往倾向于根据自己的拥有物来界定自我，因为某些拥有物不仅是自我概念的外在显示，同时也是自我身份的有机组成部分。

产品的形象性价值在消费行为中的地位，可以用图6-2加以说明。

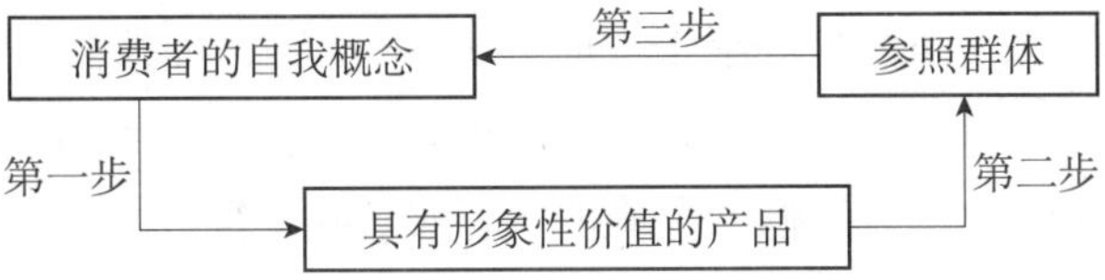

图6-2 产品的形象性价值与自我概念

图6-2由三部分组成，即消费者的自我概念、参照群体、具有形象性价值的产品。消费者首先会购买能体现自我一致性的、具有某种能够向别人传递其自我概念作用的产品；然后具有形象性价值的产品作用于参照群体，并使参照群体产生某种体验；最后参照群体根据自己的体验将产品所具有的形象性价值看作其人格或者自我的一部分。这个

过程对消费者的购买行为会循环地产生影响，而且可以说最后一步对于消费者无疑是一种强化作用，进一步坚定了消费者对自我的认识，导致消费者再次购买类似体现这一形象的产品，这实质上反映了自我概念在消费者行为中的地位。因此，可以说消费者的消费行为就是为了拥有某种产品并通过产品的形象性价值向社会传递关于消费者自我概念的不同方面，其实，这也正是自我概念决定人们的期望这一心理功能的体现。

例 6-5　江小白：卖酒也可以很文艺

三、消费者自我概念对消费行为的影响

自我概念是影响个体行为的深层个性因素，人们的自我概念和行为往往是统一的。自我概念存在于消费者的心理活动中，并对消费者的消费心理和消费行为有着深刻的影响和制约作用，这个概念涉及个人的理想追求和社会存在价值，通过消费行为的不同特点体现出来，并直接影响着消费者对商品的偏好，对价格的认同，对广告的接受程度，这是一个有意识的和深思熟虑的过程。能够和消费者的自我形象相匹配的企业品牌形象能够引起消费者的共鸣，消费者能够借助品牌形象来维持和提高自我形象，而品牌形象促进了消费者自我概念的强化，使得消费者感到满意。品牌形象与自我概念的关系及其对消费者行为的影响如图 6-3 所示。

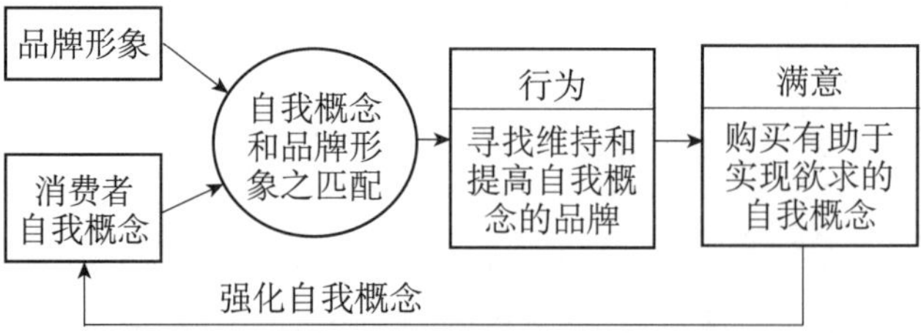

图 6-3　消费者自我概念与品牌形象

（一）自我概念影响消费者对商品的偏好

在现实生活中，每个人所拥有的东西和所喜爱的活动，都在一定程度上反映了人们希望表达自己的某些追求和情感（尽管有时是不自觉的），即消费者旨在通过购买的商品表现自我意象。消费者一旦形成了某种自我概念，就会在这种自我概念支配下产生一定的购买行为和消费行为。自我概念影响消费者从自我象征性意义角度来知觉和选择购买已有的产品或者想要得到的产品。比如，有些消费者与字画、文玩、古董本来沾不上边儿，却愿花大价钱收藏，除保值外，主要是为了附庸风雅，表现自己有艺术修养和志趣高雅等。消费者的自我概念与产品形象之间一致性很强的有汽车、服装、食品、香烟、家具、手机、发型等。

（二）自我概念影响消费者对商品价格的认同

消费者对商品价格的认同常常受已经形成的自我概念的制约，因为商品的价格在一

定程度上能反映商品拥有者的社会政治、经济地位。消费者在购买行为中会根据自己的真实自我概念和理想自我概念对商品价格加以认同。例如，一般来说，收入不太高的消费者，或者社会政治、经济地位较低的消费者，或者具有勤俭节约传统的消费者，都希望购买到价格合适又实用的商品，并希望少花钱多办事，因此，他们对商品的价格特别敏感，可能会专门选购同类商品中价格较低的商品。社会政治、经济地位较高的消费者可能专门选购昂贵的商品。

（三）自我概念影响消费者对广告的接受程度

对于生产厂家、广告设计者而言，对消费者自我概念的研究具有重要的指导意义。首先，由于自我概念的差异性，消费者对各种商品的知觉不尽相同，这使他们对特定的商品产生偏好，最后导致购买行为的差异，即消费者在购买过程中，自我概念会自然而然地成为其评价广告信息的参照标准。其次，按照自我概念的鲜明性和独立性程度，我们可以把消费者分为两类：一类是自我概念鲜明，独立性强的消费者；一类是自我概念较模糊，依赖性较强的消费者。前一类消费者很少受广告宣传和社会潮流的影响，往往按照自己的标准进行购物和消费，很少顾及别人的评价，也不追求迎合别人的心理。后一类消费者由于自我的独立性差，往往随大流，易受广告宣传和社会流行观念左右。

例 6-6　泸州老窖香水礼盒，不是酒味的

第 3 节　消费者的生活方式

生活方式是个体在成长过程中，在与社会因素相互作用下表现出来的活动、兴趣和态度模式。从消费者行为研究的角度来讲，生活方式是一种消费模式，它反映了一个人选择如何支配时间和金钱。[1] 消费者通过个人的消费选择来反映价值取向和品位。人、产品和情境结合起来表明了一种特定的消费者生活方式，如图 6-4 所示。

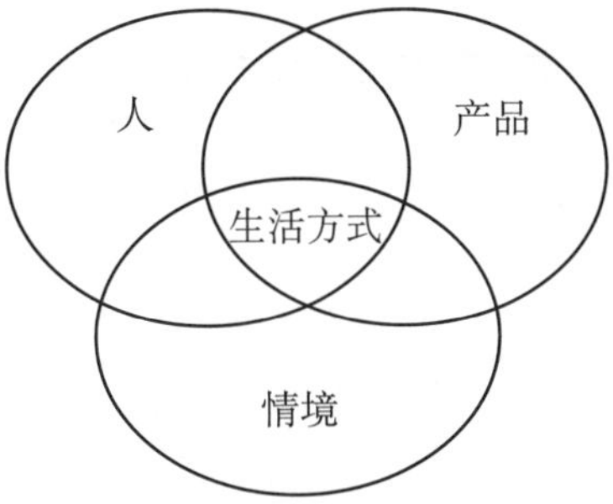

图 6-4　生活方式

① 所罗门，等．消费者行为学：第 10 版．北京：中国人民大学出版社，2014.

一、生活方式与个性

生活方式与个性既有联系又有区别。一方面，生活方式在很大程度上受个性的影响。一个具有保守、拘谨性格的消费者，其生活中不太可能有诸如攀岩、跳伞、蹦极之类的活动。另一方面，生活方式关心的是人们如何生活、如何花费、如何消磨时间等外在行为。而个性则侧重从内部来描述个体，它更多地反映个体思维、情感和知觉特征。可以说，两者是从不同的层面来刻画个体。

人的个性往往是通过其生活方式和消费方式表现出来的，因此，企业往往可以通过对消费者生活方式的调查来了解目标市场消费者的主要个性特征。日本东京的R&D调查公司根据其所做的调查，将人的个性分为四种不同的类型，并以此来分析人们的生活欲望与生活方式，具有很强的借鉴意义（见表6-2）。

表6-2 个性与生活方式的关系

个性特征	欲望特征	生活方式
活泼好动	改变现状 获得信息 积极创意	不断追求新的生活方式 渴望了解更多的知识和信息 总想做些事情来充实自己
喜欢分享	和睦相处 有归属感 广泛社交	愿与亲朋好友共度好时光 想同其他人一样生活 不放弃任何与他人交往的机会
追求自由	自我中心 追求个性 甘于寂寞	按自己的意愿生活而不顾及他人 努力与他人有所区别 拥有自己的世界而不愿他人涉足
稳健保守	休闲消遣 注意安全 重视健康	喜欢轻松自在，不求刺激 重视既得利益的保护 注重健康投资

二、生活方式的构成要素

生活方式是生活主体与一定的社会条件相互作用而形成的活动形式和行为特征的复杂有机体，构成要素分为生活活动条件、生活活动主体和生活活动形式。

（一）生活活动条件

在人类历史的每个时代，生产力发展水平对生活方式不但具有最终的决定性影响，而且往往对某一生活方式的特定形式产生直接影响。当代科学技术的进步和生产力的迅猛发展，成为推动人类生活方式变革的巨大力量。

不同的地理环境、文化传统、政治法律、思想意识、社会心理等因素从不同方面影响着生活方式的具体特征。如居住在不同气候、山川、地貌等地理环境中的居民，其生活方式就具有不同的风格、习性和特点；一个民族在长期发展中所形成的独特的文化背景，又使其生活方式呈现丰富多彩的民族特色。人们的具体劳动条件、经济收入、消费水平、家庭结构、人际关系、教育程度、闲暇时间、住宅及社会服务等条件的差别，使同一社会中不同阶级、阶层、职业群体以及个人的生活方式具有明显的差异性。

（二）生活活动主体

生活方式的主体分个人、群体、社会三个层面。任何个人、群体和全体社会成员的生活方式都是作为有意识的生活活动主体的人的活动方式。在相同的社会条件下，不同的主体会形成全然不同的生活方式。在生活方式的主体结构中，一定的世界观、价值观和生活观对人们的生活活动起着根本性的调节作用，规定着一个人生活方式的选择方向；社会风气、时尚、传统、习惯等社会心理因素也对生活活动具有很强的导向作用，是影响生活方式的深层力量。生活方式的主体在生活方式构成要素中居于核心地位。特别是在现代社会，个人的价值选择在生活方式形成中的规范和调节作用日益增强，现代人的生活方式具有明显的主体性。

（三）生活活动形式

生活活动条件和生活活动主体的相互作用，必然外显为一定的生活活动状态、模式及样式，使生活方式具有可见性和固定性。不同的职业特征、人口特征等主客观因素所形成的特有的生活模式，必然通过一定的典型、稳定的生活活动形式表现出来，因此生活方式往往成为划分阶级、阶层和其他社会群体的一个重要标志。

三、生活方式的基本分类

对生活方式可从多种角度做类型学分析。

（一）按主体的层面分类

按主体的层面不同可划分为社会生活方式、群体生活方式和个人生活方式。社会生活方式是社会全体成员生活模式的总体特征，如奴隶社会生活方式、封建社会生活方式等。群体生活方式包括各阶级、各阶层、各民族、各职业集团以至于家庭生活方式等庞大体系。个人生活方式从心理特征、价值取向、交往关系以及个人与社会的关系等角度可分为：内向型生活方式和外向型生活方式，奋发型生活方式和颓废型生活方式，自立型生活方式和依附型生活方式，等等。某一社会的社会生活方式、群体生活方式、个人生活方式分别是该社会中生活方式的一般、特殊和个别的表现形态。

（二）按不同的社区分类

按不同的社区可分为城市生活方式和农村生活方式。在当今世界上，发达国家的城市人口占很大比重，城市生活方式是绝大多数人口的生活方式；发展中国家的农业人口占很大比重，农村生活方式仍占优势。伴随着工业化、城市化进程的加快，城市生活方式将在发展中国家得到相应的发展。

小知识6－2 “森女”的生活

四、价值观念和生活方式结构

来自相同文化群、社会阶层，甚至来自相同职业的人们，也可能具有不同的生活方式。斯坦福国际研究所开发的价值观念和生活方式结构（VALS）可以科学地对消费者的生活方式进行衡量和分类。VALS作为心理图案学的主要工具将成年美国消费者的生活态度按照主要动机和资源拥有水平两个维度分为八个群体，并对他们的典型购买行为进行了描述（见图6－5）。

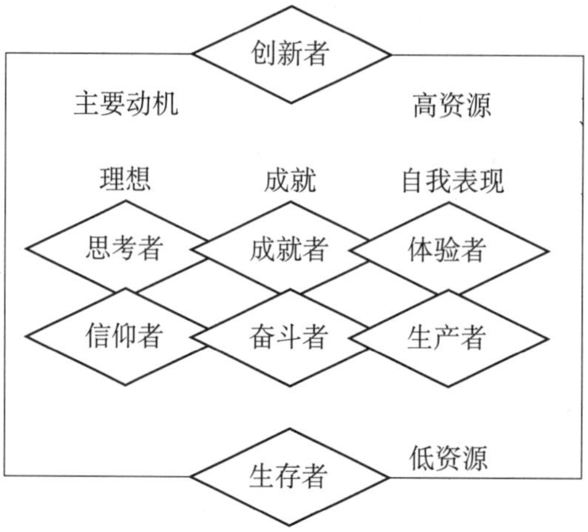

图6－5 影响消费者行为的主要因素

（一）创新者

创新者是成功的、复杂的、有较高的自尊和不受控制的人群，他们拥有大量的资源，对新观念和新技术接受得最快。创新者是非常活跃的消费者，他们对高档、补缺性的产品和服务的购买显示了他们的高品位。

（二）思考者

思考者是由观念驱动的，他们成熟、满足、崇尚秩序、知识和责任。他们受过良好的教育并在做购买决策时积极获取信息。他们对身份地位与社会礼貌有适当的尊重，对新观念持开放的态度。虽然他们的收入允许他们有较多的选择，但他们是谨慎和积极的购买者。

（三）成就者

成就者由成功欲望所驱动，其社会生活方式是目标导向的，注重事业和家庭。成就者趋向规范的生活，政治上保守，尊重权威和现状。他们偏好一致性、确定性、稳定性，具有许多的需求。成就者在市场中比较活跃。他们偏好已建立了声望的产品和服务，以表现他们的成功。由于生活忙碌，他们对节约时间的产品感兴趣。

（四）体验者

体验者由自我表现所驱动。作为年轻、热情和冲动的消费者，体验者对新事物会迅速地产生热情，但也会迅速地忘却。他们寻求变化和刺激，欣赏新的、不规则的和有风险的事物。他们愿意参与体育、户外活动与社会活动。体验者渴望消费并在时尚、娱乐和社交方面花费大量的金钱。他们的购买反映他们期望好的与酷的东西。

（五）信仰者

信仰者与思考者一样是由观念驱动的。他们是谨慎和传统的人，具有基于传统的、已形成的规范、家庭、宗教、社会和国家的坚定信念。大多数信仰者具有植根很深而且有文献表达的道德标准。他们遵循所属的家庭、社会或宗教组织所建立的规则。作为消费者，信仰者选择熟悉的产品和已建立的品牌，通常是忠诚的消费者。

（六）奋斗者

奋斗者喜爱流行和愉快。因为奋斗者受到成功的驱动，所以他们注意他人的观点和意见。对奋斗者而言，金钱意味着成功，因为他们缺乏足够的金钱去满足他们的欲望。他们偏好流行产品，这些产品可以使他们模仿具有大量物质财富的人。奋斗者是活跃的购买者，因为购物对他们既是社会活动，又显示他们的购买能力。

（七）生产者

正如体验者一样，生产者是由自我表现驱动的。他们通过建造房屋、抚养孩子、修理汽车等行为来体验这个世界并表现自己。他们拥有足够的技术和资源去成功地完成自己的事务。他们生活在传统的家庭，对传统范围外的事物没有兴趣。他们尊重政府权威和劳工组织，但是抵制政府对个人权利的限制。由于他们偏好价值而不是奢华，因此他们购买基本的产品。

（八）生存者

生存者的生活目的很窄。由于拥有的资源很少，因此他们认为世界变化太快。他们对家庭满意，看重安全与稳定，因为他们必须注重需要而不是满足欲望。生存者是谨慎的购买者。对于大多数产品和服务而言他们代表了相当中性的市场。他们对偏好的品牌忠诚，特别是能够打折购买的情况下。

五、生活方式营销的含义与路径

生活在一定的文化和社会背景下的消费者总是会追求自己的生活方式。对生活方式的追求影响他们的需求、欲望，进而影响他们的购买决策和消费行为。同时，这些购买决策和消费行为又反过来强化或改变消费者的生活方式（如图 6-6 所示）。

生活方式营销是指企业通过对消费者心理、价值观、消费行为等的了解，让一群有着相同的支配时间和金钱模式的同质消费者产生一种感同身受的相融合的认知并获得消费者自发性认同，创造出真正让消费者感动的商品的一种营销方式。生活方式营销是一种把生活方式作为市场细分手段，从中挖掘出商机的营销策略。

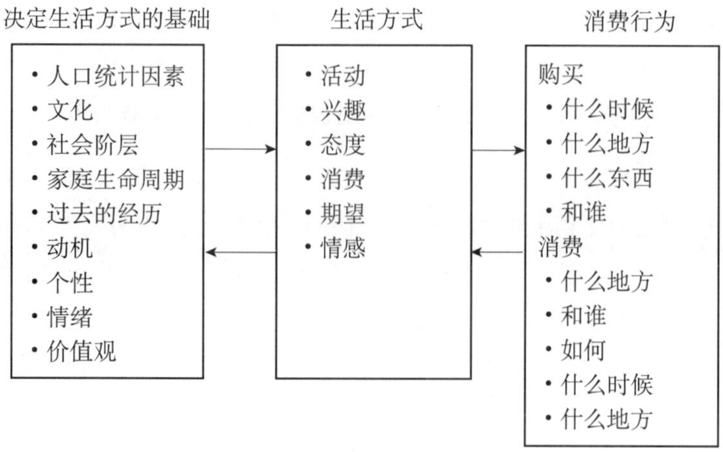

图6-6　生活方式和消费过程的交互影响

（一）消费族群

如何从生活方式中找到营销者想要的营销信息，是实施生活方式营销的出发点和落脚点。营销者需要定位目标消费族群，即谁是营销者的目标群体。

在确认目标消费群体时，营销人员必须清楚锁定的消费群体是些什么样的人。如果能对消费者做一个比较清晰的界定，就可以将商品的特性直接转化成消费者生活上的需求和认同。例如，对于消费者而言，对通信产品最基本的需求是满足通信的需要，但在情境上，通信产品可以是特定社会交往环境下进行自我表达的工具，在文化层面上，它又是一种体现消费文化观和拥有者品位的符号，因此，在不同层面上，它可以满足不同消费者的不同需求。

（二）生活观念

生活观念综合了消费者的物质需求与心理需求，通过消费者的日常生活方式及想法，凸显消费者的主要生活观念。依据市场大环境，对商品概念方面的开发必须建立在每个消费族群的基本生活观念上。例如，对年轻消费族群谈健康或名利或许为时尚早，对年长的消费族群谈流行或外表打扮也难以获得共鸣。例如，“动感地带”的成功就在于企业把握住了目标消费族群追求时尚、喜好沟通的生活观念。因此，营销者必须了解消费者的生活观念、消费者的性格，借以塑造产品的品牌个性，让产品成为消费者生活观念的反映，让品牌个性与消费者的物质需求和心理需求有效地结合。

（三）消费价值观

消费价值观是指人们对消费水平、消费方式等问题的总的看法和根本观点，是探索消费者和商品之间关系的最直接连接点。作为消费过程中的主体态度，消费价值观反映消费者对客观事物的善恶、优劣、是非的评判，情感上推崇或轻蔑、崇尚或鄙视的感觉，以及行动上亲疏远近、主次缓急的取舍倾向。消费价值观与消费行为、市场需求有着非常密切的关系，它是消费者对客观事物的评价标准，直接决定了消费者的购买行为，即目标消费群体会买什么。认真分析和准确把握消费价值观是企业理解消费者购买行为的基础，因此也就成为企业确定营销目标，制定相应营销策略的重要依据。

(四) 传播偏好

消费者的传播偏好是整合营销传播的最高指导原则。在生活方式营销中，营销者充分掌握消费群体独特的传播偏好，即目标群体在何处获得营销信息，这对广告、公共关系、促销等营销活动所具有的指导意义是不言而喻的。现代商业社会中媒体的影响力越来越大，一方面呈现传播渠道多元化，另一方面呈现媒体的分众化，使消费者的媒体触感愈加麻木。在消费者有限而媒体饱和的情况下，优先取得与目标消费族群接触的传播机会，显得相当重要。

总之，生活方式营销是一种面向顾客、面向市场的新营销方式，企业可以主动地将自身的行动融入社会环境之中，更细致地考察目标顾客的需求。同时，通过产品品牌形象的建设，企业将成为一种文化的代表符号，并最终代表一种生活方式、一种消费品位。

例6－7 利郎男装主张“简约而不简单”

案例分析

“美国女孩”：玩具还是朋友？

“美国女孩”是当今国际高端玩偶市场的明星。除了洋娃娃之外，还售卖书籍、杂志、配饰，具有美发沙龙、摄影室、电影、广场（商城）等周边产品。目前，“美国女孩”是全球最大的玩具公司美泰公司旗下除了芭比娃娃之外最流行最畅销的时尚娃娃品牌。其相关书籍也非常受欢迎，据其官网发布的数据，至今“美国女孩”已经出版了超过800本读物。

近几年社交媒体的热潮让“美国女孩”娃娃YouTube视频越来越流行，甚至一些女孩子会以自己和娃娃们的日常生活为主题开设自媒体频道。比如一个名叫克洛艾(Chloe)的女孩子开设了一个叫作Chloe’s American Girl Doll Channel的频道，每周三和周六会发布相关视频。该频道自三年前创立至今已经有近63万的点击率。

频道获得了很多有着相同爱好的女孩子的共鸣，其中一位刚刚上初中的“美国女孩”娃娃迷留言说：“‘美国女孩’娃娃陪伴我度过了可怕的一年级到四年级。我迄今为止已经有12个娃娃了！每年去寻找收藏当年的新款娃娃已经成为我可爱的妹妹们的传统。”

除了YouTube之外，脸书同样也是“美国女孩”玩具产品在线粉丝的平台。一个拥有146万粉丝的社区American Girl孕育而生——大量12～18岁的女孩为她们的玩偶拍照并发布照片，分享她们与娃娃们相处的生活点滴。

“美国女孩”娃娃的成功来自对顾客需求的精准把握：女孩们购买“美国女孩”，并不是在买一个玩具，而是需要一个朋友。既然是朋友，就会有自己的个性，会共同度过，能陪伴成长。

首先，“美国女孩”娃娃风格较多，各有故事来历，能充分满足顾客挑选个性化朋友的需求。

“美国女孩”娃娃眼睛、头发和皮肤的颜色设计得各不相同，女孩们可以挑选和自己头发、眼睛颜色一样的一款。她们分别“出生于”美国各个重要历史时期，代表力量、勇气、责任、宽容、智慧和希望。每个女孩都有自己独特的故事，有自己的秘密和梦想、智慧与渴望。

其次，通过服饰等周边产品，让“美国女孩”娃娃与孩子们成为朋友。

女孩们可以挑选不同肤色、瞳色和发色的娃娃，搭配各种款式的衣服，甚至在店面购买和娃娃们同款的衣服，让娃娃看起来更像自己。娃娃与孩子们一起生活，女孩们可以通过门店中专门为娃娃设立的发廊和医院打理它们，学着“照顾”它们的生活起居，同时也在潜移默化中学会打理和照顾自己。

资料来源：张文敏，柳新钰．玩具的溢价：情感化的故事营销．(2018-12-24). http：//www.cmmo.cn/article-213976-1.html.

问题

1. “美国女孩”展现的是消费者的哪些个性和生活方式？
2. 试分析“美国女孩”的哪些措施使其能够成功以及给企业的启示。

重点名词

个性　　自我概念　　生活方式　　消费族群　　生活观念

思考题

1. 什么是个性？个性的特征有哪些？
2. 分析个性对消费者行为的影响。
3. 什么是消费者的自我概念？对消费者行为有什么影响？
4. 什么是生活方式？生活方式与个性、自我概念有什么联系？
5. 什么是生活方式营销？以某种产品为例，讨论如何进行生活方式营销。

实训练习

1. 实训目的

（1）训练学生在短时间内判断顾客的个性和自我概念。

（2）使学生更深入地掌握个性对消费者购买行为的影响及作为营销人员应如何接待不同类型的顾客。

2. 实训要求

要求学生到商场、超市等地进行实地考察。

3. 实训内容

(1) 学生持个性测量问卷，到商场、超市实地考察。

(2) 选择至少10个营销人员接待顾客的案例。观察购买、接待过程，判断顾客的气质、性格，分析营销人员接待顾客的态度和方法是否妥当，最终是否促成购买。

(3) 与顾客沟通，使顾客配合填写个性测量问卷。

(4) 写出分析报告。

4. 实训步骤

(1) 学生打印好所需份数的个性测量问卷，与有关商场、超市联系，实地考察。

(2) 选择10个案例，观察购买、接待过程，判断顾客的个性和自我概念。

(3) 与顾客沟通，使顾客配合做个性测量问卷。得出结果对比自己的判断是否正确。

(4) 对考察情况进行分析总结，写出分析报告。

5. 考核办法

实地考察50%（要求有有关商场、超市及顾客的签字和原始材料）；分析报告50%。

第7章

参照群体与消费者行为

本章要点

1. 社会群体的概念和类型。
2. 参照群体的概念和类型。
3. 意见领袖的概念和特征。
4. 社会群体和意见领袖对消费者行为的影响。

引　例

Z世代来袭

1995年到2010年间出生的一代人，将给未来的消费市场带来深刻影响，2018年大幕拉开，伴随最后一批95后成年，95后群体正式踏上社会舞台，他们又被称为“Z世代”，他们的崛起使得中国市场消费群体出现了更多的竞争点。

出现了不同类型的人群，“中年油腻男”“佛系90后”“中年少女”……Z世代在中国已经有3.78亿人口，约占27%，比起70后、80后甚至是90后，他们有更加明显的个性标签。他们是新科技的拥趸者，对新科技深深的沉迷而不能自拔；他们反对权威，上一秒“崇拜”、下一秒“藐视”是他们的人生写照；他们不屑解释，要掌控所有，甚至是上一代的世界。

新科技拥趸、求先若渴、反对权威、刷评狂、嗨点自热是这群人的主要特点，企业可以从趣味、身份、时间、审美来强化对Z世代的身份认同。如果你对95后进一步深度研究你会发现，他们的娱乐就是轻内容，爱情、梦想和穿越三部曲以及超级颜值构成了他们娱乐放松的重要阵地。

现阶段所有的娱乐内容包括网综、网剧，都是为年轻人打造的，例如2017年火爆的《中国有嘻哈》、风靡全国的抖音短视频App，都是首先在95后群体中流行起来的。

资料来源：2018消费市场还会有哪些新鲜趋势？.（2018-01-16）. http：//www.myzaker.com/article/5a6013191bc8e0e841000009/.

启示：不同代际的消费者群体，他们的消费行为和心理是不同的。在当今的移动社交媒体时代，企业需要抓住不同群体消费者的痛点，通过社交媒体与消费者进行沟通，才能够取得显著的效果。

消费者的购买行为与其所处的社会环境密切相关。人是社会动物，我们都从属于群体，通过观察周围的人的行为来获取应如何行动的提示。相关群体还会产生某种趋于一致的压力，它会影响个人的实际产品选择和品牌选择。事实上对某些人来说，成为或融入自己所向往的个人或群体，正是他们进行购买或行动的主要动机。

第1节　社会群体

一、社会群体的概念

人们总是生活在一定的社会群体之中。社会群体是指一切通过持续的社会互动，按一定的社会关系结合起来共同活动，并有着共同利益的人群集合体。社会群体的规模可大可小，小到可以是由两个人组成的家庭，大到可以包括整个人类社会。

社会群体是人群集合体，但是并非任何聚集在一起的人群集合体都可称为社会群体，超市的顾客、公共汽车上的乘客、电影院的观众等人群集合体就不能称为社会群体。

从消费者行为角度分析，研究群体影响至关重要。首先，群体成员在接触和互动过程中，通过心理和行为的相互影响与学习，会产生一些共同的信念、态度和规范，这些对消费者的行为将产生潜移默化的影响。其次，群体规范和压力会促使消费者自觉或不自觉地与群体的期待保持一致，即使是个人主义色彩很浓、独立性很强的人也无法摆脱群体的影响。最后，很多产品的购买和消费是与群体的存在及发展密不可分的。例如，加入某一球迷俱乐部，不仅要参加该俱乐部的活动，而且要购买与该俱乐部的形象相一致的产品，如印有某种标志或某个球星头像的球衣、球帽、旗帜等。

二、社会群体的基本特征

（一）经常性的社会互动

社会群体是以一定的社会关系为纽带的个人的集合体。群体成员间保持着经常性的互动关系。社会群体中的人际关系以彼此了解为纽带，并以一定的利益和情感关系为基础，转瞬即逝的互动不能形成社会群体，群体互动关系的形成与发展需要一定时间的交往。

（二）相对稳定的成员关系

群体一旦形成，便有着相应的成员身份，这些身份便结成特定的社会关系。这种社会关系有两种表现：一是相当明确；一是相对模糊。如家庭中的成员关系，便是相当明确的。家庭成员通常是由父母及子女组成，他们之间的夫妻关系、父子关系、母子关系、兄弟姐妹关系都是明确的，不能混淆。在相对松散的群体中，也存在着成员身份，如有着相同爱好，经常在一起活动的人，大家能够彼此接受，而对于不认识的人则不愿意接受他们参加自己的活动，这就是成员身份的一种表现。在这种模糊的成员关系中，成员之间的关系不确定，但是相对稳定。

（三）具有明确的行为规范

在群体最初形成时，可能只有简单的互相认同关系。随着群体的发展，往往会在内部形成稳定的交往方式，进而形成一定的公认的规范，用来协调成员的行为，以保证群体的功能得以实现。不论是简单的、非正式的通过互相信任、彼此接近形成的一些承诺，还是复杂的正式的规章制度，都是群体内部一定行为规范的表现。

（四）具有共同一致的群体意识

群体要求成员在群体活动中保持一致并以此与群体以外的成员区分开来，这个独特的群体活动特征使成员能够明确区分群体内成员和群体外成员，并把本群体视为一个整体，形成一致的群体意识。具体来说，群体意识是一种群体归属感，就是成员认为自己属于某个群体。这种意识一旦建立起来，群体成员就与群体外的人有了明显的区别感，对群体有了相应的期望和归属意识。

延伸阅读7-1　当前中国的代际群体

同时具备以上特征的人群集合体就是社会群体。诸如家庭、阶级、政党、民族、国家乃至一定情况下的整个人类社会等均是社会群体。

三、社会群体的分类

（一）正式群体与非正式群体

正式群体是指有明确的组织目标、正式的组织结构，成员有着具体的角色规定的群体。一个单位的基层党组织、大学里的教研室、工厂里的新产品开发小组均属于正式群体。非正式群体是指人们在交往过程中，由于共同的兴趣、爱好和看法而自发形成的群体。非正式群体成员的联系和交往比较松散、自由。几位经常一起上街购物的邻居或经常在一起的棋友或牌友就构成了非正式群体。由于非正式群体没有严格的组织与制度约束，容易形成宽松、自由的信息交流环境，因此，对消费者行为的影响往往较正式群体更大。

（二）主要群体与次要群体

主要群体又称初级群体，是指成员之间经常有面对面的接触和交往，形成亲密人际关系的群体。这类群体主要包括家庭、邻里、儿童游戏群体等。次要群体也称次级群体，是指人类有目的、有组织地按照一定的社会契约建立起来的社会群体。次要群体规模一般比较大，人数比较多，群体成员不能完全接触或接触比较少。主要群体与次要群体最重要的区别是成员之间的接触程度和群体对成员的重要性不同。在主要群体中，成员之间不仅有频繁的接触，而且有强烈的情感联系，正因为如此，像家庭、朋友等关系密切的主要群体，对个体来说是不可或缺的。

（三）隶属群体与参照群体

隶属群体是消费者实际参加或隶属的群体，如家庭、学校等。参照群体的看法和价值观被个体作为其当前行为的依据，因此，参照群体是个体在某种特定情境下作为行为指南的群体。当消费者积极参加某一群体的活动时，该群体通常会作为他的参照群体。也有一些消费者，虽然参加了某一群体，但这一群体可能并不符合其理想标准，此时，他可能会以其他群体作为参照群体。虽然消费者可能从属于多个不同的群体，但在某种具体情境下，一般只会将一个群体作为参照群体。

四、与消费者密切相关的社会群体

为了更全面、更深入地理解具体的社会群体对消费者产生的影响，下面简要说明与消费者密切相关的七种基本社会群体。

（一）家庭

人一生的大部分时间是在家庭里度过的。家庭成员之间的频繁互动对个体行为的影响广泛而深远。个体的价值观、信念、态度和言谈举止无不打上了家庭影响的烙印。不仅如此，家庭还是一个购买决策单位，家庭购买决策制约和影响家庭成员的购买行为，反过来家庭成员又对家庭购买决策施加影响。

（二）朋友

由朋友构成的群体是一种非正式群体，它对消费者的影响仅次于家庭。追求和维持与朋友的友谊，对大多数人来说是非常重要的。个体可以从朋友那里获得友谊、安全，还可以与朋友互诉衷肠，与朋友讨论不愿对家人倾诉的问题，总之，可以满足人的很多需要。朋友的意见和建议，对消费者选择何种产品和品牌、如何评价所购买的产品均有重要影响，这种影响随个体与朋友的相似程度的增加而增强。

（三）正式群体

像中国高校市场学研究会、某学校校友会、业余摄影爱好者协会等组织均属于正式的社会群体。人们加入这类群体可能基于各种各样的目的，有的是为了结识新的朋友、新的重要人物，有的是为了获取知识、开阔视野，还有的是为了追求个人的兴趣与爱好。虽然正式群体内各成员不像家庭成员和朋友那么亲密，但是彼此之间有讨论和交流的机会。群体内那些受尊敬和仰慕的成员的消费行为，可能会被其他成员谈论或模仿。正式群体的成员还会购买一些相同的产品。例如，业余摄影爱好者协会的成员购买的各种摄影器材。

（四）购物群体

为了消磨时间或为了购买某一具体的产品而一起上街的几位消费者就构成了一个购物群体。购物群体内的成员，通常是有空余时间的家庭成员或朋友。人们一般喜欢邀请乐于参谋且对特定购买问题有知识和经验的人一起上街购物。与他人一起购物不仅会降低购买决策的风险感，而且会增加购物过程的乐趣。在大家对所购产品均不熟悉的情况下，购物群体很容易形成，因为此时消费者可以依赖群体智慧，从而对购买决策更有信心。

（五）消费者行动群体

在西方消费者保护运动中，涌现出一种特别的社会群体，即消费者行动群体。它大致分为两种类型：一种是为纠正某个具体的有损消费者利益的行为或事件而成立的临时性团体；另一种是针对某些广泛的消费者问题而成立的相对持久的消费者组织。例如，学生家长临时组织起来，对学校的办学方针和政策提出质询，要求学校领导纠正某些损害学生利益的做法，就属于前一种类型的消费者行动群体。针对青少年成立的反吸烟或反吸毒组织就属于后一种类型的消费者行动群体。大多数消费者行动群体的目标是唤醒社会对有关消费者问题的关注，对有关企业施加压力和促使它们采取措施改正那些损害消费者利益的行为。

（六）工作群体

工作群体也可以分为两种类型：一种是正式的工作群体，即由一个工作小组里的成员组成的群体，如同一个办公室里的同事、同一条生产线上的装配工人等；另一种是非正式工作群体，即由在同一个单位但不一定在同一个工作小组工作且形成了较密切关系的一些朋友组成。由于在休息时间或下班时间成员之间有较多的接触，所以非正式工作群体如同正式工作群体，会对所属成员的消费行为产生重要影响。

（七）虚拟群体

随着互联网的普及，各种现实生活中的交流活动逐步网络化，网络中的各种活动自发聚集在一起，导致了互联网虚拟群体的出现。虚拟群体得以形成的原因在于群体成员交流活动的内在需求和网络与网络技术创造的外在的物质条件。无论消费者是在线上还是线下购买产品，都有越来越多的人通过互联网获得产品信息，并看重同类产品的已购买者的在线评价与建议。在虚拟社区中人们可以畅所欲言，更加自如地阐述自己的购买经验与经历，打算购买商品的人在浏览评论后，更会加强对该商品的认识，从而做出购买决定。

第 2 节　参照群体

人生活在一定的社会群体之中，其思想和行为不可避免地要受到周围人的影响。参照群体对消费者的行为具有强大的影响。

一、参照群体的概念与类型

参照群体是与个人的评价、追求或行为有重大相关性的真实的或虚构的个人或群体。[①] 对消费者行为来讲，参照群体有非常广泛的意义，许多购买来自群体的压力。消费者总是购买那些其他人希望他们购买的东西，他们认为这样能够得到其他人的接受、赞同，甚至羡慕。许多营销和广告策略都利用群体效应，使消费者信服某个被看好的品牌是受到群体认可的。

参照群体一般可以分为四种类型。

（一）成员资格型参照群体

人们从事各种职业，具有不同的信仰和兴趣爱好，因此人们都分属于不同的社会群体。各种群体具有不同的性质，因此它们对其成员行为的影响程度也是不同的。军人必须穿着军装，严肃风纪，这是带有强制性的纪律；文艺工作者穿着打扮比较时尚，比一般人更丰富多彩，这并不是文艺团体对其成员硬性规定的结果，而是一种职业特征的体现；国外有各种球迷协会，其成员佩戴共同的标志，经常聚会，甚至购买某种共同品牌的商品，这种行为显然也是出于自愿。

（二）接触型参照群体

人们能够参加的群体数目是有限的，但是接触各种群体的机会有很多。人们有自己的父母、兄弟、亲戚、朋友、同事、老师、邻居，这些人分属于各种社会群体，人们可以通过他们对各种群体有所接触。接触型参照群体对消费者行为同样会产生一定的影响。父母从事文艺工作或教育工作，子女从小耳濡目染，对商品选择具有一定的艺术鉴赏能力，或注意仪表，酷爱读书；某人的邻居是一位体育工作者，他就有机会更多地了解国内体育市场的发展状态，观看各种体育比赛，甚至受邻居的影响而参加各种体育活动。

（三）向往型参照群体

在参与和接触之外，人们还可以通过各种大众媒介了解各种社会群体。向往型参照

---

① 所罗门，等．消费者行为学：第 10 版．北京：中国人民大学出版社，2014.

群体是指那些与消费者没有任何联系，但是对消费者有很大吸引力的群体。人们通常会向往某种生活方式，甚至崇拜某个杰出人物，那些对未来充满憧憬的青年人的这种向往心理尤为明显。当这种向往不能成为现实时，人们往往会通过模仿来满足这种向往心理要求，女孩子会模仿歌星、影星，男孩子会模仿著名的运动员，成年人会模仿某些有影响人物的发型、服饰和生活方式。向往型参照群体对消费者的行为影响是间接的，但是由于这种影响与消费者的内在渴望相一致，因此效果往往很明显。

（四）否认型参照群体

否认型参照群体是指消费者虽然属于某个群体或者与该群体有面对面的接触，但是并不同意该群体的价值观和行为标准，而且往往采取与该群体相反的态度和行为。对于这种群体的某些方面，人们是不赞同或厌恶的，消费者通常不会购买与否认型参照群体典型表征有关的产品，以此表明与这类群体划清界限，不愿与其为伍。例如，一个假释犯可能不愿在他人面前公开自己的罪犯身份。许多身处社会底层或边缘的人常常会通过模仿地位比他们更高的群体和阶层的消费行为，来掩盖自己的真实身份。

例7－1 抖音的最强代言人阵容，打造营销神话

二、参照群体的影响

人们总希望自己富有个性和与众不同，然而群体的影响又无处不在。无论是否愿意承认，每个人都有与各种群体保持一致的倾向。通常情况下，我们是无意识地和群体保持一致的。参照群体对消费者的影响通常表现为三种形式。

（一）规范性影响

规范性影响是指由于群体规范的作用而对消费者的行为产生影响。规范是指在一定社会背景下，群体对其所属成员行为合适性的期待，它是群体为其成员确定的行为标准。只要有群体存在，无须经过任何语言沟通和直接思考，规范就会迅即发挥作用。规范性影响之所以发生作用，是由于奖励和惩罚的存在。为了获得赞赏和避免惩罚，个体会按群体的期待行事。广告商声称，如果使用某种商品就能得到社会的接受和赞许，这利用的就是群体对个体的规范性影响。同样，宣称不使用某种产品就得不到群体的认可，也是运用规范性影响。

（二）信息性影响

信息性影响是指参照群体成员的行为、观念、意见被个体作为有用的信息予以参考。当消费者对所购产品缺乏了解，凭眼看手摸难以对产品品质做出判断时，别人的使用和推荐将被视为非常有用的证据。群体在这方面对个体的影响，取决于被影响者与群体成员的相似性，以及施加影响的群体成员的专长性。例如，某人发现好几位朋友都在使用某种品牌的护肤品，于是决定试用一下，因为这么多朋友都使用，该品牌一定有其优点和特色。此时，群体成员的依从是信息共享的结果。

（三）价值性影响

价值性影响是指个体在与群体成员长期的接触中受到群体潜移默化的影响，从而认可并自觉遵循相关群体的信念和价值观，在选择和购买商品时有明显的体现。一方面，商品除了具有使用价值和交换价值外，还具有一种符号价值。商品能体现社会等级，彰显购买者的社会地位和社会声望，进行有效的群体区分。此时，个体选择和购买的商品便成为自我表现、体现身份价值的工具。另一方面，个体在日常消费中存在明显的模仿现象。由于具有更高社会地位、声誉和品位的渴望群体的示范及影响作用，个体视群体价值观为自身的价值观，产生趋优消费以获得该群体实质或象征性的成员资格。

小知识 7-1　情绪商业

三、参照群体对其成员影响的决定因素

参照群体对其成员的影响程度取决于多方面因素。

（一）可见性

一般而言，产品或品牌的使用可见性越高，群体影响力越大，反之则越小。商品的“炫耀性”是决定群体影响强度的一个重要因素。一件衣服的种类和款式是可见的，但品牌则较不明显。其他产品，如维生素的消费，一般是隐蔽的。参照群体通常在产品种类、型号或品牌等方面对那些可见性高的产品发挥重大影响。

（二）必需程度

对于食品、日常用品等生活必需品，消费者比较熟悉，而且很多情况下已形成了习惯性购买，此时参照群体的影响相对较小。相反，对于奢侈品或非必需品，如高档汽车、时装、游艇等产品，购买时受参照群体的影响较大。

产品与品牌的可见性与必需程度可以结合在一起来分析参照群体对消费者的影响，如表 7-1 所示。

表 7-1　参照群体影响

		需要程度	
		必需品：参照群体 对产品选择影响力弱	非必需品：参照群体 对产品选择影响力强
可见性	可见性高：参照群体对品牌选择有强的影响力	公共必需品 影响力：对产品弱、对品牌强 例子：手表、汽车	公共奢侈品 影响力：对产品、品牌均强 例子：滑雪、健康俱乐部
	可见性低：参照群体对品牌选择有弱的影响力	私人必需品 影响力：对产品、品牌均弱 例子：床上用品、冰箱	私人必需品 影响力：对产品强、对品牌弱 例子：游戏机、制冰器

（三）相关性

影响参照群体对个人行为作用力的另一个因素，是消费行为与群体的相关性。某种活动与群体功能的实现关系越密切，个体在该活动中遵守群体规范的压力就越大。例如，对于经常出入豪华餐厅和星级宾馆等高级场所的群体成员来说，着装是非常重要的，而对于只是在一般酒吧喝啤酒或偶尔打一场篮球的群体成员来说，其重要性就小得多。

（四）生命周期

当产品处于导入期时，消费者的产品购买决策受群体影响很大，但品牌决策受群体影响较小。在产品成长期，参照群体对产品及品牌选择的影响都很大。在产品成熟期，群体影响在品牌选择方面大而在产品选择方面小。在产品的衰退期，群体影响在产品和品牌选择方面都比较小。

（五）忠诚程度

个人对群体越忠诚，就越可能遵守群体规范。当参加一个重要群体的晚宴时，在衣服的选择上，我们可能更多地考虑群体的期望，而参加无关紧要群体的晚宴时，这种考虑可能就少得多。

（六）自信程度

研究表明，个人在购买彩电、汽车、家用空调、保险、冰箱、媒体服务、杂志书籍、衣服和家具时，最易受参照群体影响。大多数人对这些产品只拥有有限的知识与信息，这样，群体的影响力就由于个人在购买这些产品时信心不足而强大起来。知识丰富的汽车购买者比那些购买新手，更容易在信息层面受到群体的影响，并喜欢和同样有知识的伙伴交换信息和意见。新手则对此没有太大兴趣，也不喜欢收集产品信息，他们更容易受到广告和推销人员的影响。

例7-2　阿迪达斯用皮影戏讲述贝克汉姆的故事

四、参照群体影响的作用机理

参照群体之所以能够对消费主体的消费行为产生影响，是因为消费者经常需要服从群体的消费压力，有时候还要进行消费上的社会比较，以反映自己做得如何，有时还因为群体服从压力的存在而产生抗拒服从的消费行为。参照群体影响的作用机理见图7-1。

服从并不是一个自动自发的过程，很多因素影响消费者效仿他人消费行为的可能性。包括：对人际影响的感受性、文化压力、群体一致性、规模和专长以及投入多少等因素。

除服从参照群体的消费压力外，人们通常还进行主动的社会比较，以提高自我评估的稳定性，真切地反映自己做得如何。社会比较甚至适用于没有客观正确答案的问题选择。像音乐及艺术品偏好这些风格决策本应该是个人选择，但是人们往往假定某些选择比其他选择更好或更正确。在进行社会比较时，人们倾向于选择一个与自己相似的同辈或身份相当的人，即个体的重要参照群体成员更可能成为个体比较的对象。

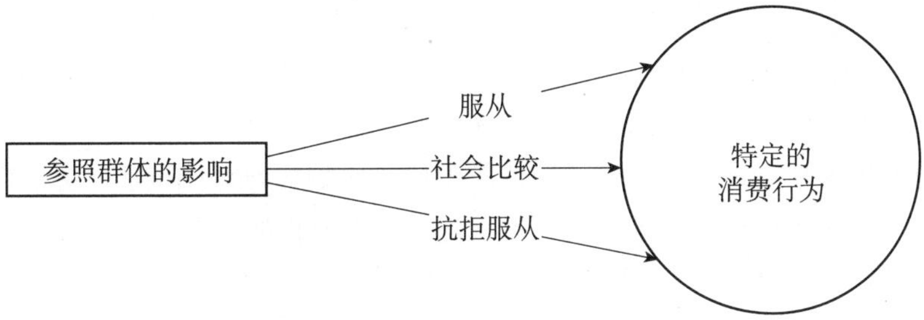

图 7-1　参照群体影响的作用机理

此外，还有一些人为自己具有独立、独特的风格，或抵抗销售人员及广告诱惑的能力而自豪，这实质上是对群体的违抗挑衅。一些人尽量避免购买时兴的东西，实际上，他们可能要花费很多的时间和精力以保证自己没有陷入时髦的“陷阱”，他们的行为表面上是在避免参照群体的影响，实质上严重地受到了参照群体规范的制约。

总之，参照群体是在意见和行动上对消费者产生重大影响的个人或群体，他们的期望、规范和偏好在理论上能够影响消费者的消费方式和购买决策，这是因为消费者希望归属于某个群体，或者希望通过重要的参照群体实现自身的心理愿望，如声望、地位、虚荣等。

第 3 节　意见领袖

一、意见领袖的概念

意见领袖是指能够频繁影响他人态度或行为的人。[①] 意见领袖在人际传播网络中经常为他人提供信息、意见、评论，是大众传播效果的形成过程中的中介或过滤的环节，他们将信息扩散给受众，形成信息传递的两级传播，对大众传播效果产生了重要的影响。

事实上，这种传播方式不只是在两个层次间进行，而常常是“多级传播”，一传十，十传百，由此形成信息的扩散。在信息传播中，输出的信息通常不是全部直达普通大众，而是先传达到其中一部分人，而后再由这部分人把信息传递给他们周围的大众。有的信息即使直接传达到大众，但要让他们在态度和行为上发生预期的改变，还须由意见领袖对信息做出解释、评价、导向或指点。

① 所罗门，等．消费者行为学：第 10 版．北京：中国人民大学出版社，2014.

二、意见领袖的特征

意见领袖具有以下共同特征：

（1）意见领袖与被影响者一般处于平等关系而非上下级关系。意见领袖未必都是大人物，相反，他们是我们生活中所熟悉的人，如亲友、邻居、同事等。正因为他们是人们所了解和信赖的人，他们的意见和观点才更有说服力。

（2）意见领袖并不集中于特定的群体或阶层，而是均匀地分布于社会的任何群体和阶层中，每一个群体都有自己的意见领袖。随着时空条件的变换、人际关系的变化、社会地位的升降、社会参与频率的增减、人员背景的改变等，意见领袖也在不断发生变化。

（3）意见领袖的影响力一般分为单一型和综合型。在现代都市中，意见领袖以单一型为主，即一个人只要在某个特定领域很精通或在周围人中享有一定声望，他们在这个领域便可扮演意见领袖的角色，而在其他不熟悉的领域，他们则可能是一般的被影响者。在传统社会或农村社会，意见领袖一般以综合型为主。

（4）意见领袖社交范围广，在社交场合比较活跃，与受其影响者同处一个团体并有共同爱好。拥有较多的信息渠道，对大众传播的接触频度高、接触量大，通晓特定问题并乐于接受和传播相关信息。

三、意见领袖的形成因素

（一）价值

意见领袖常常是追随者心目中价值的化身。换句话说，这个有影响力的人是其追随者所愿意追随和模仿的，他的一言一行、所作所为受到追随者的格外重视，并希望自己也能像他那样生活和工作。

（二）信源

一般来说，意见领袖较之被他影响的人，有更多的兴趣与机会接触传播媒介，意见领袖较非领导者，读更多的杂志，花更多的时间看报，看更多的书，因此，意见领袖的信息来源较广，获取的信息也更早、更多。

（三）知识面

意见领袖要对追随者产生影响力，不仅要信源广阔，还要有较强的读码、释码（如解释与理解）能力，在某些专门的问题上要有较多的研究和较广泛的知识。那些对自己所谈问题一无所知或知之甚少、毫无研究的人，其意见是很难被人们注意的，更不要说去影响他人了。

（四）责任感

意见领袖常常是利益集团的代言人或小群体中的领导者。他们讲义气，敢于打抱不平，富有同情心和责任感，能带头为群体和成员个人利益讲话，因此容易获得集团内或小群体内成员的好感与信赖。

（五）人际交往

通常意见领袖有较强的人际交往和社会活动能力以及关系协调能力。这些人活跃好动，能言善辩，幽默风趣，人缘好，交际广，有向心力和吸引力，周围常有一批追随者。

（六）社会地位

这里的社会地位，一是指意见领袖在其活动的那个群体之内所具有的社会地位；二是指在群体之外可以获取各种所需信息的社会关系，而这两点又往往与其是否有优越的社会地位密切相关。只要一个人不只在群体内也在群体外有较好的社会地位，那么他的意见就能对其追随者产生较大的影响。

应当指出，试图揭示意见领袖及其影响力形成的所有因素是十分困难的，因为就像信息不断变化一样，意见领袖也是不断变化的。

小知识 7－2　权威原理

四、意见领袖的功能

意见领袖通过自身的影响，对消费者起到各种影响功能，这些影响功能并不是单独对目标消费者起作用，而是相互影响，在不同的环境下，体现出不同的组合方式。图 7－2 揭示了意见领袖的影响功能系统。

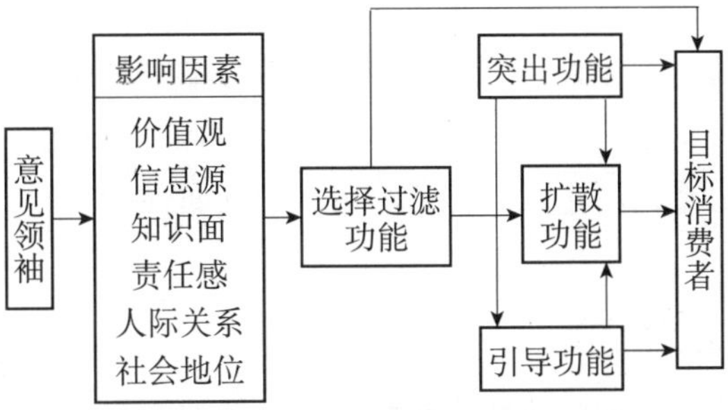

图 7－2　意见领袖影响功能系统

1. 选择过滤功能

意见领袖不仅发出信息和进行影响，而且对接收的信息通过选择性接触、选择性注意、选择性理解、选择性记忆等环节进行加工和处理，充当大众传播和组织传播的过滤网，然后以微型传播（如面对面的交谈）的方式传达给其他受众或追随者。这些信息在消费者中将起到突出、扩散、引导的作用。

2. 突出功能

意见领袖的意见行为可以使新的生活方式和新的趣味行为清晰地显现出来。意见领袖比其追随者更多地接触与其有关的媒介。由意见领袖带来的信息、观点往往是受众依赖的信息。此时的影响将会扩散到消费者中，或直接引导消费者的行为。

3. 扩散功能

意见领袖的一个重要功能就是将其选择的信息传递给相关需求者。大众传播的信息并不能到达全部目标受众，有时候它只能到达所欲传播对象的一部分，再由一部分人把信息传给他们周围的人——最普遍的大众。意见领袖就是对信息加工后予以再传播和再扩散的这一部分人。当然，他们不仅对传播中的有意义的信息予以再传播，对人际传播中的小道消息和流言蜚语往往也有兴趣给予再扩散。意见领袖对信息的再扩散和再传播是无报酬的、义务性的，有时甚至是令人厌恶的，但是他们自己十分乐意这样做。

4. 引导功能

现代人面临的信息越来越多，意见领袖的反应、行为就是一面旗帜，引导人们的行为。意见领袖最主要的效能，乃是对面对信息轰炸、思想灌输的无主见、存依赖的追随者或被影响者在表明态度、采取行动、解决矛盾时予以指点和调节。意见领袖的追随者或被影响者社会地位越低、面对的信息越多、处理信息的能力越差，就越加没有主见和自信心，也就越容易接受意见领袖的咨询和参谋，他们甚至希望凡事都能有人主动上门来帮他们出谋划策，权衡利弊，拿定主意。

意见领袖的功能是多方面、多层次、很复杂的，其影响力可能是巨大的，也可能是微弱的，其性质可能是积极的、进步的，也可能是消极的、破坏性的。传播学者的任务就是引导人们正确认识它、评估它，进而合理地化解或利用它。

五、意见领袖的角色

即使在信息技术发达的今天，仍然存在交易双方信息不对称的现象，消费者不能完全掌握卖方产品的有关信息。因此，意见领袖在顾客购买行为中扮演了四个重要的角色，即搜寻属性的指示器、用途属性的指示器、信任属性的指示器、产品的附加价值属性的指示器。

（一）搜寻属性的指示器

搜寻属性是指消费者在购买前就能够通过意见领袖的知识了解有关产品或服务的基本信息。比如，通过洗衣粉广告中各位家庭主妇的试验比较，消费者就会立刻意识到碧浪洗衣粉具有“活性物含量高，去污能力强，具有洁领功能，除菌，持久留香”的特点，这样消费者就能在这个过程中有针对性地搜索信息。

（二）用途属性的指示器

产品的用途属性是指只有消费者在消费产品或服务之后才能知道的产品特征，比如产品的质量、价格、服务水准等。当消费者利用意见领袖作为产品或服务用途指示器时，他们就会在意见领袖影响的基础上对该品牌的产品或服务的功能属性进行预测和联想。

（三）信任属性的指示器

信任属性是指产品不可能完全被消费者评估的特征，比如"是不是性价比高的笔记本电脑就一定适合我"，此时消费者就会根据意见领袖的建议和引导，意识到自身需要考虑的并非性价比的高低，而是产品的稳定性，在心中确立所需要的产品情况和购买对象，这样做一方面降低搜索和考虑的成本，另一方面降低购买的感知风险。

（四）产品的附加价值属性的指示器

产品的附加价值属性是指某些独特的与产品相关的特性可以使顾客获得超出产品基本功能的社会和心理价值。比如，虽然苹果电脑的市场份额不高，但是调查发现其忠诚顾客的比例很高，这是因为苹果公司在网上设立了一个苹果电脑用户的虚拟社区，在这个社区里，苹果电脑的用户可以相互交流、共享技术、举办活动，这使得苹果公司的顾客获得了比预期更高的让渡价值，老顾客自然成为公司的拥护者，在下一轮的消费者购买行为中，他们就转变为新的意见领袖，引导下一批需求者，这是一个循环的过程。

例 7－3　植入热剧 & 当红明星王凯代言

六、意见领袖与营销策略

意见领袖的重要性在不同的产品、不同的目标市场上存在很大的区别。因此，在使用意见领袖时，首先要通过调查或凭经验来确定意见领袖在当前环境中的角色，然后再利用意见领袖制定营销策略。

（一）广告

广告应力图激励人们做意见领袖，或使他们模仿意见领袖。激励包括设计一些活动，鼓励使用者谈论产品或品牌，或者让可能的购买者向使用者询问他们的感受。模仿意见领袖涉及找到一位众所周知的意见领袖——如为跑步器材找到博尔特，使他认可某一品牌，或者在一则"生活片段"式的广告中，让一位醒目的意见领袖推荐产品，这种广告的画面通常是"偷听到两个人的谈话，其中一个人向另一个人提供选择品牌的建议"。

（二）产品质量和顾客抱怨

非常明显的是，消费者会同其他消费者谈论他们有关产品、商店和服务的经历。因此，营销者提供满足或者超过消费者期望的产品是绝对重要的。当顾客的期望未能满足时，企业必须及时妥当地处理顾客抱怨。不愉快的顾客会将其不满告诉其他 9 个人。

（三）市场调查

由于意见领袖接受、解释并向他人传播营销信息，在那些意见领袖作用明显的产品领域和群体里，市场调查的重点应放在意见领袖身上而不是"代表性"样本上。因此，产品使用实验、广告文案的预试和媒体偏好研究，都应当以可能成为意见领袖的个人为样本。使意见领袖接触企业的营销组合策略并做出良好反应是成功的关键。当然，在那些意见领袖影响小的产品领域或群体内，使用这种策略或许并非明智之举。

（四）赠送产品样品

赠送样品，即将产品样品送给一个潜在的消费群体使用，是激发人们传播该产品信息的有效方法。在一项研究中，随机选择一群妇女，免费送给她们新速溶咖啡样品。结果发现，一周之内33%的样品获得者与家庭以外的人谈论到这种咖啡。营销者不应随机选择样本，而应该尽量将产品送到可能成为意见领袖的人手中。

（五）零售与个人推销

零售商或推销员有成千上万的机会使用意见领袖。服装店设立了“时尚意见委员会”，由目标市场中可能成为服装款式意见领袖的人组成。面向青少年的商店使用的活跃分子和班级干部也是意见领袖。餐馆老板也可以向目标市场中的可能意见领袖做出特别邀请，或提供赠券以及菜谱等等。零售商或推销员可以鼓励现有顾客向潜在的新顾客传达信息。例如，一位现有的顾客带来一位朋友看车时，汽车推销员或经销商就可以为他免费洗车或加油。不动产商可以为顾客或可以带来新顾客的其他人提供一张在豪华餐厅享用双人餐的赠券。

例7-4 伊利优酸乳：锦鲤玩出新高度

案例分析

“望京小腰”到底有什么魅力

提到烧烤，就不得不提在烧烤界大名鼎鼎的“望京小腰”。打着“望京小腰”招牌的烧烤店在全国有1 000多家，其中北京有404家，可只有位于北京望京九朝会的这家是唯一持有“望京小腰”商标的门店。

这家望京小腰，从来不缺食客。夏天烧烤旺季的时候，日营业额可以达到6万元，最多的时候可以达到10万元；即便在冬天，营业额也可以达到3万元一天。这家烧烤店的食客形形色色，网红明星大V都来过这里，姚明、郭敬明、包贝尔都曾深夜造访。火到章子怡、杨颖等众多明星大咖都前来“打卡”，足见其火爆程度。

这是一家有故事的烧烤店，创始人刘春理刚来北京时是一名保安，后来为了谋求更好的生计开始在望京摆烧烤摊，获得认可后拥有了第一家正式门店。

有数据显示，截至2017年年底，全国烧烤店铺27.8万家。烧烤店铺数最多的是北京，有8 500多家。而能把烧烤中的一个品类做成品牌的，屈指可数，诞生于北京的“望京小腰”却做到了。它从一开始便瞄准“小腰”，将传统的全品类烧烤模式聚焦在细分品类。

由于北京城区要清除路边摊，经朋友的介绍，刘春理的烧烤店进驻九朝会，有了固定的门店，生意一天比一天好，名气也慢慢变大，客人也越来越多，后来不少明星大腕也来捧场。他的九朝会店，以最简单的装修风格，还原真正的市井撸串场景，也成为北京最容易邂逅明星、大V和网红的聚集地之一。

姚明、吴京、胡海泉、郭敬明、包贝尔、黄圣依等明星都曾慕名而来。此外，央视主持人华少在节目中称其为“中国街头烧烤无冕之王”；电视剧《北上广依然相信爱情》也选择在这里取景；更不用说各路网红和关键意见领袖（KOL）也会主动“打卡”，“最火时，一晚上300个凳子都不够坐”。

“望京小腰”如此火爆的原因，还在于“眼镜哥”刘春理陪吃、陪喝、陪聊的IP形象。从一开始摆烧烤摊的时候，客人们就喜欢称呼刘春理为“眼镜哥”，在摆烧烤摊时，刘春理从每天晚上8点开始卖，经常卖到深夜两三点，有时候卖到太阳出来。即使只有最后一桌客人，也得陪他们。一边烤串一边陪客户喝酒聊天，十多年基本上每天都是醉着回家。做人实实在在，做事踏踏实实，他的人格魅力也为他的门店口碑打下了很好的基础，积累了人气。

烧烤，本就是一种带有灵魂的食材，来吃烧烤的人不仅仅是为了美食，更是为了满足一种心灵慰藉上的需求，如工作中、学业上有不爽不快，感情生活不顺利，烧烤成为大多数人用来佐酒的盛宴。喝着酒，吃着串，与三五好友大侃，身上不会寒冷，心灵也能得以舒展，吃罢了喝够了，一天的烦恼也就烟消云散了。

资料来源：摘编自微信公众号“营销报”，2018-12-27。

问题

1. 试分析众多明星在“望京小腰”的营销活动中起到什么作用。
2. “望京小腰”的创始人刘春理是如何成功的？对我们有什么启示？

重点名词

社会群体　　参照群体　　意见领袖　　群体规范

思考题

1. 简述与消费者密切相关的社会群体。
2. 简述决定参照群体影响强度的因素。
3. 如何运用名人效应开展营销活动？
4. 简述群体的含义及研究意义。

实训练习

1. 实训目标和任务

本实训旨在使学生通过消费者调查，进一步了解群体对消费者行为的影响，从而能灵活运用群体的作用为企业营销服务。

2. 实训背景

(1) 实训背景。

基于事先设计的问卷，在不同场合对大学生进行询问调查，调查他们最喜欢或最崇拜的明星（至少2位），询问他们对这些明星的了解深度和广度，了解他们是否看过这些明星为产品代言做的广告，是否受其影响也会使用广告中的产品，等等。

调查地点为校园内外学生经常经过的地方。

（2）学生角色。

根据实训任务，学生作为问卷设计者和问卷调查者对调查结果加以分析。

3. 实训准备

教师准备：实训前，指导教师需对大学生的生活方式有大致了解，对具体的选题做到心中有数，且对调查的地点、时间、对象等形成倾向性观点。

理论知识准备：学生需事先对个体消费行为和群体间的关系和影响、意见领袖等有基本了解和认识。

实训建议：可以选择校内调查和校外调查相结合的方式。

4. 实施步骤

（1）学生分组。指导教师根据实训班级人数情况进行分组，建议5～6人一组。

（2）问卷设计。指导教师指导各组学生进行问卷设计；对各组提交的问卷进行把关，并提出改进建议；各组根据修改意见对问卷加以修改完善，最后定稿。

（3）问卷调查。指导教师根据情况，组织实施问卷调查。根据实训内容的适宜人群，调查主要针对大学生群体和中学生群体。调查人数以每组20人左右为宜；调查程序为现场发放问卷、回答问题、回收问卷。

（4）问卷分析。各组对回收的问卷进行统计和分析，得出调查结果。

（5）全班分享和总结。全班实训结果共享，并进一步讨论问卷设计的合理性及本实训中的体会、经验和不足。

（6）撰写实训报告。以小组为单元完成实训报告，上交指导教师。

5. 实训反馈和完善

实训结束后，教师根据实训报告对学生实训效果做出总体评价，并对实训内容设置的合理性和实际教学效果进行评价，不断完善本课程实训的设计。

第8章 社会阶层与消费者行为

本章要点

1. 社会阶层对消费者行为的影响。
2. 社会阶层的含义、特征和划分方法。
3. 不同阶层消费者的行为特点及彼此间的差异。
4. 当代中国社会阶层的形成及分类。
5. 针对不同社会阶层的营销策略。

引　例

中国中产阶层和年轻人怎么消费

波士顿咨询公司发布一份研究中国人消费习惯的报告。这份报告称，尽管中国经济放缓，但仍有75%接受调查的消费者愿意多花钱。接受这份调查的消费者有40%是波士顿咨询公司定义的中产阶层和富裕阶层。

这份报告讨论了年龄在18～30岁的80后和90后的中国千禧一代的消费习惯。

1. 中产阶层和千禧一代是两个在增加消费的主要群体

目前，有两个主要群体在增加消费支出。第一个群体是上层中产阶层和小城镇的富裕阶层。第二个消费群体是千禧一代，也就是80后和90后。

到2020年，这两个群体将占到中国城市人口的30%，其支出增长率将达17%。这部分人当中30%的人表示今年要比去年消费更多。

2. 千禧一代的消费能力会继续上升，是35岁以上群体消费能力的两倍

报告将80后90后描述为“消费更自由”也更“复杂”的群体。

报告还指出，这部分人的消费总量将会从45%上升到53%。目前，他们的消费能力以每年14%的速度增加，是35岁以上群体的两倍。

3. 中国的年轻一代有这样的消费情绪很可能是没有经历过老一辈人的“艰难岁月”

接受调查的60%的千禧一代同意“每年，我都有更多东西需要购买”，有2/3的千禧一代认为“有些东西就是需要我省着钱去买”。

4. 有43%的80后90后对医疗保健制度和食品安全问题表示不满

对于他们现在还算有品质的生活，年轻的中国消费者仍然表示不满。因为担忧医疗保健制度和食品安全问题，43%的千禧一代对他们的生活不满意。相比之下，在46岁及以上的人群中，有34%的人表示不满意。

这些问题影响到千禧一代的消费习惯，千禧一代很有意愿购买的三种物品是：婴儿产品、消费电子产品和金融服务。同时、美容、护肤、旅行的消费比例也在不断上升。

5. 中产阶层没有那么爱汽车了

波士顿咨询公司曾在2015年做过一份类似的报告，当时的结论是：“随着更多的中国人跨入上层中产范围，他们会对一些特定品类，比如奢侈品、酒、手机和海外旅行等感兴趣。”但从今年的调查来看，汽车逐渐从上层中产的消费欲望清单中往下移。

6. 品牌要区分三个不同的群体的消费习惯

上层中产更倾向于把钱花在旅行、护肤和美容上，小城镇的富裕阶层则更愿意把钱花在卫生保健和营养品上。而和年轻人沟通时，品牌要注意的是“尽量少去谈产品本身，而是聊一聊产品对于年轻人的生活到底意味着什么，并强调它的重要性”。

资料来源：报告：中国中产阶层和年轻人会怎么消费．(2018-03-21). https://zhidao.baidu.com/question/922351436793988899.html.

启示：由波士顿咨询公司的研究可以发现我国不同社会阶层的消费习惯是有很大差异的。社会阶层对消费者行为有直接的影响，因此，了解我国社会阶层的变化对企业营销有重要意义。

消费者均属于一定的社会阶层，同一阶层的消费者在行为、态度和价值观等方面具有同质性，不同阶层的消费者在这些方面存在较大的差异，消费方式也会有所不同。一方面，社会阶层的特征会固化这一阶层人们的消费方式；另一方面，人们会自觉或不自觉地购买能反映其社会阶层的物品，从而使物品成为地位的象征。

第1节　社会阶层概述

自古以来，所有社会都存在阶层的划分，当今世界亦是如此。不管消费者是否愿意，每个消费者都会在这个等级体系中被归为某个阶层。

一、社会阶层的含义

社会阶层现在被更广泛地用来描述人的整体社会地位①，是由具有相同或类似社会地位的社会成员组成的相对持久的群体。每一个个体都会在社会中占据一定的位置，使社会成员分成高低有序的层次或阶层。社会阶层是一种普遍存在的社会现象。产生社会阶层的最直接原因是个体获取社会资源的能力和机会的差别。社会资源是指人们所能占有的经济利益、政治权力、职业声望、生活质量、知识技能以及各种能够发挥能力的机会和可能性。导致产生社会阶层的终极原因是社会分工和财产的个人所有。社会分工形成了不同的行业和职业，并且在同一行业和职业内形成领导和被领导、管理和被管理等错综复杂的关系。当这类关系与个人的所得、声望和权力联系起来时，就会在社会水平分化的基础上形成垂直分化，从而造成社会分层。每个社会阶层都有自己独特的消费需求和购买行为。如图8-1所示。

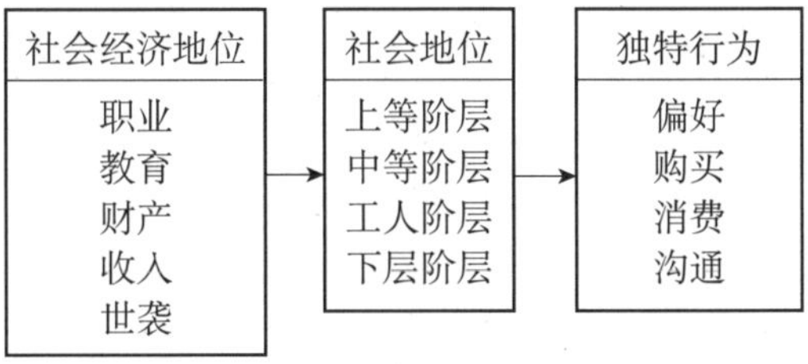

图8-1　社会阶层的形成与影响

在消费者行为学中讨论社会阶层，一方面是了解不同阶层的消费者在购买、消费、沟通、个人偏好等方面具有哪些独特性，另一方面是了解哪些行为基本上被排除在某一特定阶层的行为领域之外，哪些行为是各社会阶层成员所共有的。比如，各阶层支出模式的差异、休闲活动的差异、信息接收和处理的差异、购物方式的差异等等。对于某些产品，社会阶层提供了一种合适的细分依据，依据社会阶层可以制定相应的市场营销战略。事实上，对于市场上的现有产品和品牌，消费者会自觉或不自觉地将它们归入适合或不适合哪一阶层的人消费。例如，在中国汽车市场上，消费者认为宝马和奔驰

延伸阅读8-1　美国的社会阶层

① 所罗门，等．消费者行为学：第10版．北京：中国人民大学出版社，2014.

更适合上层社会的人消费，而捷达则更适合中低层社会的人消费。这些都表明了产品定位的重要性。

二、社会阶层的特征

1. 社会阶层显示一定的社会地位

如前所述，一个人的社会阶层是和其特定的社会地位相联系的。处于较高社会阶层的人，一般拥有较多的社会资源，在社会生活中具有较高的社会地位，他们通常会通过各种方式，展现其与社会其他成员相异的方面。炫耀性消费实际上反映的就是人们展示其较高社会地位的需要与动机。研究发现，物质产品所蕴含、传递的地位意识在很多文化中是普遍存在的。

应当注意的是，随着收入水平的提高，很多过去只有上层社会才消费得起的产品、服务已经或正在进入大众消费领域，这些产品作为“地位符号”的基础开始动摇。此外，越来越多上层社会的消费者对通过消费显示其财富和地位感到厌倦。

2. 社会阶层的多维性

社会阶层并不是单纯由某一个变量如收入或职业决定的，而是由多个因素共同决定的。决定社会阶层的既有经济层面的因素，亦有政治和社会层面的因素。在众多的决定因素中，某些因素较另外一些因素起更大的作用。收入常被认为是决定个体处于哪个社会阶层的重要变量，但很多情况下它可能具有误导性。比如，在我国现阶段，部分出租车司机、城郊菜农的收入比普通的大学教师和工程师高，但从社会地位和所处的社会层级来看，后者显然高于前者。除了收入，职业和住所亦是决定社会阶层的重要变量。一些人甚至认为，职业是表明一个人所处社会阶层的最重要的指标，原因是从事某些职业的人更受社会尊重。

3. 社会阶层的层级性

从最低的地位到最高的地位，社会形成一个地位连续体。不管愿意与否，社会中的每一成员，实际上都处于这一连续体的某一位置上。那些处于较高位置上的人被归入较高层级，反之则被归入较低层级，由此形成高低有序的社会层级结构。

层级性使得消费者在社会交往中，要么将他人视为与自己同一层次的人，要么将他人视为比自己更高或更低层次的人，这一点对营销者十分重要。如果消费者认为某种产品主要被同层次或更高层次的人消费，他购买该产品的可能性就会增加；反之，如果消费者认为该产品主要被较低层次的人消费，那么他选择该产品的可能性就会减小。

4. 社会阶层对行为的限定性

大多数人在和自己处于类似水平和层次的人交往时会感到很自在，而在与自己处于不同层次的人交往时会感到拘谨甚至不安。同一阶层内社会成员的更多互动，会强化共有的规范与价值观，从而使阶层内成员间的相互影响增强。不同阶层之间较少互动，会限制产品、广告和其他营销信息在不同阶层人员间的流动，使得彼此的行为呈现更多的差异性。

5. 社会阶层的同质性

社会阶层的同质性是指同一阶层的社会成员在价值观和行为模式上具有共同点和类似性。这种同质性很大程度上是由他们共同的社会经济地位所决定的，同时也和他们彼此之间更频繁的互动有关。对营销者来说，同质性意味着处于同一社会阶层的消费者会订阅相同或类似的报纸、观看类似的电视节目、购买类似的产品、到类似的商店购物，这为企业根据社会阶层进行市场细分提供了依据和基础。

6. 社会阶层的动态性

社会阶层的动态性是指随着时间的推移，同一个体所处的社会阶层会发生变化。这种变化可以朝着两个方向进行：从原来所处的阶层跃升到更高的阶层，或从原来所处阶层跌入较低的阶层。越是开放的社会，社会阶层的动态性越明显；越是封闭的社会，社会成员从一个阶层进入另一个阶层的机会越小。社会成员在不同阶层之间的流动，主要由两方面促成：一是个人的原因，如个人通过勤奋学习和努力工作，实现从较低到较高社会阶层的迈进；二是社会条件的变化。

三、社会阶层的决定因素

1. 职业

在大多数消费者研究中，职业被视为表明一个人所处社会阶层的最重要的指标。一个人的工作会极大地影响他的生活方式，并赋予他相应的声望和荣誉，因此职业提供了个体所处社会阶层的很多线索。不同的职业，消费差异是很大的。比如，蓝领工人的食物支出占收入的比重较大，而经理、医生、律师等专业人员则将收入的较大部分用于在外就餐、购置衣服和接受各种服务。

2. 个人业绩

一个人的社会地位与他的个人成就密切相关。同是大学教授，如果你比别人干得更出色，你就会获得更多的荣誉和尊重。虽然收入不是表明社会阶层的一项好的指标，但它在衡量个人业绩方面却是很有用的。一般来说，在同一职业内，收入居前25%的人，很可能是该领域内最受尊重和最有能力的人。

3. 社会互动

社会学认为，群体资格和群体成员的相互作用是决定一个人所处社会阶层的基本力量。社会互动变量包括声望、联系和社会化。声望表明群体成员对某人是否尊重，尊重程度如何。联系涉及个体与其他成员的日常交往，他与哪些人在一起，与哪些人相处得好。社会化则是个体习得技能、态度和习惯的过程。

4. 拥有的财物

财物是一种社会标记，它向人们传递有关其所有者处于何种社会阶层的信息。拥有财物的多寡、财物的性质决定并反映了一个人的社会地位。对财物应作广义的理解，它不仅指汽车、土地、股票、银行存款等我们通常所理解的实体的财物，也包括受过何种教育、在何处受教育、在哪里居住等软性的方面。

5. 价值取向

个体的价值观或个体关于如何处世待人的观念是表明他属于哪一个社会阶层的又一个重要指标。由于同一阶层的成员互动更频繁，他们会形成类似和共同的价值观。这些共同的或阶层所属的价值观一经形成，反过来会成为衡量某一个体是否属于此阶层的一项标准。不同社会阶层的人对艺术、抽象事物的理解以及对金钱和生活的看法不同，实际折射的就是价值取向上的差异。

6. 阶层意识

阶层意识是指某一社会阶层的人意识到自己属于一个具有共同的政治和经济利益的独特群体的程度。人们越具有阶层或群体意识，越可能组织政治团体、工会来推进和维护其利益。从某种意义上说，一个人所处的社会阶层是由他在多大程度上认为他属于该阶层所决定的。

例8－1 宜家：让用户对“随便”上瘾

四、不同社会阶层消费者的行为差异

每个社会阶层的成员都有一套独特的行为模式，这使社会阶层这一概念对营销者具有重大意义。

1. 支出模式上的差异

不同社会阶层的消费者所选择和使用的产品是存在差异的。有的产品如股票、到国外度假更多地被上层消费者购买，而另外一些产品如廉价服装与啤酒则更多地被下层消费者购买。科曼发现，特别富裕的中层美国人将其大部分支出用于购买摩托艇、野营器具、大马力割草机、雪橇、后院游泳池、临湖住宅、豪华汽车或跑车等产品上，而收入水平与之差不多的上层美国人则花更多的时间和金钱用于私人俱乐部、孩子的独特教育、古董、字画和各种文化事件与活动上。下层消费者的大部分收入都用于租房子和取暖，这一群体在食品和医药上的开支与收入也不成比例，这一点充分反映了这一群体的收入水平很低。

2. 休闲活动上的差异

社会阶层从很多方面影响个体的休闲活动，社会阶层与娱乐休闲活动的选择有密切的联系。一个人所偏爱的休闲活动通常是同一阶层或临近阶层的人们所从事的某类活动，他参与新的休闲活动往往也是受到同一阶层或较高阶层成员的影响。例如，上层的消费者似乎倾向于去剧院和听音乐会、玩桥牌、参加大学足球赛；下层的消费者渴望有时间看电视和钓鱼，他们喜欢“免下车电影院”，喜欢棒球比赛。

3. 信息接收和处理上的差异

各个社会阶层都有不同的发送和接收信息的方式，接触媒体的方式也不相同，不同社会阶层的成员倾向于以不同的眼光来看待周围的世界。了解这些对于营销者以社会阶层为基础进行市场细分具有无法衡量的价值。通常处于最底层的消费者信息来源有限，倾向于用个人的和具体的形象来描绘，对误导性和欺骗性信息缺乏鉴别力。出于补偿的目的，他们在购买决策过程中可能更多地依赖亲戚、朋友提供的信息。中层消费者比较多地从媒体上获得各种信息，而且会更主动地从事外部信息收集，从不同的角度来获得经验。随着社会阶层的上升，消费者获得信息的渠道会日益增多。

4. 购物方式上的差异

社会阶层还是一个决定消费者到哪里去购买的重要变量。人们一般倾向于避免到与自己想象中的社会阶层差异较大的商店去购物。研究表明，消费者所处社会阶层与他想象的某商店典型惠顾者的社会阶层相差越远，他光顾该商店的可能性就越小。同时，较高阶层的消费者较少光顾主要是较低阶层去的商店，相对而言，较低阶层的消费者则较多地去主要是较高阶层消费者惠顾的商店。上层消费者购物时比较自信，喜欢单独购物。通常他们特别青睐那些购物环境优雅、品质和服务上乘的商店。中层消费者比较谨慎，对购物环境有较高的要求，但是他们也经常到折扣店购物。下层消费者由于受资源限制，对价格特别敏感，多在中低档商店购物，而且喜欢成群结队逛商店。

例 8－2　旅行在别处

第 2 节　中国当代社会阶层

随着工业化、城市化和市场化的不断推进，计划经济时期决定人们社会经济状况的政治性、制度性或行政性标准（如政治身份、户籍身份和行政档案身份等）逐渐为一些新的因素所取代，职业分化、收入差距扩大和资产私有形式的出现促使社会阶层分化日益明显。尽管目前社会阶层结构的演变还在继续，并未完全定型，但其基本的分化形态和规则已经形成。

一、当代中国社会阶层分化的特点

1. 流动性

各阶层间社会成员的流动性是当前阶层分化的特点之一。今天你是下岗职工，通过奋斗，明天你就可能成为一个私营企业家。昨天他是个农民，经过努力，今天可能成为三资企业的工人。阻隔阶层间流动的干部人事制度和劳动用工制度以及对户籍的刚性依赖一经打破，个人发展的空间就得到极大拓展，这既给个人带来竞争的压力，也给整个社会带来了活力。

2. 向上性

当前我国阶层分化总体呈向上分化。从农民的阶层分化情况看，从过去整体贫穷的状况，向上分化为乡镇企业家、专业户（富裕农民）、普通农民等多个阶层。从工人的阶层分化情况看，给人的感觉似乎是向两极分化，因为出现了低收入职工阶层，或者说得严重些是贫困职工阶层，但我们应该承认，工人内部阶层的分化总体是向上的，白领阶层人数的迅速增加就是一个明证。处于贫困线上下的贫困职工只是少数，而且这是一个暂存的阶层。看不到这一点就看不到阶层分化的社会进步意义。

3. 非紧密性

从当代中国各阶层分化情况来看，总体上阶层组织程度都不高，各阶层成员的阶层意识并不是很强，各阶层并没有较紧密的利益代表组织。就工人而言，工会相对来说比较多地代表中下阶层利益，但从其性质来说，应该代表和维护包括白领阶层在内的绝大多数工人群众的利益。相比之下，企业家阶层倒有企业家协会、私企协会、工商联等，它们起到了一定的利益代表作用，但其组织程度并不是很紧密。

4. 职业关联性

社会阶层的分层，一般与阶层群体的收入水平、富裕程度、受教育程度、社会声望、生活方式、社会评价、组织程度等有关。从我国当前阶层分化的状况考察，阶层的形成以及群体形成的诸因素都与职业相关联。受教育程度往往对一个人的职业范围有着相当大的影响，这是一种逆相关，而职业和社会分工往往决定一个人的收入水平、富裕程度、经济政治地位等，这是一种正相关。这种相关性虽然不是绝对的，但总体上是如此。职业流动很大程度上决定着阶层的流动。

5. 非对抗性

阶层的形成和存在必定导致阶层利益矛盾和利益竞争，但当代中国各阶层的利益矛盾是非对抗性的。这种矛盾在个别情况下会形成一定的冲突，但是总体上属于人民内部矛盾。这是因为中国共产党领导下的社会主义社会，其根本政治制度决定了各阶层在国家和人民总体利益上的一致性。各阶层的利益和矛盾，大部分是人民内部矛盾。

延伸阅读 8－2　英国的社会阶层

二、我国社会阶层的分类

伴随着经济的快速发展，我国社会阶层结构也随之发生深刻变化。原来工人、农民及知识分子阶层的社会结构日益分化重组，出现了一些新的社会阶层。中国社会科学院社会学研究所当代中国社会阶层结构变迁研究课题组在《当代中国社会阶层研究报告》中提出了以职业划分为基础，以组织资源、经济资源、文化资源的占有状况为标准的理论框架。在当代中国社会中，这三种资源的拥有状况决定着各社会群体在阶层结构中的位置以及个人的综合社会经济地位。据此，当代中国社会可以划分为十个阶层和五个等级（见图8-2）。

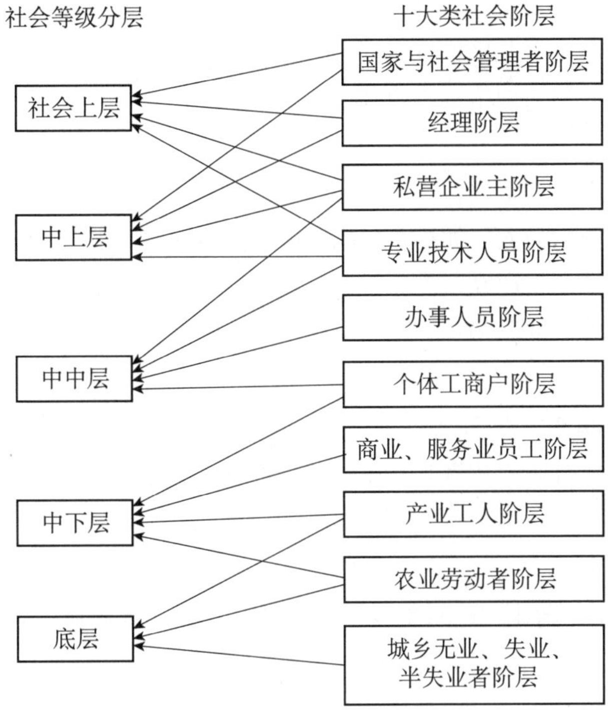

图8-2 社会阶层结构图

1. 国家与社会管理者阶层

指在党政、事业和社会团体机关单位中行使实际的行政管理职权的领导干部，包括：中央政府各部委和直辖市中具有实际行政管理职权的处级及以上行政级别的干部；各省市、地区中具有实际行政管理职权的乡科级及以上行政级别的干部。这一阶层目前在整个社会阶层结构中所占比例约为2.1%。

2. 经理阶层

指国有、集体、私营和中外合资、外商独资大中型企业中非业主身份的中高层管理人员。这一阶层目前在整个社会阶层结构中所占比例约为1.5%。

3. 私营企业主阶层

指拥有一定数量的私人资本或固定资产并进行投资以获取利润的人。按照现行政策规定，包括所有雇工在8人以上的私营企业的业主。这一阶层目前在整个社会阶层结构中所占比例约为0.6%。

4. 专业技术人员阶层

指在各种经济成分的机构（包括国家机关、党群组织、全民企事业单位、集体企事业单位和各类非公有制经济企业）中专门从事各种专业性工作和科学技术工作的人员。这一阶层目前在整个社会阶层结构中所占比例约为5.1%。

5. 办事人员阶层

指协助部门负责人处理日常行政事务的专职办公人员，主要由党政机关中的中低层公务员、各种所有制企事业单位中的基层管理人员和非专业性办事人员等组成。这一阶层目前在整个社会阶层结构中所占比例约为4.8%。

6. 个体工商户阶层

指拥有较少量私人资本（包括不动产）并投入生产、流通、服务业等经营活动或金融债券市场且以此为生的人。如小业主或个体工商户（有足够资本雇佣少数他人劳动但自己也直接参与劳动和生产经营的人）、自我雇佣者或个体劳动者（有足够资本可以自己开业经营但不雇佣其他劳动者）以及小股民、小股东、出租少量房屋者等。这一阶层目前在整个社会阶层结构中所占比例约为4.2%。

7. 商业、服务业员工阶层

指在商业和服务行业中从事非专业性、非体力或体力工作的人员。这一阶层目前在整个社会阶层结构中所占比例约为12%。

8. 产业工人阶层

指在第二产业中从事体力、半体力劳动的生产工人、建筑业工人及相关人员。这一阶层目前在整个社会阶层结构中所占比例约为22.6%。

9. 农业劳动者阶层

是目前中国规模最大的一个阶层，指承包集体所有的耕地，以农、林、牧、渔业为唯一或主要的职业，并以农、林、牧、渔业为唯一收入来源或主要收入来源的农民。这一阶层目前在整个社会阶层结构中所占比例约为44%。

延伸阅读8-3　中国的社会阶层

10. 城乡无业、失业、半失业者阶层

指无固定职业的劳动年龄人群（排除在校学生）。这一阶层目前在整个社会阶层结构中所占比例约为3.1%。

三、社会阶层分化的理论解释

当前中国社会阶层分化过程的理论解释框架包含三个层次的内容：阶层分化的动力、阶层分化的机制与阶层分化的结果（即资源配置格局），这三个方面的内容概括了当前中国社会阶层分化的基本过程（见图8-3）。

首先，当前中国社会的阶层分化不是在一个相对稳定或静态的环境中发生的，而是随着40多年的急剧社会经济变迁而不断演进的。当今社会的阶层分化现象十分突出，人与人之间的社会经济差异不断扩大，导致分化的机制与40多年前根本不同。那么，导致这些变化的原因是什么？促成当前社会阶层结构演变的推动力是什么？这种原因和推动力就是工业化和市场化，以及由传统农业社会向现代工业社会转变和由计划经济体制向市场经济体制转变。

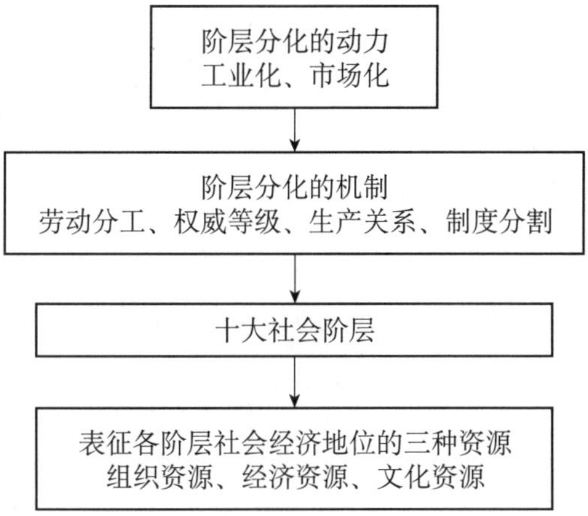

图 8-3　当前社会阶层分化的基本过程

工业化的不断推进带来了两个方面的重要后果：一是劳动分工的细化和专业化；二是科层组织在数量和规模上的扩张。这两方面的变化对社会经济分化产生了重要影响。

劳动分工不断细化和专业化导致了一套系统的以技术等级或专业化程度为基础的职业分化体系，它成为所有工业化社会阶层分化的一个基础。同时，工业化带来了各种科层化的经济社会组织大规模发展，组织规模不断膨胀，管理层次逐日增多，出现了所有权与管理权（或经营权）的分离。所有这些，都对当代中国社会的阶层结构产生了重大影响。

市场化也对社会阶层分化产生了至关重要的影响，一个是私有产权的出现，另一个是在原来国有部门之外新生出非国有部门。私有产权的出现带来了一种新的社会关系，即生产资料的所有者与其所雇佣的劳动者之间的关系。随着市场化的推进，生产资料所有者与其所雇佣的劳动者在社会经济地位上的差异不断拉大。在市场化推进的过程中，国有部门与非国有部门共存，这是当前中国社会结构的一个重要特征，它导致了一种制度分割局面。在目前的社会主义市场经济条件下，最重要和最大量的资源仍由国家控制，越接近国家组织系统的核心部位，越可能在资源分配中居于优势位置。

四、中国社会新阶层

新的社会阶层主要由非公有制经济人士和自由择业的知识分子组成。他们作为改革开放特别是社会主义市场经济发展的产物，呈现快速增长的态势，在我国经济社会中的作用越来越突出。

1. 新社会阶层

（1）民营科技企业的创业人员和技术人员。

民营科技企业泛指以科技人员为主体，按照自筹资金、自愿组合、自主经营、自负盈亏的原则创办和经营，主要从事技术开发、转让、咨询、服务和成果转化的经济组织。

（2）受聘于外资企业的管理技术人员。

在外资企业就职的中方管理技术人员通常年纪轻、学历高，许多人还有在国外留学、就业的经历，他们比较熟悉国外的管理制度和工作方式，一般在外企相关部门担任骨干。

（3）个体户。

个体户即个体工商户，是以家庭为单位，拥有一定资金，独立经营、自负盈亏的经济实体，也是改革开放以来国内最早出现的一个新的社会阶层。

（4）私营企业主。

私营企业指企业财产归私人所有、雇工人数较多的营利性经济组织。私营企业主正日益成为经济实力、经营范围与社会影响不断扩大的一个社会阶层。

（5）中介组织的从业人员。

中介组织泛指介于企业、个人之间，为其服务、沟通、协调以及对其监督的社会组织。它主要由三类组织组成：行业性中介组织，如行业协会、学会、商会、研究会；公证性中介组织，如律师、会计、资产评估等专业事务所以及证券、仲裁等中介组织；服务性中介组织，如提供就业、广告、公关、房地产等服务的组织。这些组织的从业人员大多受过专门训练，专业化程度比较高。

（6）自由职业人员。

主要指那些不固定供职于任何经济组织、事业单位或政府部门，凭借自己的知识、技能或专长为社会提供某种服务并获取报酬的人员，主要包括文化、艺术工作者等。

2. 新的社会阶层产生的原因

我国新的社会阶层的出现与社会变革的大背景有关。

随着市场经济体制的不断发展和完善，社会的劳动分工日益精细，为新的社会阶层的出现提供了从业条件。例如，市场经济正常有序地运转，离不开以服务、沟通、监督、协调为主要职能的各种中介组织，如提供就业、广告、咨询、家政、劳务、房地产等服务的服务性中介组织，中介组织从业人员这一新的社会阶层遂应运而生。随着社会生产力的长足发展，我国的产业结构发生了重大变化，第一产业产值在国民经济总产值中所占的比重下降，第二产业、第三产业比重上升，促成就业结构、社会阶层结构的变化。

延伸阅读 8-4　中国的新中产和轻中产

综上所述，新的社会阶层的出现是我国经济发展和社会进步的必然结果，是不以人的意志为转移的。

五、社会阶层与营销策略

营销人员已经注意到社会阶层的重要性，因为不同阶层的消费者之间确实存在明显的差别，而同一阶层内的消费者之间又在需求、动机、偏好和消费行为上存在某些相似之处，因此，社会阶层的特征与营销策略的制定和实施效果具有密切的联系，如

图 8-4 所示。

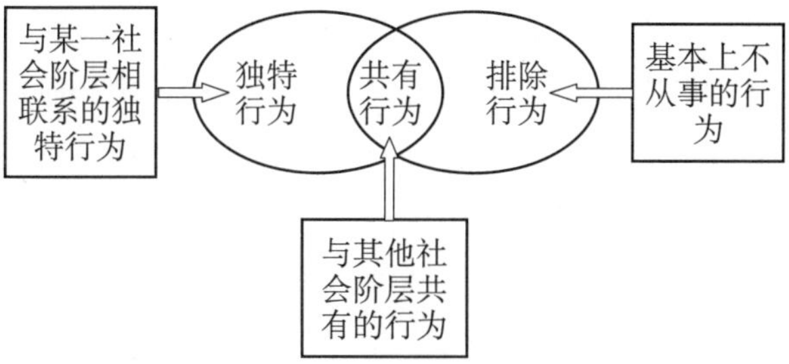

图 8-4　社会阶层对消费行为的影响

当前，在我国快速成长的新一代中产阶层，和他们的父辈显然有着截然不同的追求。他们更加年轻，却拥有更广阔的视野，他们的生活品质、生活方式、消费理念与父辈有着明显的区隔——他们不再通过消费彰显自己的消费能力和社会地位，而是为了真正的品质。他们在精神上更加自我，对自己有着更清醒的认识，对未来有着更明晰的渴求。他们清楚自己想要什么、应该要什么和可以要什么，也知道去哪里寻找精神上的志同道合者，去哪里获得对渴求的满足。因此，企业应该清醒、冷静和理性地分析他们的内在需求并提供优质的产品或服务。

(一) 市场细分与目标市场选择

不同社会阶层的消费者在服装、家具、电器、娱乐产品、金融服务及食品等产品或服务的购买上的实质性差异，为营销人员细分消费者提供了基础。例如，上层社会消费者在购买电器时强调款式和颜色，而下层社会消费者却重视电器的工作性能。有些公司针对社会阶层进行了广泛的调整。例如，雀巢公司意识到在发展中国家中产阶层正在兴起，故而计划在诸如埃及、印度及巴基斯坦等发展中国家设立制造分厂，以便于向发展中国家的中产阶层销售产品。

许多企业把富有的上层社会消费者作为自己的目标市场，这种做法通常是有道理的，因为这些消费者确实有能力去购买昂贵的产品（通常有高额的毛利）。然而，如果仅仅因为某个消费者是高收入者就把他归入同一细分市场，可能犯下严重的错误。富裕消费者的爱好和支出偏好会受到一些因素的影响，这些因素包括他们是从哪里取得收入的、如何取得的以及他们拥有这些财富的时间长短等。

富人作为一个群体有共同特点，但他们中的每个人又各不相同，仅凭收入并不能很好地预测消费行为，这提醒人们还可以根据态度、价值以及偏好等来进一步细分。例如，从行业专家的角度来看，豪华汽车的购买者可以划分为不同的群体：(1) 凯迪拉克轿车的拥有者希望有专职司机开车，他们并不太重视汽车的具体款型或颜色，主要的兴趣在于过安逸舒适的生活，能给他人留下好的印象；(2) 保时捷轿车的拥有者喜欢自己开车，他们对性能的兴趣比对豪华的热情更强烈，红色轿车是他们最喜欢的；(3) 美洲豹轿车的拥有者较为简朴，他们比较喜欢雅致的风格，偏爱深色；(4) 奔驰轿车的拥有者喜欢掌控的感觉，他们一般喜欢棕色、灰色或银色这类暗淡柔和的色调。

（二）产品开发与定位

不同阶层的消费者对产品特性和款式的反应可能不同。AT&T公司的一项研究调查了各种社会群体对电话机款式和颜色的偏好，结果发现，中产阶层的消费者对于装饰性和现代感强的电话机毫无兴趣，他们想要的仅仅是能正常通话的电话机，劳动阶层则非常看重不同设计、不同颜色的电话机。这些发现表明，中产阶层的消费者不可能成为装饰性电话机的目标市场，如果公司假定社会阶层越高的消费者市场越是流行款式电话机的最好市场，就大错特错了。

应当强调的是，处于某一社会阶层的部分消费者会试图模仿或追求更高层次的生活方式（尽管也有一部分消费者对此不感兴趣），因此，以中层消费者为目标市场的产品或品牌，根据中上层生活方式定位可能更为合适。美国安海斯-布希啤酒公司根据社会阶层推出三个品牌的啤酒，每个品牌针对特定的消费阶层，采用不同的定位和营销组合策略，产品覆盖了80%的美国市场，获得了极大的成功。

例8-3 星巴克咖啡

（三）广告

社会阶层价值观念可以为广告指明方向。在广告中使用的语言和符号必须使目标阶层的消费者容易理解，否则，信息沟通不会成功。例如，工薪阶层和下层社会消费者更容易接受真实感很强的广告，尤其是那些展现积极的生活态度、坚持不懈地工作和生活、充满活力、解决现实问题的广告。与此相对照，上层社会消费者更青睐那些微妙的象征性手法，通过极富个性的手段展现对他们的地位和自我形象设计十分重要的目标和象征。

权力和能力经常被用来当作社会阶层的象征。例如下列三则广告，专门针对上层、中上层和工薪阶层的价值观念设计了主题。第一则广告以专业人士和管理人员为目标市场，强调目标消费者的经济权力，将产品称为商务工作者阶层的“权力升级”。摩托罗拉的广告专门针对中上阶层的职业女性，强调这些女强人成功地协调工作和家庭的关系。另一则Eureka真空吸尘器的广告是专门针对工薪阶层消费者的，广告赋予这种吸尘器以豪华气派的形象，成为一种地位的象征。还有一则广告是专门针对处于中上层的暴发户所做的，广告中描绘了一个辛苦工作挣钱但看起来好像从来不曾努力过的消费者形象。

（四）其他营销策略

前面已经提到，不同社会阶层消费者在惠顾商店方面通常是有差别的。虽然社会分层不能解释所有的消费行为，但它与对某些种类的商品消费是相关的。不同阶层对同一商品的购买动机也不相同。社会地位较高的人爱用信用卡购物以图简便（每月不用付清全部款项），社会地位较低的人购物则采用分期付款方式（每月不能付清所有欠款）。

下层社会消费者更有可能在打折商店和邻近商店购物，因为在这些商店中他们感觉更自在，而且可以与这些商店中的营业员建立友情关系，便于获取信息。上层社会消费者则更有可能在正规的百货商场购买有风险的产品，而在打折商店购买几乎没有风险的产品。这些发现表明，社会阶层特征可以为产品分销策略的制定提供有价值的依据。如果目标市场是下层社会的消费者，那么这些群体聚集地区的邻近商店就应成为向这些消费者提供产品的主渠道，而不能草率地试图以大型购物中心吸引他们。在销售过程中应该强调营业员个人促销和亲近友好的购物环境。如果目标市场是中上层消费者，就应该利用百货商店，而且强调商品的品质和多样性。

例 8-4　无品质不消费

案例分析

中产阶层刺激高端家居消费

2015 年，瑞士信贷银行发表的《全球财富报告》中提到中国中产阶层数量已超过美国，成为世界最大的中产阶层队伍。进入 2018 年，中国的中产阶层数量仍然保持着快速增长的势头，而且据相关报告预测，到 2022 年，76%的中国城市家庭将达到中产阶层的收入水平。

飞速崛起的中产阶层意味着新一轮消费升级，他们将从基础需求转向更为优质高端的品牌产品，这直接刺激了高端家居消费市场的日益活跃。

调研显示，中产阶层在进行高端家居消费时，已不满足于单一的家具消费，转而青睐贯穿了设计、选材、施工、家具、软装等全部环节的整体家居解决方案，他们注重品质、设计、使用体验，以及是否与生活方式相适合，但对价格不甚在意。

作为高端成品家具引领者和“家装工业化”先驱，迪信家具很早就开始精心布局、打磨高端阵营，竭力为中产阶层高端人士提供高品质人居的“奢华体验”。

1. 37 年设计经验，生活方式构建者

迪信家具诞生于 1981 年的中国香港，最初致力于制造现代简约风格家具，2008 年率先提出并践行“家装工业化”，成功转型为生活方式构建者，其拥有长达 37 年历史的设计底蕴，总能迅速理解消费者的生活需求，通过标准化整体家装服务和深度原创家居精品，从空间利用率、色彩搭配布置、生活细节等多个方面打造中产阶层的专属空间，符合中产阶层追求格调生活、商务社交等个性需求。

不仅如此，迪信将市场价值 2 000 元每平方米的设计服务，作为增值服务免费提供给客户，只收取作为家装核心之一的护板墙的成本费，通过高端且高性价比的服务，树立差异化竞争优势。

2. 精确施工，100%的设计还原度

长达 3 天实地精确测量、200 多张施工图纸，迪信整体家装能实现近乎 100%的设计实景还原。同时，迪信家具通过工厂预制、成品化现场施工，不仅能让家装成为标准化、可规模化的品质交付过程，所见即所得，而且采用对人体无害的可循环材料，与传统施工相比，甲醛减少95%以上，打造绿色环保家居，既符合中产阶层高效、便捷的生活方式，还能最大限度实现他们的价值诉求。

3. 顶级选材与工艺，华丽的简约

从家具、橱柜、卫浴、台盆台面、门板门套乃至灯具、家纺、床垫等一系列产品到私人定制家装服务，迪信家具为消费者提供了家具一站式服务平台。

不添加无机填料，比一般的海绵具有更佳的物理性能的东亚海绵；具有良好触感，表面纹路细腻的意大利头层全清半胺皮；欧洲E0环保标准，表面平整度高，不易变形的E0级进口中纤板；和高级钢琴一样不易刮花，平滑如镜，耐用如玻璃的意大利制造油漆；高技术水平和精度的进口设备……

迪信家具始终坚持以最优质的原材料和精工细作的态度来打造每一套家具产品，展现别具一格的华丽简约风格，在奢华和简约间拿捏得当，充分展现了中产阶层对于品质生活的重要追求。

中产阶层并非只是一个标签，在高收入和光鲜亮丽的外表之下，一个集时尚、舒适、格调于一体的家居空间，是对他们品位及素养的最佳体现，而迪信家具正是“深藏”在这背后的最大推手，一路引领着高端品质生活。随着中产阶层再增长，高端家居消费成为又一利润增长点，迪信家具的市场份额势必再度扩大。

资料来源：2018中产阶级再增长 刺激家居高端消费．（2018－05－05）. http：//www.jiajumi.com/news/chn/25685.html.

问题

1. 迪信家具采取了哪些措施来获得中产阶层的好评？
2. 迪信家具获得成功的原因是什么？
3. 试分析当前中国中产阶层的需求有哪些特点。针对这些特点还可以实行哪些营销策略？

重点名词

社会阶层　　支出模式　　市场细分　　目标市场　　产品开发

思考题

1. 什么是社会阶层？它有哪些重要特征？
2. 决定社会阶层的因素有哪些？
3. 试述社会阶层对消费者行为的影响。
4. 当代中国的社会阶层是如何形成的？
5. 当代中国的社会包括哪些阶层？
6. 如何针对不同社会阶层开展营销活动？

实训练习

1. 实训任务

通过本章的学习，学生能够运用所学理论深入分析影响消费者行为的社会阶层因素，进而发现消费者产生特定行为的深层次原因，并据此指导产品的开发、生产与销售。

收集有关社会阶层的案例资料，通过交流讨论的方式，引导学生学会在对影响消费者行为的社会阶层因素进行分析的基础上，制定相应的营销策略。

2. 实训步骤

(1) 收集有关案例资料并反复阅读，对案例中的背景、主要事实及重要论点等内容进行一一记录。

(2) 分组讨论交流，找出案例中的关键问题（现象）。

(3) 运用所学理论，分析产生这种问题（现象）的原因。

(4) 案例总结，将分析所得的结论应用于指导营销实践。

(5) 整理分析思路，形成逻辑清晰的书面分析报告。

3. 实训要求

(1) 选用的案例要与本章的内容相关，即案例中至少涉及社会阶层中的一个因素。

(2) 认真阅读案例，全面把握案例内容，从纷繁的资料中选取有用的内容，正确归纳关键问题。

(3) 要重视对影响消费者行为的社会因素的理论分析过程，理论结合实际，不能仅仅得出结论或者描述现有营销方案。

(4) 撰写的分析报告要紧扣主题，层次清晰，结构合理，有逻辑性。

4. 撰写案例分析报告

第9章

家庭与消费者行为

本章要点

1. 家庭的定义、功能与结构。
2. 家庭生命周期。
3. 家庭决策方式。
4. 影响家庭决策方式的因素。

引　例

T100KIDS 引爆家庭消费高潮

T100KIDS 从幼童产品起家，如今早已成长为涵盖母婴用品、休闲用品、童装等的家庭消费品牌。2018 年“T100KIDS－8 月秋季大促”活动的顺利落幕，再次引爆家庭消费领域的消费高潮。

随着 2016 年二孩政策的正式落地，中国新生儿迎来新一轮增长，2017 年新生儿数接近 2 000 万。与此同时，二孩家庭比重进一步上升。可以说母婴家庭已经成为整个消费市场的核心消费群体之一，其发展潜力和用户特征引发业界关注。每逢购物节和节假日，与孩子相关的系列产品更是被家庭成员疯狂购买。

据 T100KIDS－8 月秋季大促订单大数据，童装童鞋、妈妈装等类型产品依旧被疯狂购买，成为家庭消费的中流砥柱。其中，儿童服饰和儿童防晒衣成为家庭购买的最佳搭配组合。从人群偏向分析，不论是 80 后还是 90 后，都对母婴品类展示出极高的购买热情。

同比行业数据显示，2016—2019年，中国童装设计师定制市场的零售份额按年增长12.8%，远超全球6.0%的年增长率。眼下家庭成员对相同品类需求扩大或许能使个性化品类服装产品成为家庭消费领域的又一爆发品类。

资料来源：看透2018消费升级：T100KIDS买买买背后，揭示了哪些家庭消费趋势？.(2018-08-27). http://www.takefoto.cn/viewnews-1554056.html.

启示：家庭在中国社会具有重要的影响。T100KIDS通过8月秋季大促活动，着眼于家庭消费，带给人们温馨愉悦的家庭回忆，获得了消费者的认可。

家庭是社会的基本单位，在正常情况下，人的一生大都是在家庭中度过的。家庭对个体性格和价值观的形成，对个体的消费与决策模式均产生非常重要的影响。家庭消费是社会消费的重要组成部分。

第1节 家庭的含义

家庭既是很多产品的基本消费单位，又是重要的社会群体，消费者的购买模式无不打上家庭影响的烙印。把握家庭对消费者行为的影响，无疑应从分析家庭的含义、功能、作用，以及与其他社会群体的联系与区别等基本内容入手。

一、家庭的定义和结构

家庭是所有社会中最基本的单位，个体的生存、种族的繁衍、文化的传承、社会的建立、社会秩序的维护都是以家庭为基础的。人类漫长的历史告诉我们，家庭不是自然的产物，而是文化的产物。任何国家、任何历史时期的家庭，都具有时代和民族文化特色。

（一）家庭的定义

家庭是指以婚姻关系、血缘关系或收养关系为纽带而结成的共同生活的社会基本单位。准确地说，家庭包括以下几个要素：

（1）家庭是群体，而不是个体，家庭要由两个人以上组成，一个人不能称其为家。

（2）婚姻是家庭的起点、基础和根据。由婚姻而结成的夫妻关系是家庭中最主要的关系，是家庭的核心，是维系家庭的第一纽带，是判断家庭的第一标准。

（3）血缘关系是家庭的又一根据。以父母子女关系、兄弟姐妹关系为主要内容的血缘关系是家庭中的第二种主要关系，是维系家庭的第二纽带，是判断家庭的第二标准。由父母和子女结成了家庭中最稳定的“三角”，这一三角缺掉一方（父或母）或两方（指家庭中缺掉了父和母，只留下兄弟姐妹），都还可以称为家庭。

（4）领养关系也是家庭关系。

（5）家庭可以是婚姻血缘关系的合理延伸。合理延伸是指不能脱离血亲和姻亲关系的延伸，即家庭中可能包括除夫妻亲子关系的其他直系旁系亲属。

（6）家庭应以共同生活为条件，家人应在较长的一段时间内共同生活在一起，彼此照顾，互相许诺，分享情感、资源、决策、价值及利益。

（二）家庭结构

家庭结构是家庭关系的整体模式，也叫家庭类型。社会学家和人类学家从不同角度对家庭进行了不同的类型划分。按家庭代际层次和亲属关系可以将家庭分为以下类型：

（1）核心家庭。

是指由夫妻和未婚子女所组成的家庭，也包括夫妻二人家庭、夫（或妻）与未婚子女所组成的家庭。这种家庭的特点是有一对夫妻，只有一个中心，即为核心。

（2）主干家庭。

是指夫妻和一对已婚子女所组成的家庭，也就是三代同堂的家庭。换句话说，父母只留下已婚子女中的一个（若是多子女，其余的婚后分离出去），主干家庭好比大树，去除枝叶，留其主干，就家庭来说，留下主要的承续人。

（3）联合家庭。

是指父母和多对已婚子女共同居住生活的模式，或者婚后兄弟姐妹不分家的模式。

（4）其他家庭。

即上述模式以外的家庭，比如隔代家庭、兄弟姐妹家庭等。

由于社会文化的发展，家庭的形式变得更为复杂。区别于传统核心家庭的其他家庭类型被定义为非传统家庭，家庭类型因此产生了新的划分方法，即传统家庭和非传统家庭。根据我们对家庭的定义，实际上非传统家庭并不完全都是真正意义上的家庭，有些是非家庭类型（单身户、未婚同居等）。“非传统”是相对于“传统”而言的，我们将传统家庭与非传统家庭做简单的比较（见表9-1）。

表9-1　传统家庭与非传统家庭的比较

传统家庭	非传统家庭
合法婚姻	非婚的单身户；未婚同居
希望要孩子	希望不要或少要孩子
双亲	单亲（从未结婚；结过婚）
从一而终	离婚和再婚（包括监护、复核心家庭、主干家庭）
丈夫是养家糊口的人，享有绝对权威	女性主导婚姻（包括开放婚姻、双重婚姻和团体婚姻）
性专一	私通关系（包括性开放婚姻、杂婚、私交）
异性恋	同性恋
双家长户	多家长户

从表9-1的比较中我们可以看出，非传统家庭类型包括：一直未婚的单身户、同居情侣家庭、单亲家庭、同性恋户、主干家庭、联合家庭、分居户等。值得注意的是，虽然传统家庭仍占有绝对的比重，但近年来非传统家庭的比重持续上升。

二、家庭的功能

延伸阅读 9-1　家庭旅游新特点

家庭作为社会的基本组织，具有很多功能。概括而言，对家庭功能的定义有两种：第一种主要用家庭的具体特征来定义家庭功能，认为家庭功能是家庭系统中家庭规则、家庭成员的情感联系、家庭沟通以及应对外部事件的有效性；第二种主要从家庭完成的任务来定义家庭功能，认为家庭的基本功能是为家庭成员生理、心理、社会性等方面的健康发展提供一定的环境条件。与消费者行为研究联系比较密切的家庭功能有经济功能、情感交流功能、赡养与抚养功能、家庭成员的社会化功能（或教育功能）。

（一）经济功能

在小农经济社会，家庭既是一个生产单位，又是一个消费单位，发挥着重要的经济功能。在现代社会条件下，家庭的经济功能，尤其是作为其重要内容的生产功能有所削弱，然而为每一个家庭成员提供生活福利和保障仍然是家庭的一项主要功能。传统上，丈夫是家庭经济来源的主要提供者，因此他在家庭中占有支配性地位，而现在，越来越多的妇女参加工作，她们对家庭所做的经济贡献越来越大。

（二）情感交流功能

家庭是思想、情感交流最充分的场所。一个人在工作、生活等方面遇到困难、挫折和问题，能够从家庭得到安慰、鼓励和帮助。家庭成员之间的亲密交往和情感建立在亲缘关系的基石上，具有较为牢固的基础。在竞争日益激烈的现代社会里，人们对获得家庭的关爱有更强烈的要求。

（三）赡养与抚养功能

抚养未成年家庭成员和赡养老人、丧失劳动能力的家庭成员，是人类繁衍的需要。当子女还没有独立生活能力时，父母负有抚养他们的责任，否则他们就无法生存，人类也就不能延续。同样，父母抚养子女，当父母老了，丧失了劳动能力，子女也负有赡养老人的义务。家庭的这类功能将随着社会保障制度的完善部分地由社会承担，但是不可能完全外移。

（四）家庭成员的社会化功能

家庭成员的社会化，尤其是儿童的社会化，是家庭的主要或核心功能。人从刚出生时的一无所知，到慢慢获得与社会文化相一致的价值观、行为模式，这一过程大部分是在家庭中完成的。孩子通过接受父母的教育，或通过模仿大人的行为，获得待人接物、适应社会的各种观念、规范和技巧。儿童时期所习得的行为、观念，对人的一

例 9-1　滴滴出行：春节习俗海报

生都将产生深刻的影响，从这个意义上讲，家庭所履行的社会化功能，对个人的成长是非常关键的。

三、我国家庭结构的变化趋势

随着我国经济社会的发展和中外文化的频繁交流，我国传统婚姻家庭的结构及道德观念发生了深刻的变化，出现了一些从来没有过的深刻变革。当代中国家庭，在规模、经济生活、文化水平、家庭成员修养等方面都在发生深刻变化，结构上由紧变松，规模上由大变小，家庭职能由多变少等，从今后的发展趋势看，这种变化集中体现在以下几个方面。

（一）家庭更趋向核心化

由于家庭的很多功能（如生产功能、对子女的教育功能、赡养功能等）都有由社会所取代的趋势，社会兴建了大量的托儿所、养老院，家庭没有必要维持很大的规模以履行这些功能，家庭的规模越来越趋向核心化和小型化。在20世纪50年代前，家庭户平均人数基本保持在5.3人水平；1990年缩减到4.0人，2010年缩减到3.1人，2012年进一步缩小到3.02人。[①] 不难看出，我国家庭规模急剧变小，过去那种四世同堂其乐融融的景象在城市已难得一见。

对于家庭规模的小型化，不能简单地认为是核心家庭替代大家庭，从一种模式演变为另一种模式的过程。核心家庭确已成为主流家庭模式，同时1人户和2人户在近年来呈现持续增长势头，1人户、2人户和3人户的比例从乡村到镇到城市呈逐步升高的态势，而4人以上的家庭则相反，这表明了城市化水平与小家庭以及多样化趋势之间的某种关联。

（二）一些其他类型的家庭结构形式

第一，大量的单身家庭出现，很多适婚青年选择不结婚并以此作为人生信条，初婚年龄也大大提高，这种趋势在城市尤其明显。第二，大量的单亲家庭出现。当代社会离婚率提高，很多离婚的母亲或者父亲带着自己的孩子生活。第三，同居家庭出现。一部分人选择同居来为将来是否组成家庭做准备。第四，我国开始出现一些同性恋同居的现象。

（三）婚姻趋向自主，离婚率上升

费孝通先生认为，婚姻制度的意义在于它是人类种族绵延的保障，因为它既是合法生育的必要形式，同时又确立了双系抚养模式，即一男一女合法地生育子女，并以约定永久共处的方式将子女抚养长大。从婚姻制度的起源来看，婚姻从一开始就具有约束和规范人们性行为的功能。从我国社会近年来婚育和性行为的变化来看，婚姻制度的上述

---

① 国家卫生和计划委员会. 中国家庭发展报告2014. 北京：中国人口出版社，2014.

制度功能正在经受更注重个人价值和生活享乐的价值观念和生活方式的挑战。现代婚姻的目的除传宗接代以外，更看重满足男女双方生理、心理多方面的需求和求得个人的全面发展，结婚中的感情因素成为最重要的因素。当代，离婚变得普遍起来，离婚的方式也更加文明，而且由女方提出离婚的越来越多。离婚率的上升，特别是大城市离婚率的迅速攀升，挑战了婚姻所特有的双系抚育功能，使得社会学家心目中最适合子女抚养的制度环境发生了改变。

（四）家庭关系中男女平等趋势增加

在当今家庭，传统家长制的权威正在消失，男尊女卑的观念根本转变。家庭成员之间有事互相商量，共同讨论，尊重真理，民主决策，呈现民主平等的趋势。在家庭经济生活方面大多数家庭坚持男女平等，实行民主管理。涉及买房、盖房、购置大件电器和家具等主要经济活动，家庭成员共同商量决定。

（五）家庭功能社会化

传统的家庭承担着大部分的社会功能，随着家庭结构的变动，年轻一代的赡养观念发生了变化，他们对赡养父母的方式有了不同的理解。城市人中已婚子女更喜欢以探访的方式回馈父母，未婚青年更喜欢以金钱代替劳动的方式孝敬父母。此外，随着中青年群体的生存竞争压力加剧、跨地域流动频繁、生活方式改变和独生子女政策的推行，城市家庭中的代际关系模式势必受到深刻影响，传统的家庭养老模式需要更新，单纯依赖家庭养老的时代已不复存在。随着学校、幼儿园的建立以及社会保障事业的发展，家庭的教育功能、赡养功能、娱乐功能逐渐弱化，儿童的知识教育和退休老人的赡养在某些地区逐步转由社会承担。

延伸阅读 9-2　家庭消费：切忌懒人理财

第 2 节　家庭生命周期

一、家庭生命周期的概念

家庭生命周期是指一个家庭建立发展过程中经历的阶段，是影响消费者消费倾向变化的重要因素之一。家庭的发展有周期性的历程，从两个人结婚开始，历经孩子的出生、孩子入学、孩子离家、夫妻一方死亡或者一些特殊事件（如离婚、分家等家庭的结束），构成了一个家庭生命周期。

家庭生命周期已被社会学家、消费者研究者和市场研究人员看作认识家庭的一种方法，对他们而言，这是一个十分重要的概念。利用这个概念进行分析有一个基本的假设，即大多数的家庭在发展过程中都经历若干有序的阶段，这些阶段各有特点，具有不

例9-2 宝沃汽车BX7德国环游记

同的经济状况和购买模式。例如，儿童是玩具的主要消费者，青少年是文体用品、快餐、新潮时装的主要消费者，成年人购买的商品和服务大都是家居用品，在着装上以稳重大方、做工精细、质地优良为主，老年人是保健品的主要购买者。

二、家庭生命周期阶段

家庭生命周期是指消费者从离开父母独立生活开始，到家庭自然解体为止所经历的全过程。家庭生命周期可分为五个阶段，每个阶段的需求重点和购买行为都有各自的特点。

（一）单身阶段

年轻的单身者要么在大学念书，要么刚跨出校门开始工作。随着结婚年龄的推迟，这一群体的数量不断增加。虽然收入不高，但是由于没有其他方面的负担，他们通常拥有较多的可自由支配收入，购买重点是个人护理用品、基本的家用器具以及交通、度假等方面。这一阶段几乎没有经济负担，大多数属于革新者和早期大众。这一群体比较关心时尚，崇尚娱乐和休闲。

（二）新婚阶段

这一阶段始于新婚夫妇正式组建家庭，止于他们第一个孩子的出生。为了形成共同的生活方式，双方均需要做很多调整。一方面，共同的决策和分担家庭责任对新婚夫妇是一种全新的体验；另一方面，会遇到很多以前未曾遇到和考虑过的问题，如购买家庭保险，进行家庭储蓄，等等。他们是剧院门票、昂贵服装、高档家具、餐馆饮食、奢侈度假等产品和服务的重要市场。消费者在这一阶段经济状况一般较好，负担很轻，基本可按意愿去实施购买，很多是革新者或早期大众，因此对营销者颇有吸引力。

结婚与新家庭的建立，是大多数人的一生中必经的阶段，大多数青年都在这一阶段完成人生中的重大转折，由此构成了新婚青年的消费心理与行为特征。具体表现在以下几点：

（1）消费需求构成有其自身的特点。

新家庭的建立是人一生中的消费高峰之一，这时对商品的需求是多方面的。除住宅外，其需求构成的顺序大致是：用的商品（包括家具、寝具、炊具、家用电器）、穿的商品、吃的商品，其中用的和穿的商品占主要部分。随着人民生活水平的提高，新婚家庭建立所需商品的档次逐渐提高，并要求配套和新潮。

（2）购买时间有一定规律。

结婚用品是为建立新家庭而购买的，购买时间与结婚时间有密切的关系。20世纪80年代以前，新婚家庭婚前集中购买的物品大多以生活必需品为主，耐用消费品多是婚后购买。80年代以后，特别是进入新世纪后，新婚家庭用品，包括高档耐用消费品，大多在婚前集中一次性购买完毕。中国人多喜欢在喜庆节假日（如国庆、五一、春节等）举行婚礼，因此，结婚用品的购买时间有一定的规律性。

（3）消费心理需求具有强烈的、鲜明的特点。

从结婚到建立家庭是人生的一件大事，它对人的心理与行为有着十分重要的影响，反映在购买心理与行为方面就是对物质商品和精神享受都会有较高要求。在这种心理支配下，新婚家庭对家庭用品的购买有了全新的内容。例如，在购买商品方面求新求美，追求寓意良好，希望幸福美满的心理需求十分强烈，对商品价格的考虑则是第二位的。

(三) 满巢阶段

1. 满巢Ⅰ

这一阶段通常是指由年幼（6岁以下）小孩和年轻夫妇组成的家庭。第一个孩子的出生常常会给家庭生活方式和消费方式带来很大变化。在西方，夫妻中通常是女方会停止工作，在家照看孩子，因此家庭收入会减少。同时，孩子的出生带来很多新的需要，家庭负担有所增加。家庭需要购买婴儿食品、婴儿服装、玩具等很多与小孩有关的产品，同时，在度假、用餐和家居布置等方面均要考虑小孩的需要。在这一阶段，没有住房的家庭开始着手购房，因此消费者的经济状况较紧张，购物需三思而行，由革新者向早期大众、晚期大众转化。

2. 满巢Ⅱ

此阶段，最小的孩子已超过6岁，多在小学或中学念书。由于孩子不用由大人在家里照看，夫妻中原来专门在家看护孩子的一方可以重新工作，这样家庭经济状况得到改善。重点购买各种食品、清洁用品、书报杂志等，教育费用是该阶段的重要支出。由于家庭经济状况比前一阶段有所好转，大部分属于早期大众和晚期大众。

3. 满巢Ⅲ

有的小孩已经工作，家庭财务压力相对减轻。由于户主及其配偶双双工作，加上孩子不时能给家里一些小的补贴，所以家庭经济状况明显改善。通常，处于此阶段的家庭会更新一些大件商品，购买一些更新潮的家具，还会花很多钱用于接受医疗服务、在外用餐等。购买的商品为新款式家具、大量食品、交通工具、书报杂志、电脑、更新的耐用消费品、旅游用品等。教育费用仍是该阶段的重要支出。由于家庭经济状况进一步好转，大部分属于早期大众和晚期大众，有一部分成为革新者。

(四) 空巢阶段

1. 空巢Ⅰ

年长的夫妻，无子女同住，仍在工作，这一阶段延续的时间比较长。很多父母可以做他们以前想做但由于孩子的牵累而无法做的一些事情，如继续接受教育、培养新的爱好、夫妻单独外出旅游等。人生的这一阶段，也许是经济上和时间上最宽裕的时期。夫妻不仅可以频繁地外出度假，而且会买一些高档的物品。购买的商品诸如奢侈品、家庭装修用品、娱乐用品等。这一时期的消费者虽然经济状况很好，但对新产品兴趣不大，因此基本上属于晚期大众。

2. 空巢Ⅱ

年长的夫妻，无子女同住，且已退休，经济收入随之减少。因为大多数人是在身体很好的情况下退休的，而且退休后可用的时间特别多，所以不少人开始追求新的爱好和兴趣，如外出旅游、参加老年人俱乐部等等，还热衷于购买医疗保健用品。消费者在此阶段收入大幅度减少，购买类型属于迟钝采用者。

（五）鳏寡阶段

1. 鳏寡Ⅰ

夫妻中的一方过世，家庭进入解体阶段。如果在世的一方身体尚好，有工作或有足够的储蓄，并有朋友和亲戚的支持和关照，家庭生活的调整就比较容易。

2. 鳏寡Ⅱ

独居老人，体弱多病，需要得到关怀和社会的帮助。由于收入来源减少，此时在世的一方过上了一种更加节俭的生活，主要购买生活必需品和医疗保健品。

家庭生命周期不仅可以作为产品消费的解释变量，也可以作为深入了解家庭消费行为变化的工具，进一步深化家庭生命周期理论在营销领域的应用。家庭生命周期理论对于解释家庭消费决策过程的变化有着潜在的巨大应用前景，为我们提供了广阔的视野。营销者只有正确判断目标市场的消费者所处家庭生命周期的阶段，采用正确的营销组合策略，方能取得好的营销业绩。应该指出的是，自然年龄与消费者的心理年龄并非完全同步，企业应在掌握细分市场自然年龄的基础上，尽量按心理年龄确定目标市场，避免营销错误。

家庭生命周期阶段及其购买行为模式总结如表9-2所示。

表9-2　家庭生命周期阶段及其购买行为模式

家庭生命周期阶段	购买和行为模式
单身：年轻、个人生活	与父母共同生活；几乎没有经济负担；时髦娱乐导向
新婚：年轻、无子女	如果经济较紧张，与父母共同生活。没有财务支出，储蓄以购买自己的房子。如果经济独立，住自己的房子。对耐用品购买力高。购买：汽车、冰箱、电视机等。虽然要储蓄以还贷款，但度假也会参加
满巢Ⅰ：最年幼的子女不到6岁	如果经济较紧张，与父母共同生活；让父母照顾孩子。如果经济较宽松，将产生两种情况：一是妻子不工作带孩子，购买特征是小孩用品；二是请保姆照顾小孩，较少度假
满巢Ⅱ：最年幼的子女超过6岁	如果妻子重新工作，经济状况较好。更关注教育费用，较少购买耐用品
满巢Ⅲ：老夫妻，子女自立	随着子女参加工作和贷款付清，经济状况较好。储蓄代替了借款，对耐用品的购买兴趣增加
空巢Ⅰ：老夫妻，身边无子女，户主在工作	大多拥有自己的住宅，经济富裕有储蓄，对旅游、家庭改善尤感兴趣，愿意资助已工作的子女
空巢Ⅱ：老夫妻，无子女同住，已退休者	收入锐减，赋闲在家。依靠储蓄和子女帮助生活。由于经济原因可能换小房子住。购买有助于健康、睡眠和消化的医用护理保健产品

续表

家庭生命周期阶段	购买和行为模式
鳏寡Ⅰ：尚在工作	收入较可观，但也许会出售房子与子女同住，一般与大儿子同住
鳏寡Ⅱ：退休	需要与其他退休群体相仿的医疗用品，收入锐减。特别需要得到关注、情感和安全保障。也许会出售房子与子女同住

第3节　家庭购买决策

在日常生活中，家庭每天都要做出各种购买决策。在这些购买决策中，有的极为重要，如购买何种汽车、搬家到何处以及去哪里度假等，有的则普通得多，如决定午餐吃什么。作为消费的基本单位，家庭在消费活动中有着重要意义。

例9-3　小猪佩奇画册

一、家庭决策方式

家庭购买决策是指由两个或两个以上家庭成员直接或间接做出购买决定的过程。作为一种集体决策，家庭购买决策在很多方面不同于个人决策，例如，在早餐麦片的购买活动中，成年人与儿童所考虑的产品特点是不同的，因此他们共同做出的购买决策将不同于各自单独做出的决策。各个家庭在进行购买决策时，决策方式会有较大差异。家庭购买决策研究中的一个重要问题是，对于不同产品的购买，家庭决策是以什么方式做出的，谁在决策中发挥最大的影响力。

首先是集中决策与分散决策的差异。一些家庭进行购买决策时集中度较高，大多数购买都要商量一番；一些家庭则习惯分散决策，大多数购买决策由当事人自己来做。一般在收入水平较高的家庭，分散决策的倾向比较明显，而收入水平较低的家庭则倾向于集中决策。当然，家庭民主气氛的浓厚与否，也会影响决策的集中与分散。

其次是独断决策与协商决策的差异。对一些重要的购买行为（如选购大件耐用消费品），有的家庭是由家庭首要成员一人拍板决定，有的则由全家协商后决定。是独断决策还是协商决策，一方面看家庭的民主气氛是否浓厚，另一方面取决于家庭成员对所购买商品的了解。

最后是男主型还是女主型的差异。一些家庭购买决策主要由男主人拍板决定，一些家庭则主要由女主人拍板决定。由谁决策除各个家庭的习惯之外，主要还要看购买何种类型的商品，一般情况下家庭日用消费品的购买决策通常由女主人来做，而耐用

例9-4　泰森公司的营销策略

消费品的购买决策则通常由男主人做出。

二、家庭人员角色

一般而言，家庭消费决策过程中至少涉及以下五种角色。

（一）倡议者

提议购买某种产品或使其他家庭成员对某种产品产生购买兴趣的人。

（二）影响者

为购买提供评价标准和哪些产品或品牌适合这些标准之类的信息，从而影响产品挑选的人。

（三）决策者

有权决定购买什么及何时购买的家庭成员。

（四）购买者

实际进行购买的家庭成员，购买者与决策者可能不同。例如，青少年可能会被授权决定购买何种汽车甚至何时购买，但是，父母才是实际与经销商进行议价并付款的人。

（五）使用者

在家庭中实际消费或使用由他们自己或其他家庭成员所购产品的人。

值得注意的是，家庭中产品的使用者通常都不是购买者。例如，儿童饮料广告的诉求对象应该是母亲，因为她们才是产品的购买者。同样，在家庭里，母亲和妻子是大部分衣服的购买者，包括她们的丈夫和孩子的衣服。在某些购买活动中，大部分角色由一个人来承担，而在另一些购买中，则可能由多人分别承担不同的角色。儿童产品的购买决策过程如图9-1所示。

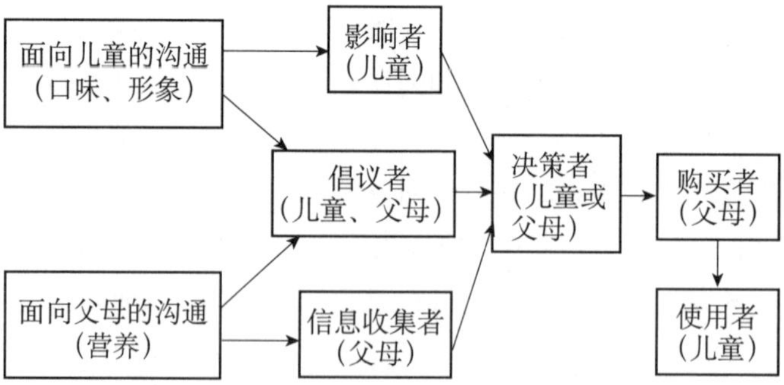

图9-1 儿童产品的购买决策过程

三、影响家庭决策方式的因素

研究人员一直试图找出决定家庭人员相对影响力，从而影响家庭决策方式的因素。

影响家庭购买决策的因素主要包括以下五个方面：

延伸阅读 9-3　女性觉醒，六成家庭的金融大权女性说了算

（一）文化和亚文化

文化和亚文化中关于性别角色的态度，在很大程度上决定着家庭决策是由男性主导还是女性主导。例如，在我国不发达的农村地区，由于家庭中的封建思想和重男轻女意识比较严重，家庭多以男性为核心。男性比女性有更多的受教育机会、更高的收入水平，在家庭中的地位更高，因此男性对家庭购买决策的影响自然更大。在我国的大城市（如上海、北京），由于人们受传统家庭观念的影响相对要小，家庭成员的地位较为平等，因此家庭决策过程中就更可能出现民主型的决策方式。

（二）角色专门化

随着时间的推移，夫妻双方在决策中会逐渐形成专门化角色分工。传统上，丈夫负责购买机械和技术方面的产品，例如，他们要负责评价和购买汽车、保险、维修工具等产品；妻子通常负责购买与抚养孩子和家庭清洁有关的产品，如孩子的食物与衣服、厨房和卫生间用的清洁剂等。随着社会的发展，婚姻中的性别角色不再像传统家庭中那样鲜明，丈夫或妻子越来越多地从事以前被认为应由另一方承担的活动。虽然如此，家庭决策中的角色专门化仍然是不可避免的。从经济和效率角度来看，家庭成员在每件产品上都进行联合型决策的成本太高，而由一个人负责对某些产品进行决策，效率会高很多。

（三）家庭决策的阶段

在家庭购买决策中，同样存在不同的阶段。家庭成员在购买中的相对影响力随购买决策阶段的不同而异。家庭决策可以分为三个阶段，即问题认知阶段、信息收集阶段和最后决策阶段。家庭决策越是进入后面的阶段，角色专门化通常就越模糊。

（四）个人特征

家庭成员的个人特征对家庭购买决策方式亦有重要影响。一方面，夫妻双方的影响力在很大程度上来自各自的经济实力，因此，拥有更多收入的一方在家庭购买决策中更容易占据主导地位。另一方面是受教育的程度，妻子所受教育程度越高，她所参与的重要决策也就越多。一项研究表明，在美国受过大学教育的已婚妇女中，有 70%的人认为她们在选择汽车时有着与丈夫同等的权力；在只受过高中教育的妇女中，这一比例是 56%；在学历不足高中的妇女中，这一比例就更低了，仅为 35%。家庭成员的其他个人特征，如年龄、能力、知识等，也都会直接或间接地影响其在购买决策中的作用。

小知识 9-1　利用“童趣”促销

（五）涉入程度以及产品特点

家庭成员对特定产品的关心程度或涉入程度是

不同的。例如，对CD唱片、游戏卡、玩具等产品的购买，孩子们可能特别关心，因此在购买这些产品时他们可能会发挥较大的影响；对于父亲买什么牌子的剃须刀，母亲买什么样的厨房清洗剂，孩子可能不会特别关心，因此在这些产品的购买上他们的影响力就比较小。

案例分析

贝贝2018年战略：把握家庭消费入口

从2014年到2017年，贝贝从母婴电商扩展到育儿、社交零售领域。过去四年，对于贝贝集团创始人兼首席执行官（CEO）张良伦来说是“织一张足够大的人群网络”的过程，也是完成互联网基础设施建设的过程。

值得注意的是，过去几年贝贝几乎完整地布局了涵盖母婴人群消费与生活服务的各个业务领域。用张良伦的话说，2017年是为未来三年贝贝集团发展打下坚实基础的一年。这些基础设施的建设，让贝贝牢牢守住了中国家庭消费的第一道门，成为中国家庭消费入口第一品牌。

成为全球领先的母婴消费平台，这一新目标的设立，使他们能够看到贝贝在未来一段时间的战略升级，也体现了他们对消费的回归与重视。

如何专注消费？张良伦提到，2018年贝贝集团将聚焦母婴人群消费进行相关业务的拓展，专注零售。同时在他的“课程表”中，如何结合线上线下，引入更多强大的行业资源进行合纵连横，从而在探索新零售的路上完成新的布局，将成为贝贝集团2018年非常重要的课题。

社群电商将成为主战场

2017年是社交电商的爆发年，前有云集微店和环球捕手的攻城略地，后有如美丽联合集团与京东联手入局社交电商。而随着小程序的二次爆发，社交电商正成为整个电商行业新兴而有效的抓手。

贝贝也意识到了这一商业模式的前景，2017年开始重点布局社交电商。一方面，贝店快速发展，从2017年7月上线至今，已经成为行业头部品牌。另一方面，发力小程序和公众号，组建了“App＋小程序＋M站”的流量矩阵。

相关数据显示，截至目前，贝贝公众号的粉丝已经超过3 000万，足以媲美一线公众号大咖。而从2017年8月起的3个月，贝贝拼团小程序“装机”新用户就突破5 000万。在阿拉丁小程序排行榜中，贝贝拼团小程序已跃居中国零售榜第二，并居整个小程序总榜前10。

这个成绩能够从一定程度上解释张良伦所称的流量创新方法——未来贝贝将会用更贴近现代消费者消费模式的路径来探索流量的创新。

未来将尝试更多新业务

不管是阿里巴巴还是京东网易，行业的发展轨迹表明，从电商向生活消费多点开花，才是互联网企业长久发展的正确打开方式。这一点贝贝也不例外。

除了电商业务，2017年贝贝在早教、育儿社交等领域做出更多尝试和探索，先后推出了育儿宝和早教宝等多个业务。而这些业务的共同点，在于围绕家庭生活消费展开。其中早教宝业务于2017年下半年上线，在发展过程中，摸索出了适合早教领域的全新玩法，这让贝贝早早地占领了早教领域的新高地。这种综合性的打法让贝贝走出了差异化路线。

但是那么多业务线同时并行发展的贝贝并不满足，未来还将尝试更多新的业务。如张良伦所讲，贝贝还将在2018年为其他新业务的创新保留10%的精力，“我永远愿意为创新腾出足够多的战略思考时间”。

资料来源：张良伦披露贝贝2018年战略：将把握家庭消费入口．(2018-02-06). https：//36kr.com/p/5118214.html.

问题

1. 贝贝是如何把握家庭消费市场的?
2. 从贝贝的营销实践中，我们可以得到什么启示?

重点名词

家庭　　角色　　家庭生命周期　　代际

思考题

1. 什么是家庭？有哪些家庭类型?
2. 家庭有哪些功能?
3. 什么是家庭生命周期？它划分为哪几个阶段？各阶段有什么特点?
4. 家庭购买决策中有哪几种角色？以某种产品为例，分析不同家庭成员在该产品购买决策过程中所扮演的角色。

实训练习

1. 实训目的

引导学生运用所学的有关家庭方面的知识，对不同家庭消费行为特征进行分析，比较每个家庭的生活方式和消费行为。

2. 实训内容

从两部不同的电视剧中分别选出一个家庭。首先按照本章中家庭生命周期的分类方法确定他们的家庭生命周期阶段，然后分析各家庭的生活方式和消费行为。如果他们分属不同的家庭生命周期阶段，请对他们进行比较。

3. 操作步骤

(1) 分组开展相关课题的交流与探讨。

(2) 写出分析报告。

4. 实训条件

多媒体教室，分组讨论室。

5. 实训注意事项

（1）分析报告要求独立思考完成。

（2）既要结合理论知识，又要针对具体案例。

6. 实训作业

完成书面分析报告。

第 10 章

情境与消费者行为

本章要点

1. 消费情境的定义和类型。
2. 情境影响的作用机理。
3. 不同情境的特征及其对消费者决策的影响。
4. 购买情境的塑造。

引　　例

打一张走心的体验牌

在消费升级浪潮下，用户的消费需求变得更为个性化和多元化，从功能性需求升级为体验式的情感需求。

线下酒店业的竞争，也不再停留于环境、位置便利、设施配备等“硬”标准之上，给顾客带来更多丰富、独特的体验愈发重要。

2018 年愚人节，亚朵与网易云音乐联手打造的“网易云音乐·亚朵轻居”酒店在成都正式开业，并命名为“睡音乐”主题酒店。这家酒店注入了众多网易云音乐的主题元素，比如根据古典、爵士、电音和民谣音乐特征打造出的主题房。以古典房为例，视觉上，暗红丝绒窗帘、水晶高脚玻璃杯以及燕尾服，让人仿佛置身 18 世纪；听觉上，房间内设有相应音乐歌单，用户可听着莫扎特钢琴曲入眠。另外，酒店公共区域的墙壁上还有精彩乐评，给人会心一击。

作为酒店业的新代表，亚朵希望夯实个性化的品牌形象，占得行业先机。驱动用户选择亚朵酒店的，不仅仅是产品体验，更重要的是对品牌文化、生活哲学的认同。当品牌与用户的生活紧密捆绑时，品牌便有了持久、稳固的生命力。

资料来源：消费者变化太快？且看品牌如何花式作妖！.（2018-05-21）. http://www.sohu.com/a/232348734_465566.

启示：情境会影响消费者行为。亚朵正是利用这一点，通过与网易云音乐联手，塑造独特的酒店情境，为消费者创造独特的消费体验。

在不同的情境下，人会有不同的行为。在消费者的消费过程中，消费行为也受到情境的影响。面对同样的营销刺激，如同样的产品、服务及同样的广告，同一个消费者在不同的情境下将会做出不同的反应，采取不同的消费行为。情境不仅影响购买者，也影响营销者和整个交易过程。因此，情境的设计、氛围的营造使销售变得轻松简单，让营销效果最大化。

第1节 情境概述

人类是通过感官与世界互动的，因此，营销所发出的感官刺激，对消费者行为具有重要的影响。

一、消费情境的定义

消费情境是指消费者所面临的，能够引起消费者生理和心理反应的内外部刺激因素。情境是与消费者和产品本身特征无关的时空中的一点。情境因素既包括环境中独立于中心刺激物的那些成分，又包括暂时的个人特征。例如：一个十分忙碌的人比一个空闲的人可能更少注意到呈现在其面前的刺激物。情境既不是营销刺激本身的一部分，也不是一种消费者特征，然而，它对消费者如何评价刺激物，如何对刺激物做出反应会产生重要影响。

对于消费情境的看法，主要有客观存在和主观认知两种观点。客观存在观点认为情境是在特定的时间和地点，对当前行为具有可证明及系统性影响的可观察因素。主观认知观点认为情境是在特定的时间和地点，个人对所有可证明及系统性影响的心理过程和外显行为之因素的内在反应或解释，是独立于个体和物体之外不受其影响的一种暂时状态。

这两种观点都强调情境必须在特定的时间和地点存在，是一种暂时的，并非由个体和标的物（产品或服务）引起的因素，并且对所考察或解释的行为产生影响。以上两种观点都忽略了情境、标的物和个体的交互作用，后来阿塞尔综合了两种观点，建立了以下的情境模型（见图10-1）。

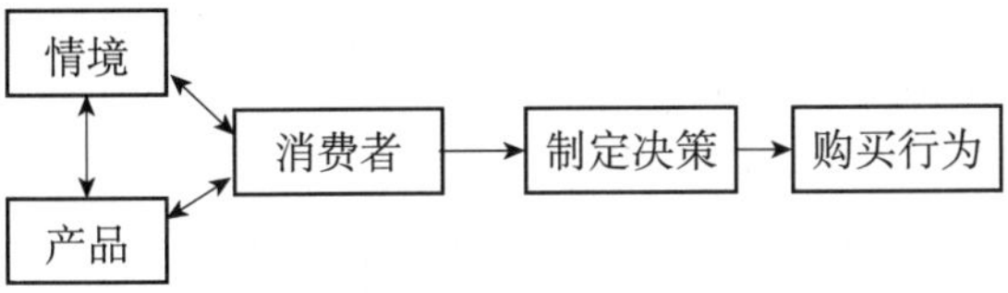

图 10-1　阿塞尔的情境模型

该模型指出，情境、产品和消费者之间会相互作用、相互影响，然后才产生购买行为，它比较全面地揭示了情境因素对消费行为的影响。

例 10-1　突出服务主题的爱彼迎

二、消费情境的类型

对于消费情境的类型，学者们提出了多种分类方法。

（一）基于营销策略的分类

阿塞尔认为营销人员在制定营销策略时必须首先理解情境因素。有三种类型的情境与营销人员有关，即消费情境、购买情境和信息沟通情境。

1. 消费情境

消费情境是消费者使用产品时所处的境况。某消费者可能在特殊场合使用某特定品牌的香水，而日常使用另一品牌的香水。另一消费者则可能考虑把不同品牌的个人电脑分别用于家用与商用。某消费者可能煮咖啡来招待客人，而自己喝速溶咖啡。上述这些消费情境都会影响到品牌选择。营销人员必须辨别出与自己产品相关的消费情境。

2. 购买情境

购买情境可能影响消费者决策。在购买情境对营销策略的影响中，有三个要素尤为重要：

（1）商场内部情境。

商场对消费者购物行为有重要影响。诸如产品可获得性、货架位置、降价促销、商品陈列及购物舒适性等商场内部刺激，对消费者的购买决策，尤其是非计划购买，会产生重要影响。鉴于这些影响，辨别各种不同的商场内部情境和调查消费者如何做出反应，对营销人员来讲十分重要。

（2）礼物赠送情境。

即消费者购买某产品是为了自己，还是作为礼物送给别人。购买一件礼物很可能比为自己购买某件产品更用心。因为当消费者赠送礼物时，赠送的不仅仅是产品实体，还包含了重要的象征性信息。因此，他们经常在选择礼物时比为自己购买花费更多的时间，使用不同的评估品牌标准，并且选择不同的品牌。

（3）不可预期情境。

购买情境有时是不能预料的。一些不可预期的购买情境，如不可预期的价格变化、朋友的突然来访以及缺少购物时间等，可以解释为什么一些消费者在最后一分钟才决定购买汉堡包、啤酒以及薯条等产品。

3. 信息沟通情境

信息沟通情境是指消费者暴露于信息的环境状况，它可能是人际沟通（朋友和邻居的口头信息或来自销售人员的信息）或非人际的客观沟通（广告、商场内部陈列）。信息沟通情境可以决定消费者是否留意、理解和记忆信息。有三种类型的情境可能影响消费者的反应，即暴露情境、信息沟通环境以及消费者收到信息时的心境状态。

（二）基于消费过程的分类

霍金斯认为消费过程发生在四种广泛的情境下。

1. 传播情境

传播情境是指消费者在同人（如销售人员、亲友）或物（如报纸、杂志广告）沟通、接触时所处的状况，是对消费者行为产生影响的信息接收情境。我们独处还是与他人在一起，心情好坏，匆忙与否，都影响我们接收营销信息的程度。

2. 购买情境

购买情境是指消费者在购买产品或服务时所处的状态，它细分为信息环境、零售环境和时间影响。各种购买情境同样能影响产品的挑选。为了发展旨在提高产品销售的营销策略，营销者必须理解购买情境是如何影响消费者的。

3. 使用情境

使用情境是指消费者使用产品的时机或状态。在招待客人时饮用的葡萄酒可能不同于消费者自斟自饮时喝的葡萄酒；一个家庭会根据谁去度假而选择不同的度假期。营销者需要了解他们的产品适合或可能适合哪些使用情境。对此有些了解后，营销者才能传递有关他们的产品是如何在每种使用情境下适合消费者需要的信息。例如，广告中显示哪种品牌的法国葡萄酒适合休闲时饮用，哪种适合正式场合饮用。

4. 处置情境

在产品使用前或使用后，消费者通常必须处置产品或产品的包装。涉及处置情境的决策可能产生备受关注的社会问题，同时也可能给营销者提供机会。一些消费者认为，处置方便是产品本身的一项重要属性，这些消费者只购买那些易于回收的物品。为了制定更为有效且符合伦理的产品与营销计划，营销者需要了解情境因素是如何影响处置决策的。

三、情境影响

情境影响是指所有那些依赖于时间和地点且与个人或刺激物属性无关，但对消费者现时的行为具有显著和系统影响的因素对消费者行为所产生的影响。情境是处于消费者个人之外的一系列因素，这些因素既不依赖于消费者又不依赖于消费者对之产生反应的基本刺激物的特征。例如，消费者不会对企业呈现的营销刺激物孤立地做出反应，相反，他们会对营销影响和情境同时做出反应。

关于消费情境对消费者行为影响的研究主要有三种观点：一是消费情境会影响消费者的情绪，进而影响消费者的行为。例如在商场中，商场氛围对消费者购物会产生影响，如图 10－2 所示；二是消费情境会直接影响消费者的认知，进而对消费者行为产生作用；三是消费情境可以为消费者直接提供一种价值，进而影响消费者的购物行为。

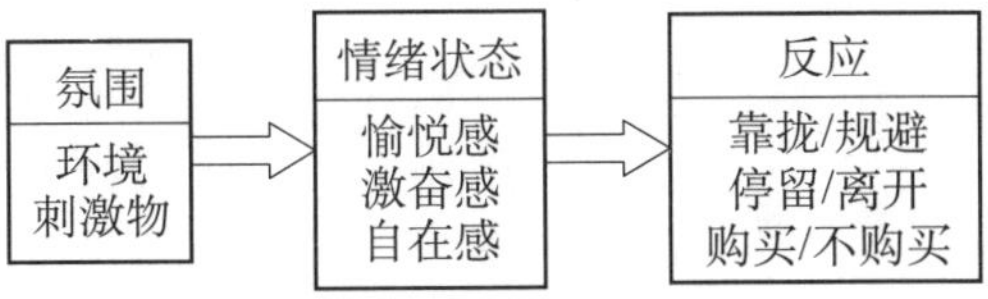

图 10－2　商场氛围影响模型

情境与个体之间存在交互影响，即面对同样的情境，不同消费者的反应不同。例如，消费者购买食品的数量与距离上次用餐的时间成正比，越是饥肠辘辘，越可能购买更多食品，同时也可能对除食品外的其他产品购买产生影响，有相关研究鼓励消费者吃饱以后再去购物。

情境与产品之间也存在交互影响，即不同情境需要与产品相匹配。例如，登山包适合在户外运动时背，因为它结实耐用，空间大，功能分区强，且背起来更加省力。然而，登山包不适合在日常生活中使用，因为平常人们用背包时除了考虑它的实用性，更多地考虑如何使背包与自己的着装风格、肤色妆容以及出席的场合相匹配，此时背包的美观大方、适用性或对个人地位的象征价值成为主要考虑因素。反过来，平时的背包也不能提供登山包所带来的独特利益，因而在户外运动时不被使用。

有不少学者对情境对消费者行为的影响进行探究，结果显示，几乎在所有产品领域，情境单独解释的行为量很小，而主要由情境与产品、情境与个体交互影响来解释。因此，情境的影响离不开与产品、个体的匹配，这是值得营销人员关心的。

例 10－2　来，设计一个消费场景吧

第 2 节　情境特性及其对消费者决策的影响

我们不仅需要弄清消费或购买情境的类型，而且有必要考察这些情境更一般的特性。我们可以从物质环境、社会环境、时间观、购买任务和发生状态五个维度，对影响消费者决策的情境因素进行分析。

一、物质环境

物质环境是指那些以实物形式存在的，能够唤起人的感觉的环境因素（如区位、灯光、气味、声音和温度等有形空间）以及与物质有关的设备设施环境。物质环境是一种得到广泛认可的情境影响。例如，店铺的内部装修通常设计成能引起购物者的某种情感以对购买起到信息提示或强化作用。对于房地产企业来讲，大方得体的售楼处、整洁明亮的看楼通道、井井有条的施工现场、制作精美的售楼手册，会大大增强购房者对该楼盘良好品质的认知，从而加强购买意向。此外，人潮涌动的售楼场面，往往会促进消费者做出买房的决定。

小知识 10－1 消费者超市购物行为

消费者对在井然有序的环境下获得的服务较在杂乱无章环境下获得的服务更为满意。消费情境可以给消费者直接提供购物价值（如娱乐、幻想等），从而影响消费者对于消费情境的喜好和店铺选择决定。消费者并不只是消极地将购物当成一种非完成不可的工作，购物具有实用性价值和享乐性价值。人们对消费情境的体验过程，就是体验价值的产生过程。

物质环境包括装饰、音响、气味、灯光、氛围以及可见的商品形态或其他环绕在刺激物周围的有形物质。

（一）颜色

不同的人群对色彩有着不同的喜好。通过对自然色彩的提炼加工，可以形成企业特有的设计风格，来区分产品的功能特点和特定时期的流行色，从而通过色彩的运用来达到吸引和感染消费者的目的。红色有助于吸引消费者的注意和兴趣。虽然红色有物理刺激作用，但是红色也令人紧张和反感。虽然较柔和的颜色（如蓝色）有较少的吸引力和刺激性，但是它们被认为能引起平静、凉爽和正面的感觉。

（二）气味

越来越多的证据表明，气味能对消费者的购物行为产生正面影响。一项研究发现，有香味的环境会使人产生再次造访该店的愿望，会提高对某些商品的购买意愿并减少费时购买的感觉。另外一项研究发现，某种香味增加了拉斯维加斯赌场的老虎机的使用。还有一项研究发现，花香四溢的零售环境增加了耐克鞋的销售。

尽管发现了上述有用结果，但关于气味应在什么时候和条件下以及如何有效地运用于零售环境尚不十分清楚。另外，香味的偏好是非常个人化的，令某人愉悦的香味可能令其他人感到厌恶。再有，一些购物者对精心添加到空气中的香味会有反感，有些人则担心过敏。

（三）音乐

音乐会影响消费者的情绪，影响消费者对购物时间知觉的判断，进而会影响消费行为。有研究表明，慢节奏音乐较快节奏音乐为一个饭店增加了15%的毛利。然而，对于饭店应播放什么节奏的音乐，还需要结合饭店的类型来决定。慢节奏音乐似乎使消费者更为放松和延长在饭店的用餐时间，从而增加购买食品的数量，而更多依赖顾客周转的快餐店播放快节奏音乐可能更好。一项关于超市环境中的音乐和影响力的研究表明，音乐的节奏（快或慢）并不影响购买行为，然而，播放符合消费者偏好的音乐对购买行为有明显影响。背景音乐通常用于掩盖嘈杂声并使之不被注意。新的方法是使音乐成为消费者购物经历的一部分。

（四）拥挤状态

图 10－3 描述了店内拥挤程度对零售店和顾客所产生的负面影响。当某个商店或店铺堆满货物，购物者会产生一种压抑感，会感到不快，最常用也是最基本的办法是减少待在该商店内的时间，同时买得更少、决策更快或更少浏览店内信息。结果是，消费者满意度降低，产生不快的购买体验，再次光顾的可能性减小。

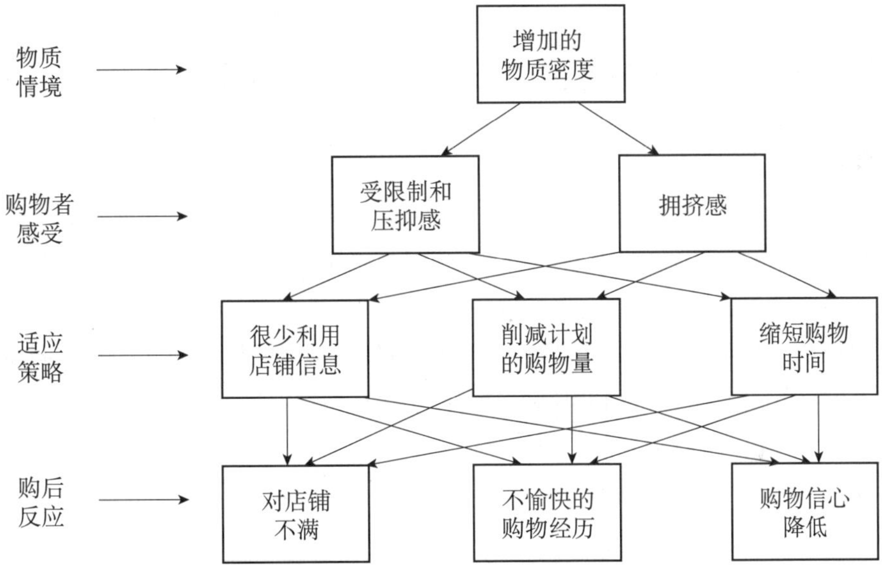

图 10－3　拥挤对购物者感受、购物策略和购后过程的影响

营销者在设计卖场时，应尽量减少顾客的拥挤感，当然，这在实际中是比较困难的，因为消费者到商店购物通常是在节假日或周末，经营者必须在为减少拥挤感而增加商店面积所付出的额外成本与平时顾客稀少所带来的损失间做出权衡。

延伸阅读 10－1　为什么女人那么喜欢逛街？

二、社会环境

社会环境又称人际情境，是指那些对人的心理与行为具有直接或间接影响的非实物化的社会环境因素，如朋友的意见、孩子的期望等。在市场上，最经常体现的还是企业销售人员对消费者的影响，这也是最能体现市场软环境灵活性的动态因素。

消费心理学研究表明，人在社会情境下所接受的宣传影响和消费行为，与在个人情境下有明显的差别。在社会情境下，人们总是会相互模仿、相互感染，其消费心理带有明显的从众性。消费者在做出购买决策前，经常会咨询亲朋好友的意见和评价，特别是专业人士的意见，这些往往会对消费者的购买决策产生重要影响。

例 10-3　小米之家旗舰店

对于消费者来说，销售人员是一个关键性因素，假如消费者觉得销售人员的态度、专业性或信任感等方面差，往往会放弃购买；反之，会加大购买的意向。同时，销售人员的技巧对消费者，特别是缺乏经验的消费者，具有很大的影响。

三、时间观

时间观是指涉及时间对消费者行为影响的情境特征。时间作为一种情境因素在很多方面具有作用。可以花在某一购买上的时间对消费者购买决策具有重要影响。一般来说，可用的时间越少，信息搜寻就越少，能够运用的信息就比较少，压缩了决策的时间，消费者可能会根据不充分的信息做出决定，或降低标准，或按直觉思维决策，产生失误的可能性加大。

对于很多家庭，由于工作紧张，业余时间较少，消费者的购物过程极为仓促。时间压力导致消费者减少了购物浏览的时间，同时也会减少冲动购物的行为。为了节省时间，消费者在购物前往往会制定采购计划或者购买自己熟悉的品牌商品。因此，在一定条件下时间压力与消费者购物冲动行为是呈反比的，即时间压力大，购物时间紧，冲动购物行为少；时间压力小，购物时间充裕，冲动购物的行为较多。商品品类丰富会延长购物时间。门店的商品种类越多，消费者在门店中的购物时间也随之延长，在这种长时间的浏览过程中，由于被很多新商品吸引，消费者比较容易产生冲动购物行为。

由于消费者的生活状态不同，因此，消费者在不同时间阶段所表现出来的行为特点各不相同。我们可以把消费者的时间分为流失时间、机会时间、截止时间、闲暇时间和垃圾时间等不同的类型。时间的类型及其对营销的影响如表 10-1 所示。

表 10-1　时间的分类

时间类型	描述	对营销的影响
流失时间	全神贯注于一件事情而丝毫没有注意到其他事物	不适合做广告
机会时间	发生非常事件的特殊时刻，如生日或求职面试	与该场景相关的广告会引起高度关注
截止时间	争分夺秒工作的时候	获取注意力的最差时机
闲暇时间	能自由支配的时间	更可能注意广告或尝试新事物
垃圾时间	等待事情发生的多余时间，如等飞机或等车	更容易接收广告信息，甚至是那些不常用的产品信息

四、购买任务

购买任务是指消费者购买产品或服务的理由或目的，这个理由需要市场给出或丰富，以促使购买任务发生，一个好理由的提出或丰富往往产生意想不到的效果。营销者运用的两分任务法是将购买任务分为自用购买和送礼购买。

（一）自用购买

消费者的购买决策受到多方面因素的影响和制约，具体包括消费者个人的性格、气质、兴趣、生活习惯与收入水平等主体相关因素。消费者所处的空间环境、社会文化环境和经济环境等各种刺激因素，如产品本身的属性、价格、企业的信誉和服务水平以及各种促销形式等，存在着复杂的交互作用，会对消费者的决策内容、方式及结果有不确定的影响。

影响决策的各种因素不是一成不变的，而是随着时间、地点、环境的变化不断发生变化，对于同一个消费者的消费决策具有明显的情境性，消费者的具体决策方式因所处情境不同而不同。由于不同消费者的收入水平、购买习惯、消费心理、家庭环境等影响因素存在差异性，因此不同的消费者对于同一种商品的购买决策可能存在差异。

（二）送礼购买

为赠送礼品而购买时，消费者采用的购物策略与选择标准完全不同。赠送礼品对送礼者和接受礼品者均带来某些不安。礼品实际上在多个层面传递象征性意义。礼品本身通常有标价或大家熟知的价格，这可作为送礼者对受礼者尊重程度的衡量。礼品的形象与功能隐含着送礼者对受礼者形象和个性的印象。礼品的性质表明送礼者希望与接受礼品者建立的关系类型。用餐具做礼品与用香水做礼品隐含的两个人之间的关系是明显不同的。

五、发生状态

发生状态是指消费者消费过程中的短期心理状态和情绪，是非持久性的个人特征，如短暂的情绪状态或条件。当消费者处于某种情境氛围中，由于种种外部情境的影响，消费者在心中慢慢地形成一种特殊的情境，这就是心理情境，在消费者自己塑造的心理情境中会产生不同的心理动机和行动暗示，最终使得外部情境因素通过心理情境发挥作用，影响消费者的心理以及购买决策。

（一）心情

心情是一种不与特定事件或事物相连的暂时性情感状态。个人通常用高兴、平静、悲哀、忧伤、压抑等词汇来描述心情。心情既影响消费过程，同时又受消费过程的影响。除对由心情引发的消费者需要做出反应外，营销者还试图影响消费者的心情，并且用能激发或诱发积极心情的事件来安排各种营销活动的恰当时机。餐馆、酒吧、购物中心和其他很多零售场所在设计时就考虑如何激发顾客的正面心情，播放音乐就是基于这一原因。很多公司倾向于在轻松的节目中播放广告，因为受众在观看这些节目时处于一种好的心情。

小知识 10－2 给店铺配乐

（二）暂时性条件

暂时性条件是指疲倦、生病、得到一大笔钱或破产等一些暂时性状态。就像心情一样，暂时性条件也是短暂的，而不是经常性的或与个体长时间相伴随的。例如，一位暂时缺钱和一位总是经济拮据的人的行为会有明显差别。

第3节 购买情境的塑造

消费者通常在一定的情境中实现购买行为，购买情境的优劣对消费者购买过程中的心理感受具有多方面的影响。营销实践证明，优美、洁净的购物环境不仅能使人获得一种温馨宜人的感觉，而且会使人感受到一种蓬勃向上的气氛，这种气氛被心理学称为心理氛围。因此，研究购买情境及其对消费心理的影响是非常必要的。塑造情境的目的是产生影响力，从而改变消费者的决策行为。购买情境并不是一个单纯的硬件概念，软环境才是情境的主体精神。我们既要关注物质情境的建设，又要特别关注社会情境的建设。

小知识 10－3 场景化购物：做消费者的购物小管家

一、物质情境的塑造

（一）商店的外部设计

（1）建筑设计。

商店、商场的建筑外形及色彩在招徕顾客方面有着十分重要的作用。具有形式美和艺术美的建筑物不仅能够给顾客以美的享受，而且能使顾客产生购买欲望。建筑设计应从实际出发，因地制宜。既要从节约的原则出发，又要结合当地消费者的传统习惯，打破千篇一律的格局，注重造型、色调、新颖、美观和独特，能够给消费者以美感、好感，并留下深刻的第一印象，成为重要的促销手段。

（2）店门设计。

商场、商店的大门设计不仅要考虑消费者不同层次的需要，而且要充分考虑自身的经营品种与经营特色。一般来说，日用商品和食品商店的大门设计，应从方便顾客的需要出发，将门设在显眼处，同时应在条件许可的情况下多开几个入口，或将入口处开得大一些，让顾客能自由出入。经营特殊商品和贵重商品的商店，如黄金珠宝店，大门设计应从满足顾客显示和炫耀身份、地位以及富贵的心理出发，将大门设在隐蔽处，或将屏风或盆景放在入口处，遮住部分入口，大门的装饰尽可能富丽堂皇。

（3）招牌设计。

商店招牌是用以识别商品并招徕顾客的一种牌号。招牌设计应考虑能引起顾客注意，否则难以达到预期的效果。目前，比较流行的招牌是以霓虹灯来引起消费者的注意，有的则用电子屏幕的字体和图案的变换来刺激消费者的视觉感官。招牌设计还应从顾客的可视性上考虑，要使距离较远的来自不同方向的顾客都能看到招牌，提高招牌的能见度，扩大其影响力。

（4）橱窗设计。

商店橱窗是一种宣传介绍商店的街头艺术，是以商品陈列造型为主，采用灯光布置以及装饰画面等形式对商品进行渲染的一种综合性艺术。实践证明，一个主题鲜明、造型别致、色彩和谐、摆布合理的橱窗，不仅能够概括地展示商店的经营品种和特色，而且能够激发消费者的购物欲望。商店橱窗设计最重要的心理方法之一是展示商品，并将商品的外形、质量、功能、用途和使用方法介绍给消费者，以方便他们挑选。为达到方便选购的目的，在设计中，应注意选择能够反映商店经营特色的商品，并将其在橱窗内进行合理组合。

不同类型商店的招牌与门面等的设计如表 10-2 所示。

表 10-2　招牌与门面等的设计

商店类型	招牌与门面等的设计
贵重品店	小店门、小橱窗、大招牌
百货商场	大店门、大橱窗、大招牌
农副产品店	实用
专业店	特色
超市	大招牌、大橱窗、小店门

（二）商店的内部设计

例 10-4　橱窗设计——简约国际范儿

1. 总体布局

商店的内部物质情境的设计，从视觉、听觉、触觉、嗅觉等方面刺激客户，最终在卖场中形成一种催眠似的激情消费情境。物质情境的塑造要以消费者的便利性为中心，如卖场的气味、噪声、照明、收银台设置和通道宽度等，同时也要认真研究消费者的购买行为规律，要符合消费者的购买行为规律。例如，销售频率高、选择性不强的商品应设在消费者最容易感知的位置，以便于购买，节省购买时间。又如花色品种复杂、需要仔细挑选的商品以及贵重物品，要针对消费者求实的购买心理，设在售货现场的深处，以利于消费者在较为安静、客流量相对较小的环境中仔细地挑选。

2. 内部照明设计

光线是营造展示陈列效果最重要的因素。照明能增强商品的色彩与质感，增加商品的精致与高贵。经过精心设计的投射光束，使商品与背景分离，从而产生空间感，使得商品从周围的环境中凸显出来，使消费者的注意力集中在特定的商品上，从而达到视觉引导的效果。

3. 过道设计

过道设计应从方便顾客行走，有利于大件商品的进出和便于顾客浏览、挑选等方面考虑。国外的顾客进店的路线一般是沿顺时针方向，我国的消费者则相反，一般是沿逆时针方向，这与我国的交通规则有关，即行人靠右行走，因此，入口的最右面位置是商店的一个黄金位置，应考虑将名牌商品和新优商品陈列在这一位置，以便顾客一踏入店内向右行进时就被商店经营的拳头商品吸引，从而促进销售。

4. 商品陈列

商品陈列的原则是：一要顺应顾客的习惯，方便其购买；二要便于消费者浏览。一般而言，消费者选购主副食品及日用品的频率较高，购买的人较多，因此，在陈列这类商品时，一定要尽可能地腾出较大的空间，安排较多的货柜，将各种名牌的主副食品及日用品最大限度地直接展示在消费者的面前，方便其购买。除此之外，商品陈列还要根据不同的视觉、视线和距离，确定其高度和位置，以便消费者观看。

5. 内部音响与消费心理

音响是商场内部环境的重要组成部分，用音乐来促进销售可以说是一种古老的经商艺术。在营业环境中播放适当的背景音乐，如轻松柔和、优美动听的乐曲能抑制噪声并创造欢愉、轻松悠闲的浪漫气氛，调节顾客的情绪，使顾客产生舒适的心情，放慢节奏，流连忘返，给营业环境增加新的生机。

6. POP广告与消费心理

POP广告是指在营业现场设置的各种广告形式。POP广告直接与顾客接触，顾客一边选购，一边受到POP广告的冲击，这有助于唤起顾客潜意识中对于商品品牌的认知记忆，因此，POP广告起着刺激顾客回忆、唤醒过去形象的作用，可以快速缩短顾客与商品之间的距离。

例10-5　王老吉新品黑凉茶

二、信息传播情境的塑造

消费者做出购买决策的依据往往是他们自以为重要、真实、正确无误的认知，而非具体的、理性的、有经济意义的信息。这些信息不一定正确，但消费者本身认为这就是其最想知道、最需要知道的。虽然广告、宣传、人际传播可以使顾客了解到一些商品的信息，但这些途径强调的是一些单向的、局部的信息，只有在卖场才能全面地接触到品牌的全部信息，并且与消费者产生信息互动。互动的产生需要企业注重对卖场信息内容的塑造、卖场媒介与信息的结合以及信息环境的整合。

（一）信息内容的塑造

要想使商家的信息真实地转化为消费者的认知，需要在传达信息前，依据消费者的习惯对信息进行必要的精简，精简可按以下几个特征进行：

（1）信息的主次性。

由于环境的感官刺激远多于我们处理感官刺激的能力，我们只会根据自身的需要把自己认为重要的信息挑选出来，而忽略那些我们认为不重要的，这就决定了卖场信息的传播要有主次，有重点，要一点发力，而非面面俱到。

（2）信息的迎合性。

对消费者而言，自己的认知就是真理，那么在卖场提供给消费者的信息就应该迎合消费者的要求，把其最关心的价格、促销互动以及商品的基本知识传递给消费者。当然，对一些难以理解的专业知识，要有必要的信息媒介在消费者需要时及时地出现在消费者面前。比如等离子电视，首先宣传其价格、主要的特性和功能，对于专业性较强的东西先避而不说，当消费者想深入了解时再介绍。

（3）信息的浅尝性。

我们常说社会认知在从文字时代向读图时代转移，其实从深层次来说，这是人们越来越以浅尝的方式来学习和接受信息。信息的复杂程度直接影响受众对信息的理解和接受程度。市场信息的不断膨胀使消费者越来越没有精力去记忆个别的、细致的产品或服务信息。把消费者所要了解的信息简单明了地传达出去，这既符合浅尝性也迎合了主次性和迎合性。

（4）信息的一致性。

要想抓住消费者，无论采用什么媒体传达产品或服务信息，信息都要清晰一致，一旦相互矛盾，就会被漠视甚至被怀疑。在卖场的信息是离商品最近的、离消费者最近的信息，这一信息会使消费者将其同以往的信息进行比较，一旦与以往信息一致就会加深和强化消费者对产品或服务的认知，促使消费行为发生；反之，就会使消费者出现怀疑、犹豫，导致准消费者流失。

（二）信息环境的整合

信息环境的整合是对卖场本身信息资源的整合，特别是一些连锁大卖场，需要处理大量的信息，有效利用这些信息，往往就会在卖场经营中形成优势。信息的传播情境不单是在卖场上，还需要一个大的外部环境。当消费者内部信息不足时就会转向外部搜寻信息，主要是大众媒体和口头传播。适当地利用各种方法和手段把自己暴露在消费受众的眼前，促使他们形成印象，这有利于在消费者的消费意念出现时形成自我推荐和对竞争对手的目标拦截。

塑造好外部流动信息环境和卖场相对固化的信息环境，把两者有机地结合起来，就有可能产生一个以信息促进销售，再以销售促进信息传播的良性循环。在这种良性循环中，商家的信息传播成本会随着社会自发传播和消费者的口头传播而逐渐降低，实现低成本运营。

例 10－6　网红产品的用户思维实践

三、服务体验情境的塑造

服务体验情境的塑造主要有三个方面，即卖场情感化、服务视觉化和体验互动化。

（一）卖场情感化

卖场情感化是注重通过卖场服务影响消费者的情绪和情感体验。在卖场影响顾客情绪的因素主要有三个，即卖场的情境、商品本身和人员服务。

感性消费时代对卖场的要求越来越高，除宽敞、舒适、洁净、明亮等基本要求外，还要求有更多的精心设计的感性元素，要以最快、最直接的方式调动顾客的情绪，从而激发顾客的购买行为，这就需要专业的感性情境设计：以顾客体验为中心，充分调动顾客的感观以达到预期的情绪效果。肯德基的儿童游乐区、星巴克咖啡和一些商场的“老公寄存处”等都是运用此原理。

感性消费时代的最大特点就是人们的消费追求的大多是个性的满足、精神的愉悦、舒适以及优越感。卖场若能恰当地把握这一趋势，推出令消费者感到“正中下怀”的情感化产品，就一定能轻而易举地赢得顾客和市场，如劳斯莱斯的“尊贵感”、大众甲壳虫车的“复古感”、iPad 的时尚设计带来的“时代感”、哈根达斯所营造的“浪漫感”等。

感性服务要真正以顾客的“心”（感觉）为中心服务，服务人员传递更多良好的、友善的、热情的情绪比完善的服务流程更为重要，建立良好的顾客关系比单次成交或成交金额更为重要。

（二）服务视觉化

服务视觉化包括两个方面，即服务有形化、服务细节化。服务有形化是使服务内涵尽可能地附着在某些实物上，通俗一点说就是尽量使服务更容易被顾客把握，把服务同易于让顾客接触和感知的有形事物联系起来。一般我们可以把服务视觉化的元素描述为环境、信息沟通。环境是消费者所处的环境，重点要做好环境的整洁卫生，同时做好照明、控制噪声等。至于信息沟通，应该注意到卖场信息环境中最主要的活跃因素是卖场促销人员，服务主要是通过人员实现的，卖场人员要发挥能动作用，引导消费者注意信息的流向。做好消费者最关心的事情，就是消费者所愿意接受的，同时也是最具人性化的服务。

（三）体验互动化

体验互动化是尽可能让消费者多参与到消费相关的活动中来，变被动为主动。体验互动化没有固定的模式，在操作上可以根据卖场情况调配资源和场地，灵活地运用各种方法来调动消费者的体验情绪。例如，在卖场设立一个信息反馈和征询的服务程序，使消费者参与到产品或服务的完善中来，增加消费者的成就感，这样消费者就会产生消费偏好，这种方式改变了传统 4P 理论中的产品性质，增加了心理附加值。

小知识 10－4　占卜奶茶为消费者营造独特体验

在感性消费时代，我们必须将重点放在顾客体验上，售卖的不仅仅是理性的商品，更多的是感性的感觉，这是市场的必然趋势。感性消费时代也是商业感性技术大显身手的时代。

无论是对消费者心理与行为的研究，还是对消费情境本身的探讨，都不能抹杀购买情境对消费者卖场决策行为的巨大影响。做好卖场情境的塑造，有效提升卖场情境的效果，不断完善卖场情境，这一切都是为了更好地利用情境的影响更深层次地促进卖场消费行为的产生。对于情境的塑造是绝对不容忽视的。卖场的销量来自各方面的协调发展，从卖场点滴细节做起并力求完美，那么卖场必将有令人意想不到的收获。

案例分析

星巴克打造生活化场景

2017 年星巴克在广州开了全国首家社区体验店。这是星巴克中国第一次将门店开设在居民住宅区内，也是星巴克对“第三空间”场景的一次升级。

星巴克的商务形象早已在多数消费者心中根深蒂固。对星巴克来说，突破场景单一的瓶颈是需要努力的方向之一。社区店就是其打造生活化场景的一次尝试。

在环境上，这家社区店努力营造生活氛围。店内采用具有本地特色的装修风格，店外有小庭院可供休憩。在店内甚至为孩子设置专门的阅读区域，给孩子和妈妈们提供自由休息的空间。

在饮食上，为了照顾无法接受咖啡的小朋友和中老年顾客，社区店提供无咖啡因的饮品。星巴克还将标准化的盘子和杯子替换成更有美感的餐具。星巴克在社区店里还提供送餐到桌服务。

同样被考虑到的还有宠物，门口设置了牵引绳挂钩，宠物床和宠物饮水区，门店内的黑板上还贴着宠物小知识。可见，星巴克为营造更为温馨的场景做了很多新的尝试。

星巴克的成功常常建立在为顾客打造社交中心的基础上。如果说之前的星巴克是给中高端白领打造一个比工作环境更轻松的第三空间，社区店则是从生活切入，打造更生活化的消费场景。

在中国布局社区店前，星巴克已于 2016 年在美国开设过社区店。星巴克的美国零售运营社区投资部总监海因斯（Rodney Hines）说，他衡量星巴克弗格森门店是否成功的标准是，它在社区的“社交中心”角色塑造上能够做得有多成功。星巴克弗格森门店已然成为社区内招聘会、诗歌朗诵和学校董事会会议的场所。

星巴克在密苏里州弗格森开设第一家门店一年后，取得了不小的成功。星巴克透露，星巴克弗格森门店销售额实现了 15%的增长，员工流动率也很低。

提起星巴克，我们多半还是会联想到白领、精英、西装这些内容。当下中国，星巴克尚未成为真正意义上的“第三空间”。要完成这一蜕变，消费场景或者说店铺位置是关键。而各国情况是不同的，社区店在中国的销售与发展状况依旧处于未知，有待继续观察与考量。

据波士顿咨询公司研究，购物中心在中国社会零售市场占比达到 43%，几乎占据了零售业的半壁江山。在欧美国家，社区商业占社会商业总支出的60%～70%，而目前在中国整体水平还不足30%，社区商业蕴藏着巨大的发展潜力。

与此同时，在新生代消费群体崛起以及O2O、外卖平台兴盛的大环境下，“懒、宅文化”逐渐成为制约购物中心发展的因素，而社区商业因为更接近消费者，可以提供更加便利的服务，因而受到的影响较小。因此，越来越多的商家和品牌开始重视社区。

资料来源：摘编自微信公众号“FBIF食品饮料创新”，2018-03-30。

问题

1. 星巴克社区体验店如何通过情境设计来改善消费体验？采取了哪些措施？
2. 结合星巴克社区体验店的案例，分析当前社区商业的发展状况。

重点名词

消费情境　　购买任务　　发生状态　　情境的塑造

思考题

1. 什么是情境？有哪些情境类型？
2. 情境影响的作用机理是什么？
3. 简述情境的特性及其对消费者决策的影响。
4. 如何塑造购买情境？
5. 在塑造恰当的卖场情境时应当注意哪些问题？

实训练习

1. 实训目的与要求

本实训的目的是让学生通过对案例的深入分析，具备根据所学的有关消费情境的知识和原理，分析某一具体选址案例利弊的能力。

2. 实训内容

阅读下面的案例，并在讨论的基础上完成实训任务。

肯德基的选址策略

地点是饭店经营的首要因素，餐饮连锁经营也是如此。连锁店的正确选址，不仅是其成功的先决条件，也是实现连锁经营标准化、简单化、专业化的前提条件和基础。

1987年，肯德基进入中国市场，在北京前门开设了第一家肯德基快餐店，拉开了外国餐饮企业进入中国市场的序幕。肯德基在中国的成功就在于它在选址策略上的正解性。因此，解密肯德基的选址策略将有助于中国快餐行业的发展。

肯德基对快餐店选址非常重视，选址决策一般是两级审批制，要经过两个委员会的同意，一个是地方公司，另一个是总部。其选址成功率几乎是百分之百，是肯德基的核心竞争力之一。

一、商圈的划分与选择

1. 划分商圈

肯德基计划进入某城市，就先通过有关部门或专业调查公司收集这个地区的资料。有些资料是免费的，有些资料需要花钱购买。把资料集齐了，就开始规划商圈。

商圈规划采取计分的方法，例如，这个地区有一个大型商场，商场营业额在 1 000 万元算 1 分，5 000 万元算 5 分，有一条公交线路加多少分，有一条地铁线路加多少分。这些分值标准是多年平均下来的一个较准确的经验值。通过打分把商圈分成几大类，以北京为例，有市级商业型（西单、王府井等）、区级商业型、定点（目标）消费型，还有社区型、社区与商务两用型、旅游型等。

2. 选择商圈

选择商圈即确定目前重点在哪个商圈开店，主要目标是哪些。在商圈选择的标准上，一方面要考虑餐馆自身的市场定位，另一方面要考虑商圈的稳定度和成熟度。餐馆的市场定位不同，吸引的顾客群不一样，商圈的选择也就不同。商圈的成熟度和稳定度也非常重要。比如规划局说某地要建设一条路，将来这里有可能成为成熟商圈，肯德基一定要等到商圈成熟稳定后才会进入。因为说这家店三年以后效益会多好，对现今没有帮助，这三年难道要承受亏损？肯德基投入一家店要花费好几百万美元，当然不愿冒这种险，它采取的是比较稳健的原则，保证开一家成功一家。

二、聚客点的测算与选择

1. 确定这个商圈内最主要的聚客点

肯德基开店的原则是：努力争取在最聚客的地方和其附近开店。

古语说“一步差三市”，意思是开店地址差一步就有可能差三成的买卖。这跟人流动线（人流活动的线路）有关。可能有人走到这，该拐弯，则这个地方就是客人到不了的地方，差不到一个小胡同，生意却差很多。这些在选址时都要考虑进去。

为了测算人流动线是怎样的，如在这个区域里，人从地铁出来后往哪个方向走等，需要派人去掐表，去测量，得到一套完整的数据之后才能据此确定地址。

2. 选址时一定要考虑人流的主要动线会不会被竞争对手截住。

人流是有一个主要动线的，如果竞争对手的聚客点比肯德基选址更好那肯德基就会受到影响。

3. 聚客点选择影响商圈选择

聚客点的选择也影响到商圈的选择。因为一个商圈有没有主要聚客点是这个商圈成熟度的重要标志。

三、肯德基的跟进策略

为了规划好商圈，肯德基开发部门投入了巨大的努力。在北京，肯德基已经根据调查划分出的商圈，成功开了 56 家餐厅。

肯德基与麦当劳市场定位相似，顾客群基本上重合，所以我们经常看到一条街道一边是麦当劳，另一边是肯德基，这就是肯德基采取的跟进策略。因为麦当劳在选择店址前已做过大量细致的市场调查，挨着它开店可省去考察场地的时间和精力，节省选址成本。当然肯德基除了跟进策略外，自己对店址的选择也有优秀之处值得借鉴。

根据店址的评估标准和一些成功案例，就可以开发出一套店址的评估工具，它主要由下面几个表格组成：租赁条件表、商圈及竞争条件表、现场情况表、综合评估表。它们是进行连锁经营店址评估的有力武器。

3. 操作步骤

（1）分组讨论肯德基的选址方式具有哪些特色。

（2）从肯德基选址的案例中你得到了哪些启示？

4. 实训条件

多媒体教室，分组讨论室。

5. 实训注意事项

学生对所学知识与技能的消化与吸收很重要，教师要深入各小组观察、了解学生的实际掌握情况，与学生形成教与学的良性互动。

6. 实训作业

学生结合已学知识，根据对案例的深入讨论与分析，完成上述作业。

第11章

文化与消费者行为

本章要点

1. 文化的概念。
2. 文化的影响及特点。
3. 中国文化的基本精神。
4. 中国文化对我国消费者行为的影响。
5. 关系和关系主义文化的概念。
6. 关系主义文化对消费者行为的影响。

引　　例

茅台生肖纪念酒

茅台生肖纪念酒是茅台“文化酒”的典型之作，自2014年开始限量推出，截至2018年已经推出五款：甲午马年生肖纪念酒、乙未羊年生肖纪念酒、丙申猴年生肖纪念酒、丁酉鸡年生肖纪念酒、戊戌狗年生肖纪念酒。

茅台生肖纪念酒在原有瓶身的基础上导入了众多中国文化因素——生肖文化、国画艺术、五行文化，比如甲午马年生肖酒的主体元素是徐悲鸿关门弟子刘勃舒先生亲绘的国画《春风得意马蹄疾》，颜色也根据甲午马年的五行采用红色；而丁酉鸡年生肖酒则采用了国画大家陈永锵亲绘的《司晨》图，并由书法家胡秋萍题字……

正是有了这些文化元素的导入，这款极普通的产品卖出了高价，而且继续被市场推高，截至2018年年中，茅台马年、羊年、猴年、鸡年、狗年这几款生肖纪念酒市场价分别在17 000元、24 000元、7 300元、5 100元，均远远高于同期同酒体茅台产品的价格！

这些产品，除了满足普通酒水的饮用需求之外，还撬动了更高层次的收藏需求、投资需求、馈赠需求，从而引发了大量的社会关注和社会资本的注入，带动了茅台所有产品价格体系、销量和营收的上扬。

某种程度上，消费升级就是由基础物质消费向文化消费、精神消费升级。而茅台生肖纪念酒系列正是典型的以文化物、文化赋值、文化消费的案例。

资料来源：陈诗江．产品创新：向茅台学习“塔尖战略”．(2018－08－17). http://www.cmmo.cn/article-212213-1.html.

启示：随着我国经济的持续快速增长，人们在消费过程中出现了向传统文化回归的趋势。茅台“文化酒”抓住了人们需求的变化，导入了众多中国文化因素——生肖文化、国画艺术、五行文化，从而获得市场的成功。

文化在社会构成中具有普遍深入的影响力，通过影响社会的各个阶层和家庭，进而影响消费者的心理与行为，文化像一张无形的网，笼罩着我们每一个人。每个消费者都生活在一定的社会文化中，其消费心理与行为也必然带有生活于其中的社会文化的烙印。文化是影响消费者反应的一个非常重要的因素，它影响着消费者的价值观念、生活方式、消费心理与购买行为。离开文化背景很难理解消费，因此，了解文化，尤其是不同文化之间的差异，是成功营销的前提。

第1节　文化概述

文化是一系列在社会中才能获得的价值观。社会作为整体接受了这些价值观，并把它以语言或象征的形式传达给社会中的成员。文化是影响消费者行为最广泛的环境因素，这一影响通过社会所强调的价值和规范反映出来。了解不同文化下的消费者行为有利于更好地掌握消费者心理，制定更有效的市场营销策略。

一、文化

消费者的各种行为都被打上了文化的烙印，无论是消费者的兴趣爱好、生活态度还是他们的购买动机、购买行为都离不开文化的作用。

（一）文化的概念

文化是社会的个性。文化包括价值和道德等抽象的概念，还包括社会所生产和重视的实质物品和服务，如汽车、衣服、食物、艺术和运动等。换一种说法，文化是组织或社会成员间共有的意义、仪式、规范和传统的集合。[1]

人类的行为大部分是由后天学习而来的。一个人在成长过程中，通过家庭和其他机构的社会化过程学到了一系列基本的价值、知觉、偏好和行为的整体观念，比如，中国传统文化中的仁爱、信义、礼貌、智慧、诚实、忠孝。

一个社会的文化通常可以分为两个层次的内容：一个是全体社会成员共有的基本文化，即主文化；一个是社会中某些群体所具有的独特价值观和行为模式，即亚文化。每一种文化都包含着能为其成员提供更为具体的认同感和社会化的较小的亚文化，而这些文化群体都表现出不同的价值形式、生活方式、人口统计特征和消费者行为。

在消费者行为研究中，由于研究者主要关心文化对消费者行为的影响，因此我们将文化定义为一定社会经过学习获得的用以指导消费者行为的信念、价值观和习惯的总和。对一定社会的各种文化因素的了解有助于营销者提高消费者对其产品的接受程度。

延伸阅读 11-1　美国文化的特点

（二）文化的影响

文化通过一定的社会规范来影响人们的行为。社会规范就是关于特定情境下人们应当或不应当做出某些行为的规则，如图 11-1 所示。

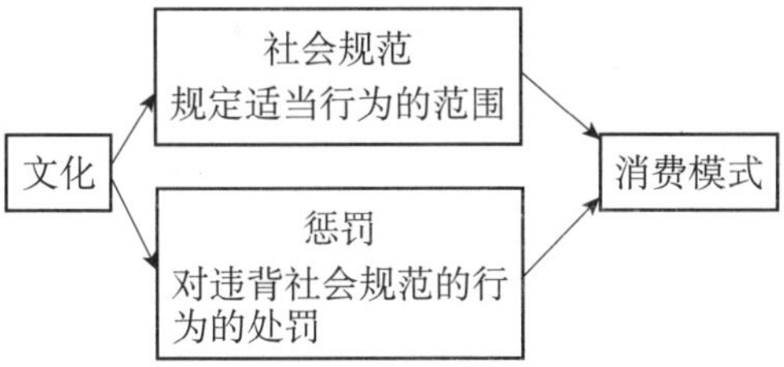

图 11-1　文化的影响

违背文化规范将受到其他社会人员的惩罚。惩罚方式多种多样，从轻微的不认同到被整个群体所抛弃不等。按文化规范行事被认为是理所当然而不一定伴随赞许或奖赏。例如，美国的商务和社交活动中，准时赴约是通行准则。如果某人准时到达，我们不会夸奖他，但如果某人迟到了，我们则会为此愤怒。文化价值观导致一定的社会规范以及不遵循这些规范时的惩罚，而规范与惩罚则最终影响人们的消费模式。

文化作为一种社会氛围和意识形态，无时无刻不在影响人们的思想和行为，当然也必然影响人们对商品的选择与购买。文化对于人们行为的影响具有以下一些特征。

（1）具有明显的区域属性。

生活在不同地理区域的人的文化特征会有较大的差异，这是由于文化本身也是一定的生产方式和生活方式的产物。例如，西方人注重个人创造能力的发挥，比较崇尚个人

① 所罗门，等．消费者行为学：第 10 版．北京：中国人民大学出版社，2014.

的奋斗，注重对个人自由权的保护，而东方人注重集体协作，比较讲究团队精神，注重对团体利益和领导权威性的保护。

（2）具有很强的传统属性。

文化的遗传性是不可忽略的。由于文化影响着教育、道德、法律等对人们的思想和行为产生深层次影响的社会因素，因此一定的文化特征能够在一定的区域范围内得到延续。文化的传统性会引发两种不同的社会效应：一是怀旧复古效应；二是追新求异效应。因此，我们既要利用人们对传统文化的依恋创造市场机会，也必须注意多元文化的影响，并加以利用创造出新的市场机会。

（3）具有间接的影响作用。

文化对人的影响在大多数情况下是间接的，即潜移默化的，它往往首先影响人们的生活和工作环境，进而影响人们的行为。一些企业注意到了这一点，通过改变人们的生活环境来影响人们的消费习惯，往往十分有效。

例 11－1　小猪短租

文化在潜移默化影响着人的世界观、人生观、价值观。现在，消费者借助网络平台进行交流沟通，人们逐渐认同的网络文化形成。网络文化存在于虚拟网络空间，对网络消费者的消费行为产生影响。大众的消费结构随着电子商务快速发展变得复杂，网络文化出现多样化特征，可购买的商品种类复杂多变，商品组合出现多元化的趋势。

（三）文化的特点

对社会各种文化因素的了解将有助于营销者提高消费者对其产品的接受程度。归纳起来，文化具有如下特点：

1. 文化的习得性

每种文化都是人们通过学习而得到的，学习的方式主要有两种。

（1）文化继承，即学习自己民族或群体的文化。

正是这种学习保持了民族或群体文化的延续，形成了独特的民族或群体个性。中华民族由于受到几千年传统儒家文化的影响，形成了强烈的民族风格与个性，仁义、中庸、忍让、谦恭的民族文化心态，表现在人们的消费行为中就是随大流、重规范、讲传统、重形式等。

（2）文化移入，即学习外来文化。

在一个民族或群体的文化演变过程中，不可避免地要学习、融入其他民族或群体的文化，甚至使其成为本民族或群体的文化典型特征。中国人穿西装、打领带就是学习西方简约的服装文化的结果。

2. 文化的共享性

构成文化的东西，必须能被社会中绝大多数人共享。在现代社会中，大众媒体在传播文化中有着无与伦比的地位，而媒体的广告则不时地向受众传递着重要的文化信息，如如何穿着才合适，如何装饰自己才体面，拿什么样的食品招待客人才不落伍等。

3. 文化的无形性

文化的无形性是作为观念形态的精神财富而言的。文化对人行为的影响是自然而然的。对于人们来说，不能直接地触摸到文化，只有在社会活动中才能意识到文化差异的存在和它对个体行为的影响。

4. 文化的发展性

文化不是静止不变的，而是不断变化的。虽然文化变化通常十分缓慢，但是文化确实会随着环境的变化而改变。当一个社会（或群体）面临新的问题或机会时，文化必须不断改变，人们的价值观念、行为方式、生活习惯、偏好和兴趣等就可能发生适应性的改变，形成新的文化。

5. 文化的综合性

文化是由多种价值观、信仰、习俗等要素组成的统一体。文化包含的要素很多，各文化要素之间存在着互补关系，即互相结合在一起成为一个整体，因此，文化从本质上讲具有综合性和整体性的特征。

例 11－2　傍文化也是一项技术活儿

二、亚文化

亚文化是一种群体，其成员具有与其他群体相区别的共同信仰和经历。[①] 每一种亚文化都会坚持其所在的更大社会群体中主要的文化信念、价值观和行为模式，同时，每一种文化都包含着能为其成员提供更为具体的认同感和社会化的较小的亚文化。目前，营销学者普遍接受的是按民族、宗教、种族、地理划分亚文化的分类方法。

（一）民族亚文化

几乎每个国家都是由不同民族构成的，不同的民族各有其独特的风俗习惯和文化传统。由于自然环境和社会环境的差异，不同的少数民族形成了不同的亚文化群。例如，中国是一个统一的多民族国家，除占人口 90%以上的汉族外，还有 55 个少数民族。亚文化群在饮食、服饰、建筑、宗教信仰等方面表示出明显的不同，即使生活在同一个国家甚至同一个城市，各亚文化群也会有自己特殊的需求、爱好和购买习惯。

（二）宗教亚文化

世界上有许多宗教，不同的宗教群体具有不同的文化倾向、习俗和禁忌。例如，我国有佛教、道教、伊斯兰教、天主教、基督教等，这些宗教的信仰者都有各自的信仰、生活方式和消费习惯。宗教能影响人的行为，也能影响人的价值观。宗教因素对于企业营销有着重要意义。例如，宗教可能意味着禁用一些产品，虽然这种禁忌限制了对一部

① 所罗门，等．消费者行为学：第 10 版．北京：中国人民大学出版社，2014.

分产品的需求，但往往又会促进对替代产品的需求。伊斯兰教对含酒精饮料的禁忌，使碳酸饮料和水果饮料成了畅销品。

（三）种族亚文化

白种人、黄种人、黑种人都有各自特殊的人生态度、文化传统和生活方式，不同种族的消费者即使生活在同一个国家甚至同一个城市，在消费需求和购买行为上也会存在很大的差异。在美国，黑人消费者是增长最快的细分市场之一。黑种人与白种人在购买的产品和品牌、购买行为、支付的价格、选择的媒体等方面都有显著的差异。

（四）地理亚文化

同一个民族的人，居住在不同的地区，由于各方面的背景不同，也会导致其在消费习惯和消费特点上不同。例如，我国各地的汉族人饮食文化有着明显的差异，西南人喜欢吃辣，江南人偏爱甜，广东人对食品特别讲究鲜，北方人以面食为主，南方人则以米饭为主食，等等。

小知识 11－1　各种比萨饼所反映的文化

三、消费习俗

消费习俗是指人们在长期的社会活动中所形成的各种消费的风俗习惯，它是特定社会、民族或群体成员在集体生活中逐渐形成、共同遵守的具有一定表征指向的消费行为模式。消费习俗的形成与沿袭既有政治、经济、文化、历史的原因，又有消费心理的影响。

消费习俗就像一面镜子，反映着一个社会的风貌。习俗所涵盖的内容是极其广泛的，如衣、食、住、行等经济的习俗，婚丧仪礼等社会的习俗，宗教等信仰的习俗，歌舞杂技等游艺的习俗。不同的消费习俗具有不同的商品需要，研究消费习俗不但有利于组织好消费品的生产与销售，而且有利于正确、主动地引导健康的消费。

（一）不同国家与民族的消费习俗差异

不同国家、不同地区的消费者的消费习俗是不同的。各民族的消费习俗很多是受自然环境和经济条件以及宗教的影响而形成的，反映了该民族共同的心理和情感，正因为如此，各民族对自己的风俗习惯都比较重视，因此在营销活动中，了解并尊重当地的风俗习惯，不仅是关系到民族团结的大问题，而且是开拓民族市场的重大问题。

（二）不同地区的消费习俗差异

不同的地理环境是影响消费习俗的因素之一，从大的方面讲，诸如服装、空调、居室的布置等类商品的消费，受地理环境的影响很大，因为在地理条件的影响和限制下，形成了不同地理环境中各具特色的消费习俗。比如，在饮食方面，分布在江淮以南从事稻作农耕的各族人民及东北的朝鲜族人民以大米为主食；分布在黄河中下游及新疆绿洲从事麦作农耕的各族人民以面食为主；分布在东北平原、黄土高原及全国山地丘陵区从事杂谷栽培的各族人民以玉米、高粱、谷子、薯类为主食；青藏高原上诸民族以糌粑（用青稞或豌豆制作的炒面）为主食；渔猎民族赫哲族以鱼和兽肉为主食。

四、文化营销

例 11－3　入境还得先问俗

文化营销，也称文化创意营销，是指企业运用文化资源，通过文化理念的设计创造来提升产品及服务的附加值，在满足和创造消费者对真善美的文化需求过程中，实现价值交换的一种营销方式。

文化营销实质上是指充分运用文化力量实现企业战略目标的市场营销活动。文化营销通常把商品作为文化的载体，通过市场交换进入消费者的意识，它在一定程度上反映了消费者对物质和精神追求的各种文化要素。与产品营销相异的是，文化营销是在产品营销基础上，通过产品载体所附加、覆盖的各种文化元素的有机植入，与消费者产生心理、精神的共鸣，进而从内心深处去影响、引导消费者行为的深层次营销方式。文化营销的重中之重是发现并建立一种品牌与消费者在心灵上产生互动、共鸣的契合点。与产品营销相比，其对目标消费者的作用方式、作用效果更为间接、更为持久。

为做好文化营销，企业应该着重做好以下三个方面的工作：

第一，企业需借助或适应不同特色的环境文化开展营销活动，对企业的品牌文化进行深度挖掘。

第二，文化因素需渗透到市场营销组合中。企业应综合运用文化因素，制定出有文化特色的市场营销组合，并积极参加各种社会文化活动，用好互联网工具，努力让自己的品牌文化广为人知。

第三，企业品牌内部文化的营销。品牌文化不是要做给外部消费者看，更要根深蒂固地影响到每一位员工，企业需要不断影响和感化员工，建立全员文化营销意识。想要俘获消费者的心，首先要让员工成为自己文化的信徒，这样才能为企业有效地开拓外部市场提供可靠的后方保障。

第 2 节　中国文化

中华民族有着悠久的历史文化，并在漫长的历史发展过程中形成了独特而伟大的民族性格和民族精神，这些传统文化与价值观对消费者行为的影响是不容忽视的。

一、中国文化的基本精神

中国文化的基本精神表现出自强不息、厚德载物、居安思危、乐天知足、崇尚礼仪等特征。中国文化的核心和精髓就在于“和合”二字。

“和”“合”二字均见于甲骨文和金文。“和合”，就词义本身而言，“和”是指和谐、和平、祥和；“合”是指结合、合作、融合。“和合”是实现和谐的途径，和谐是“和合”的理想实现，也是人类古往今来孜孜以求的自然、社会、人际、身心、文明诸多元素之间的理想关系状态。

中国传统文化中贵和与持中的和谐意识表现在两个方面：天人合一和中庸之道。

（一）天人合一

“天人合一”，是指人与自然关系的和谐，是古代中国人处理自然界和精神界关系所持的基本思想，其突出特征是：人是自然界的一部分，服从自然规律，人性即天道，道德原则与自然规律一致，人生理想就是天人协调。“天人合一”旨在承认人与自然的统一性，反对将它们割裂开来。在古代中国人看来，自然过程、历史过程、人生过程、思维过程在本质上是同一的。这一思想特征贯穿了“天人合一”观念源起与演变的基本过程，贯穿于古代的哲学、科学和艺术。

（二）中庸之道

“中庸”，是指人际关系，即人与人、人与社会关系的和谐。“中庸之道”是和合文化在为人处世方面的具体准则，它在儒家乃至整个中国传统文化中被视作一种人生和道德的至高境界和追求目标。

何谓“中庸”？不偏不倚谓之中，恒常不易为之庸。儒家文化的这种中庸之道塑造了中国人的中庸之德，使中国人形成了中庸的思维与行为方式、处世作风和人格境界。面对现实中的很多具体的两极选择，人们试图有效地在对立的两极之间找到一个平衡的支点，并使对立双方归于统一。在生活实践中，守中、不走极端，成为古代中国人固守的人生信条。在今天的语境下，“中庸”就是要正确把握度并协调好各种关系，强调对待事物关系要把握一个度，以避免对立和冲突。提倡“贵和”“持中”的和谐意识，以益于社会的和谐稳定与持续进步，有利于处理现代社会的各种矛盾，保持社会的稳定。中庸之道的真谛在于：坚守中正，寻求适度，不偏不倚，无过无不及。

小知识 11-2　中国消费者为什么而醉？

二、中国文化对消费者行为的影响

文化作为企业重要的宏观环境因素，对消费者行为，进而对企业营销的影响是广泛而深远的。中国传统文化源远流长，在这种文化背景下繁衍生息的中华民族，其价值观、思维方式、生活方式和消费观念都具有鲜明的特征。

（一）中国文化对消费需要的影响

消费者察觉到了要解决的问题、产生了对产品的需要，这是购买决策的起点。在不同的社会文化背景下，有的需要被肯定和强化，有的需要被贬抑和压制。例如，中国人在“君子谋道不谋食”的传统观念的影响下，个人的物质欲望和生理需要往往受到压抑，“知足常乐”“节欲有度”“居安思危”的生活观和人生观则受到提倡和鼓励。在传统的宗法观念和知恩图报观念的影响下，“人情”消费成为一种突出的消费者行为特征。又如，中国传统观念主张“温、良、恭、俭、让”，在其影响下，勤俭消费成为大多数中国人所奉行的消费观念。在勤俭节约观念的影响和支配下，消费者的需求，特别是高档奢侈产品和服务的需求及其增长会相对受到限制，消费者在购买中会更多地重视产品和服务的实际效用和价值，反对盲目攀比和铺张浪费。

（二）中国文化对消费对象的影响

中国文化一向强调血缘关系，即以家庭为本位，虽然现在家庭呈现小型化的趋势，但是人们仍然保持着传统的家庭伦理观念，亲子之间的相互依存关系是很明显的。个人的消费行为往往与整个家庭紧密连在一起，一个人不仅要考虑自己的需要，而且要考虑到整个家庭的需要。在许多广告中，不少是以温馨的家庭氛围为背景的，其中更富有中国特色的是运用亲慈子孝的心理，子女孝敬父母，而父母为子女的前途不惜倾囊投资，这些场面在电视广告中时有所见。

（三）中国文化对消费品牌选择的影响

对不同品牌的评价和选择会在诸多方面受到消费者文化价值观的影响和制约。例如，一个人的文化价值观会影响他的生活方式、社交活动、媒体习惯、个人兴趣等。这些因素又必然会进一步影响他所可能熟知的品牌，从而形成不同的熟知品牌组。文化价值观同样会影响消费者所考虑以及重点考虑的品牌。强调社会身份地位和声望的消费者具有较强的社会自尊需要，在许多产品购买中往往只考虑进口品牌或著名品牌，其他品牌的价值常会受到不公正的评价。崇尚节俭的消费者，则往往重点考虑较低价格品牌，对一些高档定位的品牌很可能闻所未闻，或者虽然听说过，但由于不重视，不感兴趣，因此常常没有有关这些品牌的知识，甚至连品牌名称和标志都没有记住。

（四）中国文化对购买行为的影响

购买行为受到文化价值观的影响，例如，中国文化强调集体意识，要求个人服从整体，这一文化特点在消费者购买决策中有多重体现。

（1）在购买决策方式上，人们往往以集体为单位进行决策。例如，家庭成员的大部分收入都集中起来由一名“当家人”统筹安排，对于具体购买决策，特别是单笔支出较大的购买决策，还需要家庭成员集体讨论。中国文化注重和谐统一，在商品交易中尽可能“和气生财”。

（2）在产品和品牌的选择上，人们较少标新立异，而是强调与他人保持一致。中国消费者一般倾向于具有较高的品牌忠诚度和企业忠诚度（包括商店忠诚度），往往只选择值得信任的品牌，这就是标准化品牌信号传递的意义所在。消费者乐于购买熟人推荐的产品，这就是市场经济下消费者对“诚信”的解读。

（3）在购买决策的最后确定上，特别是在购买一些社会意义较强的汽车、服装等产品时，他人态度具有重要的甚至决定性的影响。此外，由于我国传统文化强调“存天理，灭人欲”的理性优先价值原则，因此在家庭和个人消费上强调节欲勤俭，主张精打细算、量入为出，反对奢侈浪费，更反对及时行乐的生活态度，从而使收入变化对购买决策具有迅速和直接的影响。当收入减少时，消费者会很快节省开支，降低支出，先前开支额较大而又非必需品的购买意图将被最先取消或者暂时搁置起来。

例 11－4　长安福特锐界《一路书香》

（4）在购后行为方面表现出很强的心理韧性及弹性。消费者在购买后，还要对产品的实际效用和价值做出评价。文化价值观将影响消费者购买后所采取的行为方式：一部分消费者在不满意时采取积极的行动（如退换货），向公司提出抱怨，向消费者协会投诉，这体现了心理韧性的一面；另一部分消费者可能采取忍气吞声、息事宁人的态度，不采取任何行动；还有一些消费者可能通过寻求其他产品来减少内心的不和谐感，体现了其在消费购物时具有很大的心理弹性。

第3节　关系主义文化和消费者行为

随着东亚华人经济圈的快速崛起，有关华人社会行为的研究逐渐受到关注。西方的管理者和学者发现，在关系导向的华人社会中，人际关系体现的方式与结果，与西方的人际关系有很大的差异，关系主义文化成为了解华人社会消费者行为的核心概念，对华人社会和商业活动有着深远的影响。

一、关系的概念

关系作为影响商业运作的文化现象普遍存在于中国社会，恰当的关系在商业谈判里发挥着至关重要的作用。关系作为描述社会制度的关键概念，在多学科、多领域内得到了系统研究。

关系植根于儒家文化，从广义来看，泛指所有社会联系、社会交往、人际互动等；从狭义来看，关系是以血缘、地缘、业缘为基础发展形成的人际关系结构，以实现利益和感情交换为目的，其发展过程是不断积累和变化的。当关系特指人际关系时，它不仅可以用于夫妻间、亲戚间、朋友间，还有社会交往的意思。

延伸阅读 11－2　承诺和一致原理

“关系取向”一词最能够捕捉中国社会心理学的精髓，它与西方社会心理学“个人取向”相对应。在中国式社会生存论的影响之下，个人的生命只有通过与其他人的共存才能体现其意义。在中国文化里自我并不是一个个的自我，个人对自己的存在、独特性、方向感、目标和意愿均没有很强的自觉。自我与非自我间的界限不清，人我的疆界不明，因此，中国人的自我可称为“关系性自我”，它对其他人的存在具有高度的觉察能力，自我与他人同体，形成在他人关系中的自我。

二、关系主义文化的差序格局模型

在社会科学界，最先试图描绘华人的关系主义文化特色且经常为人所引用的理论，是费孝通所提出的“差序格局”。费孝通认为西方个人主义社会中的个人像是一根根的木柴，社会组织将他们绑在一起，成为一捆捆的木柴。中国社会的结构好像是一块石头丢在水面上产生一圈圈波纹，每个人都是他所在社会影响所推出去的圈子的中心，并跟圈子所推及的波纹发生联系。这个像蜘蛛网的网络有一个中心，即“自己”。该关系模型揭示了中国人关系的特点：以家族血缘关系区分人际亲疏，是一种存在圈子的特殊主义的关系；一切价值以“己”作为中心自作评价，即“自我主义”（不同于个人主义）；关系网具有伸缩弹性的格局界线，即范围的伸缩性与边界的通透性（见图 11－2）。

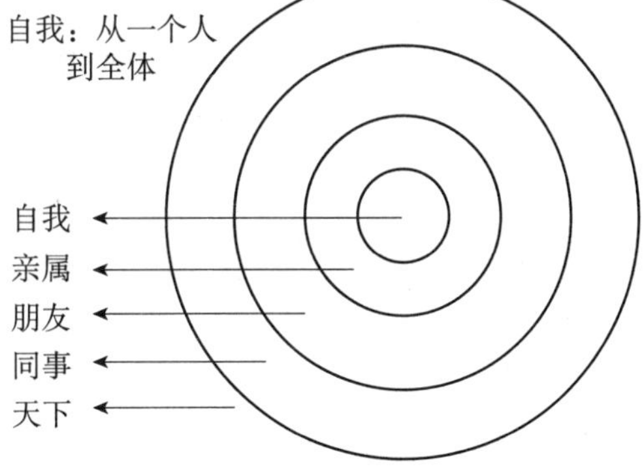

图 11－2　费孝通提出的“差序格局”模型

由于华人社会关系主义文化的独特性，华人的消费心理与消费行为与其他文化背景下的消费者相比会表现出较大的差异。随着经济全球化的发展，华人社会受到了一些外来文化的冲击，并逐步吸收了一些外来文化，这在一定程度上影响了华人的消费心理和行为模式，但是这些外来文化不可能从根本上影响关系主义文化的主流。如何针对华人社会的文化特点开展行之有效的营销活动，是值得关注的重要课题。

三、关系主义文化和消费者行为

文化营销研究的基本模式是：社会传统文化潜移默化地影响着消费者行为，从而决定了营销者采用相对应的营销模式（如图 11－3）。

我们将参照这一模式，探讨关系主义文化如何影响消费者的行为选择，并针对这种关系主义的消费者行为模式探讨相对应的本土化营销模式。

图11-3 文化营销研究的基本模式

（一）关系影响消费者对交易对象的选择

在中国的商业活动中，人际关系对普通消费者选择交易对象具有显著的影响，特别是在商品经济不十分发达的乡土社会，如农村和小城镇。在不考虑其他条件的情况下，关系强弱和关系质量决定了消费者的购买选择。

人们通常根据人与人之间、组织与组织之间因接触而存在的纽带的四个维度来定义关系的强弱，即互动的频率、情感的密切程度、亲密性（相互倾诉的内容）以及互惠交换。关系质量是指与主体相联系的关系的亲密度和友好度，它反映了主体所拥有的关系是松弛的泛泛之交，还是有较高忠诚度的关系。同一关系强度的主体之间可能会有关系质量的差别。一般而言，在其他购买条件差别不大的情况下，乡土社会的消费者更倾向于强关系购买，这是第一层面的；在同等的关系强度下，消费者倾向于高质量的关系购买，这是第二层面的。

我们可以参照费孝通的“差序格局”模型来构建一个一般化的消费者交易对象的选择模型（见图11-4）。

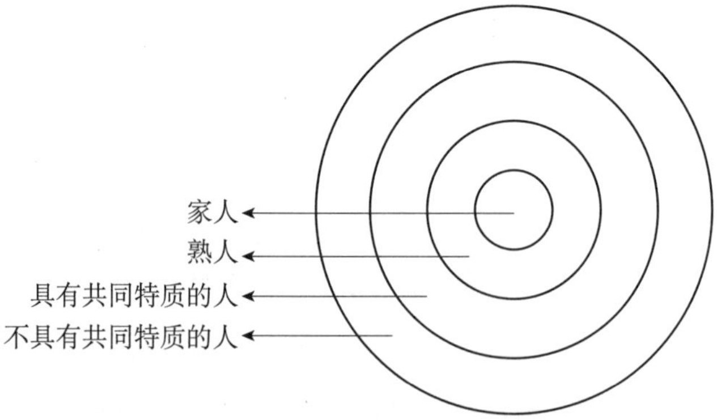

图11-4 消费者交易对象的选择模型

在图11-4的四层波纹图中，不仅直观描绘了关系强度的变化，而且恰当地反映了中国社会“圈内人”“圈外人”的概念。从图中我们可以发现，由内而外关系的强度不断弱化，每种不同的关系强度形成了一个圈子，而在同一个圈子内，也存在关系质量的差别。一般消费者进行普通消费活动时，在其他条件等同的情况下：第一，选择交易对象的优先次序正如水中泛起的涟漪，由内而外顺次展开，从家人到熟人再到生人。第二，圈内交易优先于圈外交易。在特殊主义人际关系盛行的文化环境中，有特殊关系和无特殊关系的主体的信任程度和交易成本差别很大，交易更容易发生于已存在特殊关系的主体之间。第三，在同一个圈子内，关系质量的高低影响消费者对购买对象的选择。例如，人们倾向于与关系好的熟人交易。但这一规则是第二性的，人们通常优先考虑交易对象和自己关系的强弱。

（二）关系影响消费者交易过程中的心理体验

大量的比较文化研究表明，西方社会的个人更具独立性，并且在商业活动中，常常有意识地排除非经济关系的干扰，在与其他人发生经济交往时，倾向于使交易关系与情感关系分离，其行为更接近于陌生人之间“理性的计算”，而在关系主义文化下，人际关系对商业活动的影响则大得多，甚至常常为了使交易顺利进行，或改善交易条件，或降低交易成本，有意识地使人际关系进入商业活动——先交人，后交易。

在关系主义文化条件下，消费者的交易活动往往不是单纯的经济利益算计，还有人情往来、互惠交换、面子问题等微妙复杂的方面。华人的关系是一种具有投资回报性的资本，在复杂的礼教、角色义务、责任等作用下，关系更可以存储、累积、移转。这些既存的关系结构和历史的关系资本积累就会影响消费者现在的购买行为选择。消费者的购买行为不仅是一次经济交易，而且是一种社会互动和关系交往，它又一次强化了双方的关系。举一个简单的例子，水果商甲在乙的饭店吃饭通常就包含了希望乙在需要买水果时光顾他的小店的回报期望，而乙会十分自觉地在可以照顾甲的生意时到他那里去买东西，这种交织着交情、面子、互惠的往来就像是一条不言自明的非正式规则，约束着人们对交易对象的选择。

四、关系文化的消费者行为特点

关系主义文化对消费者行为的影响是极为复杂的。在关系主义文化影响下的消费者行为主要有以下八个特点。

（一）中华文化固有的价值观的影响

中华几千年文化虽然经过近百年来西方科技文明的冲击，但它在本质上对于中华民族的影响仍是深远的，并显现在人们的行为价值观上。价值观是文化环境的产物，引导个人行为，帮助个人做决策与解决冲突，并连带影响市场消费的观念与行为。主要表现在：消费观念中强烈的民族自尊心，重视家族与人情关系，重视道德与传统文化习俗，以及重视实践的务实精神。

（二）接受新产品的迟疑性

以自我为中心的排异心理会影响华人对新事物的认同，因此一般消费者在选购新产品尤其是大件商品时大多持谨慎态度，需要考虑较长时间。“货比三家”是华人传统的购物习惯，加之近年来商品种类大量增加，假冒伪劣产品较多，价格标准不明，纵然是名牌产品，华人消费者也要经过比较分析后才会做出购买决策，但一旦对所购买的商品满意，就可能成为长期的忠诚客户。

（三）口碑营销的影响较大

据调查，华人消费者认为熟识亲友推荐的产品的可信度最高，一般广告的效果反而并不佳。口碑营销在重视家族关系与人际关系的华人社会中，有相当重要的地位。当然，这种情形也与假冒伪劣产品的存在、不实广告以及商品售后服务不佳等市场营销基础环境的不健全有一定的关系。

（四）价值感与实用主义导向

大部分华人消费者的相对收入水平还不高，加之勤俭的文化传统，购物时普遍较为慎重，倾向于选购物超所值的实用性产品，而不是只考虑单一的价格因素。对于产品包装与外观的重视程度，远不如对品牌、功能、质量、可靠性、售后服务的要求高，因此是务实的消费者。

（五）感性消费影响力大

虽然华人消费者购物有务实与理性的一面，但是在关系文化主导的社会里，对于那些形象良好、重视社会责任以及民族品牌产品的企业，消费者仍然会给予较高的认同，并表现出一定的忠诚度。鉴于这一点，中国企业纷纷加强关系营销，力图用感情和关系留住顾客。外商则积极从事社会公益活动，企图建立关怀中国的良好企业形象，以获得消费者的认同。

（六）攀比消费现象普遍

在华人社会也有攀比消费的现象，特别是被认为能代表消费者身份的大件商品或时尚消费品，一旦熟人中有人购买，便会想办法跟上，以免落于人后。这种攀比的消费现象，在过去商品较匮乏的时代，常常会造成物价上涨，近年来，市场供应充足，攀比消费反而成为企业充分利用的促销点。

（七）购买决策权力下移

家长制作风是华人社会长期形成的特色。近年来，随着经济技术的发展，年轻一代对于消费知识的占有远超过父辈，他们成长于经济快速发展的年代，相对于上一代有着较高的竞争意识与强烈的消费动机，父辈也大多愿意牺牲自己的享受，成全下一代的发展，因此家庭采购的影响权和决策权有相当比例已转移至子女一代，尤其在独生子女家庭，这种购买决策权下移的现象尤其明显。因此，企业在进行商品促销时，需要掌握拥有采购决策权的年轻消费群的心理与需求。

（八）家族消费的行为

家族消费是中国传统社会的一大特色，例如，子女结婚、求学、购房、老人住院、丧葬等与家族名誉相关的事务，通常都会以整个家族的经济力量来协助有关的支出，这种现象在农村尤为明显，因此农村对于许多高价耐用品的强大消费力，甚至会超出以平均购买力估计出来的水平。

延伸阅读 11－3　普通人家结婚要花多少钱？

五、关系主义文化营销的启示

(一) 态度-行为模型的本土化修正

态度-行为模型认为个体的态度影响行为，消费行为由消费态度决定。这一模型在过去已经受到了挑战，现在已不是什么新鲜的观点，个体行为不仅由个体的态度决定，同时也可能在社会环境和文化的压力下使个体做出非自愿的行为，这在注重关系的中国尤其适用。这里要提示的是，我们需要加强关系文化在消费者行为中的权重，并采用一定的方法分析关系网中的消费者行为。中国人的自我概念是“关系性自我”，依照关系取向的立场，所有的社会行为都在关系脉络中发生，因此，行为的分析单位并不是个体，而是“不同关系中的个体”。

(二) 本土化的关系主义文化营销方法

经典的关系营销理论源自西方社会，然而相对于西方个人主义的主流文化，中国的关系主义文化似乎更应当和关系营销理论有某种文化亲和力和融合性。当然，也应注意到中国的本土关系与西方关系营销中的关系是不太一致的概念——这可以从中国人对西方关系营销理论的误解上得到明证。因此，发展针对本土文化的关系营销策略是必要的，这不仅是借鉴现成的经典关系营销理论，更重要的是结合特殊主义的关系文化来发展新的营销策略。结合中国家庭化的社会关系、圈内与圈外、关系网与中间人、送礼与回礼、宴请酒席、恭维与谦虚、礼节礼仪等本土商业活动现象研究关系营销的本土化具有十分重要的意义。

(三) 对西方国家跨文化营销的启示

由于中国文化非常注重人与人之间的和谐关系，而且中国是一个高语境的国家，外国公司进入中国之后，必须与中国政府、客户、业界等进行广泛深入的接触，才可能真正地了解中国和中国的消费者，因此与政府及社会各界搞好关系是所有在中国的企业长期生存的必要条件。

关系主义文化对消费者行为有着至关重要的影响，其独特性意味着它不同于其他的社会文化，在某个特定的文化中有效的办法在另一种文化里可能没有效果。因此，深入研究关系主义文化及其对消费者行为的影响，对于开展营销活动的企业来说就显得非常必要。

例 11－5　博威的国际化之路

案例分析

康师傅以地道中国味打造中华美食名片

新年到来之际，自然少不了美食的助兴，无论是北京的“糖瓜祭灶，新年来到”，还是沪上的“吃年糕，年年高”，美食总是寄托着人们的美好希冀。可以说，食物在中国早已超越饱腹之用，多年的积累和发展形成了各式各样的烹饪技艺和地域风味，也造就了多元多彩的饮食文化。

一面一蔬一肉，再加上浓郁的汤汁，充满情怀的原料和口味勾勒出康师傅全新的“美食地图”，也承载了讲求好滋味的中华饮食文化。始终走在方便食品行业前列的康师傅，在不断通过现代创新工艺萃取传统美食精髓、满足消费者多元需求的同时，也成为外国友人心中名副其实的“中华美食名片”。2018 年 12 月 14 日，一间设在瑞士专列上的特别面馆以新颖的形式将康师傅推出的“品味甄选”高端系列产品展现给世界。从卢塞恩出发驶往森帕赫湖，在这趟被称为“传奇列车”的瑞士红箭丘吉尔专列上，康师傅用中华文化里永恒经典的红色作为主色调，装点出了温馨舒适的“中国味”氛围，车厢内代表着圣诞节的常青树叶和圣诞球，与餐桌上精心布置的中西合璧式“刀叉＋筷子”餐具组合共同道出了这是一场非同寻常的新年聚会。

在中华饮食文化中，面象征着顺顺利利、长长久久，所以中国人在新年之际，总会以一碗热腾腾的面来庆祝团聚。作为首批顾客的中外媒体和参会嘉宾在享受完爽口开胃的当地特色沙拉后，就迎来了此次聚会最值得期待的美食。到场嘉宾纷纷试着用筷子品尝眼前的美味。康师傅 EXPRESS 速达面馆筋斗爽滑的面条一入口就让人顿生好感，以中华传统红烧美食技法烹制的精选大肉块融合了蔬菜的鲜甜，让人垂涎欲滴，嘉宾们不禁连连感叹“没想到方便面里也会有如此大块美味的肉”。再搭配上软糯绵密的瑞士当地经典栗子蛋糕，中西美食的完美融合让在场所有人都感受到了极致的味蕾体验，以及这背后康师傅对优质食材、创新制造工艺和品质味觉体验孜孜不倦的探索。同时，让不少海外嘉宾对中华面食的食材甄选和制造工艺颇感兴趣。短短几个小时，康师傅就将中华饮食文化中精彩的面食文化浓缩在了这间专列面馆中，也收获了包括海外媒体和嘉宾在内所有人的好评。新华丝路、FinanzNachrichten、Finanz. net、Press Netz 等媒体先后进行了报道：“通过这次活动，康师傅不仅推广了中国方便面品牌，也为欧洲客户了解中国饮食文化搭建了一座桥梁。”

作为中华美食名片，无论是 2016 年里约奥运会的“里约面馆”，还是以“品味甄选”系列温暖留学生的心，抑或是此次红箭丘吉尔专列上的“康师傅瑞士专列面馆”，康师傅始终积极以品质产品引爆味蕾，用小小的一碗面条让中华美食在世界舞台上尽显风采。相信，未来康师傅将继续以创新、品质为双翼，引领行业发展，并不断为民族品牌增添全新的内涵。在传承中华饮食文化精粹、深化消费者品牌和文化认同感的同时，让全世界流连于“中国味”！

资料来源：摘编自微信公众号“参考消息”，2018-12-20。

问题

1. 结合康师傅案例分析如何在营销中利用文化因素。
2. 结合中国文化分析康师傅的营销策略。
3. 从康师傅的案例中你能得到什么样的营销启示？

重点名词

文化	亚文化	消费习俗	文化价值观
中国文化	关系	关系主义文化	中庸

思考题

1. 简述文化对消费者行为的影响。
2. 试述不同内容的文化对消费者行为的影响。
3. 简述中国文化的主要特点。
4. 试分析中国文化的基本精神及其对消费者行为的影响。
5. 试述与消费者行为有关的文化价值观。
6. 简述关系的独特内涵。
7. 简述关系主义文化及其对消费者行为的影响。

实训练习

1. 实训目标和任务

本实训旨在通过对我国不同地区（也可以是不同国家）消费观念和消费者行为的调查，了解或分析不同消费者因文化差异所产生的消费观念和行为的差别，使学生了解文化对消费者行为的影响以及对营销的重要性。

2. 实训背景和准备

（1）实训背景。

消费文化的差异性是消费者因受民族、国别、群体、性别、年龄、文化层次、社区等方面的影响而形成的，而消费文化不同直接影响消费者行为。本实训在校园内进行，选择不同文化背景的受试者，如我国南北方的学生，城市和农村的学生，外国学生等，通过问卷调查，根据他们对一些产品和生活方式的选择性偏好等来分析和了解文化对消费者行为的影响，从而使学生加深理解消费文化的作用和重要性。

（2）学生角色。

根据实训任务，学生作为调查者和分析者对调查问卷进行设计、发放、回收和分析。

（3）实训准备。

教师准备：指导教师应提前考虑和设计本实训项目的相关内容和要求，如问卷设计、实训过程的设计安排、出现问题的解决方案等。

调查对象准备：根据实训要求，寻找地区差异大的人群，如来自南北方及不同国家的调查对象。

理论准备：学生在实训前需对消费文化、中国消费文化、文化对消费者的影响等相关理论和知识有概括性了解。

3. 实施步骤

（1）学生分组。根据实训任务，学生可分为若干组，4～6人一组。

（2）问卷设计。各组进行问卷设计，修改完善后打印出来。

（3）问卷发放和回收。各组进行问卷的发放和回收。

（4）统计和分析。各组根据回收问卷进行统计和分析，得出调查结果。

（5）全班共享。各小组在全班分享实训结果，并进一步讨论问卷设计的合理性及本实训中的体会、经验和不足。

（6）完成实训报告。各小组最后形成实训报告，上交指导教师。

4. 实训反馈和完善

实训结束后，教师根据实训报告对学生实训效果做出总体评价，并对实训内容设置的合理性和实际教学效果进行评价，不断完善本课程实训的设计。

第12章
消费者购买决策

本章要点

1. 消费者购买决策的含义和特点。
2. 消费者介入理论和消费者决策的原则。
3. 消费者购买决策的不同模式。
4. 消费者购买决策过程。

引　　例

一条广告也不投放，依然要活得像个大牌

互联网创造了无数个小舞台，抓住每个可以登台的机会，再小的舞台也能成就大牌。

日本品牌麒麟于2016年发售茶饮料Moogy时的做法是：每两季推出16款新的产品包装，包装纸箱也有两款花色可选。

Moogy是一款混合麦茶饮料，主打零卡路里、零咖啡因的健康麦茶饮料。这个概念在市面上并不算新颖——但胜在让收藏癖们疯狂收集产品包装。Moogy的产品包装不走设计师限定或是艺术家联名路线，最大的特色其实是“多”。比如秋冬季产品包装用温暖的毛衣纹样、圣诞元素、北欧织花体现冬日季节感，春夏产品包装则体现了清爽的大海、夏空、樱花等元素。

这些充满少女风格的包装成为社交网络上的拍照神器，几乎成为日本年轻女性必备的日常单品。

Moogy给出的提示并不是要求所有品牌都要有一个不同寻常的包装，而是品牌应该思考“你希望用户如何形容你”。Moogy的零卡路里特点让其瞄准了女性市场，又因为女性喜欢可爱的东西，用富有魅力的元素设定了包装。“健康”饮品和“少女风”包装看起来不搭，实则完美地服务了目标用户。

资料来源：新营销，新洞见．(2018-06-04). http://www.sohu.com/a/233975323_465566.

启示：企业营销要想取得成功，就必须准确把握消费者需求。茶饮料Moogy之所以成功就是因为准确把握了目标顾客的需求，并采取了适合的产品传播策略。

消费者的购买行为是非常复杂的，其购买行为的产生受到其内在因素和外在因素的交互影响。消费者的购买决策过程是一个以特定目标为中心的解决问题的过程，是消费者作为决策主体，为实现满足需求这一特定目标，在购买过程中进行的评价、选择、判断、决定等一系列活动。当前，网络购物作为一种新的购物方式，其特有的强大信息搜索功能使用户可以迅速获取丰富的产品信息，拓展比较选择的范围，在购物过程中体验新方式给自己带来的新鲜感和刺激感。

企业需要通过对消费者购买行为的研究，掌握其购买行为的规律，从而制定有效的市场营销策略，借助网络，更为广泛地进行产品市场特性的传播，满足消费者个性化需求，实现企业营销目标。

第1节　消费者购买决策概述

如今的消费个性化需求日益突出，消费者已不再是潮流的盲目跟随者，在购物过程中不断朝着个性化方向发展。消费者购买行为的形成要经历一个引起需要、产生动机然后再去购买的过程。在这一过程中，有许多因素影响着消费者的购买决策和购买行为。在消费者购买行为中，购买决策具有决定性作用。

一、消费者购买决策

（一）消费者购买决策的含义

消费者购买决策是指消费者为了实现满足需求的目标，在购买过程中对是否购买商品或服务以及对影响购买决定的相关内容进行决策的一系列活动。购买决策在消费者购买活动中占有极为重要的地位，是购买行为中的核心环节。首先，消费者进行决策与否决定了其购买行为发生或不发生；其次，决策的内容规定了购买行为的方式、时间及地点；最后，决策的质量决定了购买行为的效用大小。因此，决策在购买行为中起着支配和决定其他要素的关键作用。

（二）消费者购买决策的内容

消费者购买决策包括六方面的内容，即为什么买、买什么、买多少、在哪里买、何时买和如何买。

（1）为什么买，即权衡购买动机，也就是为什么要购买的决策问题。

消费者的购买动机是多种多样的。同样购买一台洗衣机，有人为了节省家务劳动时间，有人为了方便，有人为了从众。此外，个人的兴趣爱好、收入的增加、商品价格的下调、新产品上市等也都会刺激消费者做出购买决策。

（2）买什么，即确定购买对象。这是决策的核心和首要问题。

此时要确定具体的购买对象及具体的内容，消费者购买某种商品的决策要受该商品自身特性，包括商品的型号、款式、颜色、包装等因素的影响，还要受市场行情、价格及商品的售前、售后服务等因素的影响。

（3）买多少，即确定购买数量。

购买数量一般取决于实际需要、支付能力及市场的供应情况。如果市场供应充裕，消费者也不急于买，则买的数量不会太多；如果市场供应紧张，即使目前不是急需或支付能力不足，也会负债购买。

（4）在哪里买，即确定购买地点。

购买地点与购买动机有关，是由多种因素决定的，如消费者居住的区域与商业网点设置是否一致，经营商店或单位的声誉、经营状况、售货方式、服务质量以及购买地点的交通状况等。

（5）何时买，即确定购买时间。

它与主导购买动机的迫切性有关。在消费者的多种动机中，往往由需要强度高的动机来决定购买时间的先后缓急；同时，购买时间也和市场供应状况、营业时间、交通情况和消费者工作性质、生活习惯以及可供支配的空闲时间有关。

（6）如何买，即确定购买方式。

消费者在购买商品时，要事先决定采用什么方式，是函购、邮购、预购还是代购；是付现金、开支票还是分期付款等。购买方式的决策还有赖于各种外界因素，比如卖方是否允许使用信用卡购买，是否允许延期或分期付款，等等。

二、消费者购买决策的特点

例 12－1　喜茶的产品策略

消费者购买决策的特点主要包括以下五个方面。

（一）目的性

消费者进行决策，就是要促进一个或若干消费目标的实现，这本身就带有目的性。在决策过程中，要围绕目标进行筹划、选择、安排，就是实现活动的目的性。

（二）过程性

消费者购买决策是指消费者受到内外部因素刺激，产生需求，形成购买动机，选择和实施购买方案，形成购后经验并影响下一次消费者购买决策的一个完整的循环过程。

（三）个体性

购买商品的行为是消费者主观需求、意愿的外在体现，受客观因素的影响。除集体消费之外，个体消费者的购买决策一般都是由消费者个人单独做出的。随着消费者支付水平的提高，购买行为中独立决策的特点越来越明显。

（四）复杂性

（1）心理活动和购买决策过程的复杂性。

决策是人类大脑复杂思维活动的产物。消费者在做决策时不仅要进行感觉、知觉、注意、记忆等一系列心理活动，还必须进行分析、推理、判断等一系列思维活动，并且要计算费用支出与可能带来的各种利益。因此，消费者的购买决策过程是比较复杂的。

（2）决策内容的复杂性。

消费者通过分析确定在何时、何地、以何种方式、何种价格购买何种品牌商品等一系列复杂的购买决策内容。消费者的购买决策受到多方面因素的影响和制约，这些因素之间存在着复杂的交互作用，它们对消费者的决策内容、方式及结果有不确定的影响。

（五）情境性

影响决策的各种因素不是一成不变的，而是随着时间、地点、环境的变化而不断发生变化，对于同一个消费者的消费决策具有明显的情境性，其具体决策方式因所处情境不同而不同。由于不同消费者的收入水平、购买传统、消费心理、家庭环境等影响因素存在差异性，因此，不同的消费者对于同一种商品的购买决策也可能存在差异。

例12-2 丰田致享智能玩转品牌营销

三、消费者介入理论

介入（involvement）一词源自心理学，其概念被用在探讨个人态度与行为改变上，即指个人对于各种事物有不同的介入程度。一般学者使用个人的心理认知状态来定义介入，将介入视为一种内在心理状态，受到个人、产品、情境或其他特殊刺激的影响，感受到事物对自身的重要性和攸关性，进而对事物产生不同的关注程度。

介入可以定义为个人认知该产品与其内在需要、兴趣和价值观的攸关程度。在此定义中，自我概念是影响介入的重要因素之一，当消费者认识到产品有助于达成其心目中的理想形象时，对该产品的介入程度将会提高。一般认为，介入程度受到某事物与个人需求、价值观及欲达成目标在特定情境下的相关程度的影响。当相关性越强，认知到的自我相关程度会越高，介入程度亦随之加深，进而产生一连串关心该事物的后续行为。

消费者的介入是购买决策中的心理活动，影响到消费者对于商品信息的收集、对于商品性能的认识，并且最终影响消费者对于商品的态度，如图 12－1 所示。因此，研究消费者的介入现象，可以从侧面反映消费者对于商品的认知以及态度。

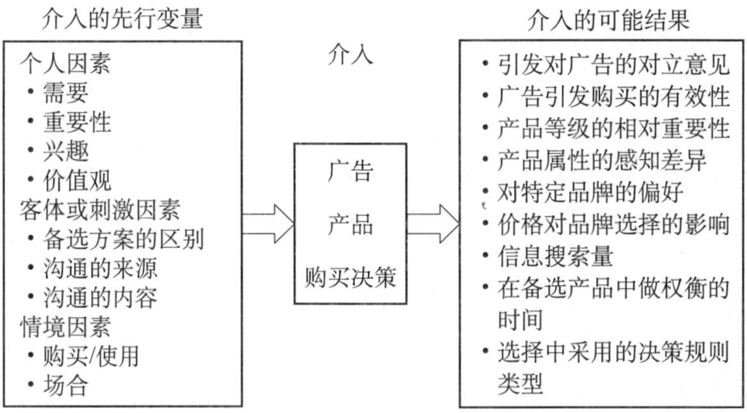

图 12－1　介入及其对消费者行为的影响

四、产品类别

产品类别在研究消费者购买决策时是一个非常重要的维度，不同类别的产品具有不同的属性，消费者对产品的所有属性进行评估的能力和可能性是存在差异的，这就决定了消费者的购买行为会随着产品属性的变化而变化，进而影响商家的市场策略。

延伸阅读 12－1　罗新的智能生活

（一）日用品、选购品和特殊产品

这种分类方法在传统购物环境中应用最为广泛，它的分类原则是基于消费者的购买习惯以及搜索产品时所付出的努力程度。

（1）日用品是指消费者购买时付出的努力最小的产品，通常购买的频次高而且快速，消费者知觉到的风险较低，如肥皂、鸡蛋等。

（2）选购品是指消费者需要付出更多的时间和精力积极搜索其价格、质量及款式等信息的产品，如女装、家具等。

（3）特殊产品是指消费者购买产品时为了收集产品信息或比较品牌所付出的努力最多的产品，特殊产品多数为奢侈品，如咨询报告、汽车、电脑、结婚礼服、供收藏的特殊邮票和钱币等。

（二）搜索产品、体验产品与信任产品

这种分类的原则是基于消费者对产品特性的了解程度及了解方式。

（1）搜索产品是指消费者在购买前对质量和适用性能够有所了解的产品，如 CD。

（2）体验产品是指由于消费者在购买前对产品的主要属性没有直接体验，所以无法

了解的产品；与直接体验产品相比，对产品主要属性的相关信息的搜索成本很高或很难的产品，如香水。

（3）信任产品是指普通消费者无法验证某种品牌的产品所具有某种特性的质量如何，通常只能给予信任的产品，如维生素、医疗服务等。

这种分类方法在网络购物环境中应用最为广泛。消费者在网上购物的过程通常也是一个学习的过程，学习如何搜索信息、比较产品质量等。学习通常只发生在搜索产品上，在体验产品上很少发生。这是因为搜索产品的属性消费者可以通过网络很容易地进行调查，而有关体验产品的属性的信息很少能够通过网络获得，所以在体验产品上很少发生学习。

五、消费者决策的基本原则

（一）最大满意原则

就一般意义而言，消费者总是力求通过决策方案的选择、实施，取得最大效用，使某方面需要得到最大限度的满足。按照这一指导思想进行决策，即为最大满意原则。遵照最大满意原则，消费者将不惜代价地追求决策方案和效果的尽善尽美，直至达到目标。最大满意原则只是一种理想化原则，在现实中，人们往往以其他原则补充或代替之。

（二）相对满意原则

该原则认为，现代社会消费者面对多种多样的商品和瞬息万变的市场信息，不可能花费大量时间、金钱和精力去收集制定最佳决策所需的全部信息，即使有可能，与所付出的代价相比也绝无必要。因此，在制定购买决策时，消费者只需做出相对合理的选择，达到相对满意即可。例如，在购买皮鞋时，消费者只经过有限次数的比较选择，购买质量、外观、价格比较满意的皮鞋，而不会花费大量时间跑遍所有商店，对每一双皮鞋进行挑选。

（三）遗憾最小原则

由于任何决策方案的后果都不可能让人绝对满意，都存在不同程度的遗憾，因此，有人主张以可能产生的遗憾最小作为决策的基本原则。运用此原则进行决策时，消费者通常要估计各种方案可能产生的不良后果，比较其严重程度，从中选择情形最轻微的作为最终方案。例如，当消费者因各类皮鞋的价格高低不一而举棋不定时，有人宁可选择价格最低的一种，以使遗憾降到最小。遗憾最小原则的作用在于减少风险损失，缓解消费者因不满意而造成的心理失衡。

（四）预期-满意原则

有些消费者在进行购买决策之前，已经预先形成对商品价格、质量、款式等方面的心理预期。消费者在对备选方案进行比较选择时，与自己的心理预期进行比较，从中选择与预期标准吻合度最高的作为最终决策方案，这时运用的就是预期-满意原则。这一原则可大大缩小消费者的抉择范围，迅速、准确地发现拟选方案，加快决策进程。

例 12 - 3　三星手机娱乐营销

第 2 节　消费者购买决策模式

由于购买动机、消费者行为方式和习惯的差异，不同消费者表现出的购买行为各不相同。但是在千差万别的消费者购买行为中，存在某种规律性的东西。一些学者在深入研究的基础上，揭示了消费者购买行为中的共性，并以模型的方式加以总结描述，从而建立了消费者购买决策模式。

一、消费者购买决策的一般模式

人类行为的一般模式是“S—O—R”模式，即“刺激—个体生理和心理—反应”（见图 12 - 2）。通常情况下，人的行为是受心理活动支配的，消费者首先是受到了某些客观刺激，而后产生了对某种商品或服务的购买动机。该模式表明消费者的购买活动是由刺激引起的，这种刺激来自消费者的生理、心理因素和外部环境。消费者在各种因素的刺激下产生动机，在动机的驱使下做出购买商品的决策，实施购买行为，购后还会对购买的商品及其相关渠道和厂家做出评价，这样就完成了一次完整的购买决策过程。

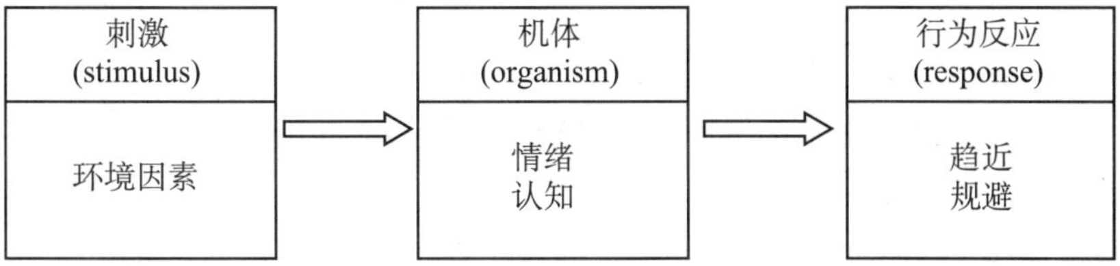

图 12 - 2　S—O—R 模式

二、科特勒行为选择模式

菲利普·科特勒提出一个强调社会方面的消费行为的简单模式（见图 12 - 3）。该模式说明消费者购买行为受到营销和外部因素的影响，而不同特征的消费者会产生不同的心理活动过程，通过消费者的决策过程，导致了一定的购买决定，最终形成了消费者对产品、品牌、经销商、购买时机、购买数量的选择。该模式主要强调消费者的购买心理过程及影响消费者购买心理的因素的全面性、购买决策的过程性。

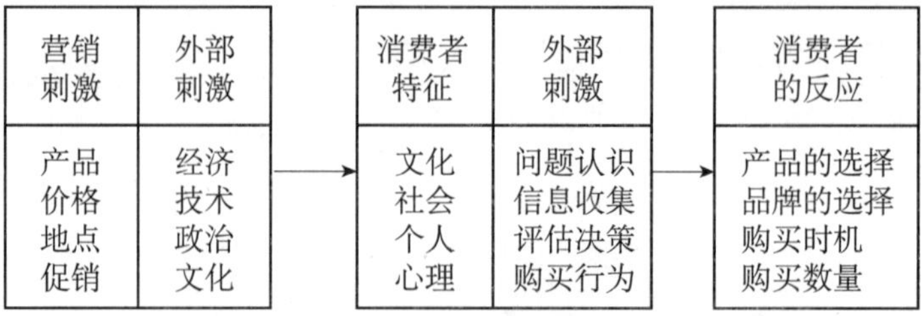

图 12-3　科特勒行为选择模式

例 12-4　辛库脱的特色服装

三、传统消费模型——AIDMA 模型

AIDMA 模型由美国广告学家刘易斯在 1898 年提出。随后，经众多学者不断发展，形成了传统市场消费者购物的成熟流程，并成为消费者行为学领域经典的理论模型之一。AIDMA 模型如图 12-4 所示。

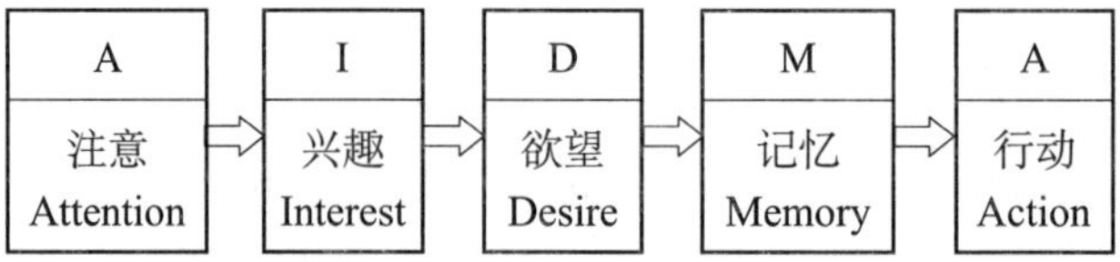

图 12-4　AIDMA 模型

AIDMA 模型很好地反映了传统媒体环境下的营销关系，代表了一种完全由卖方主导的营销。企业主利用电视、广播、报纸、杂志这些大众媒体声色并茂地为人们提供大量的新闻、娱乐、消费信息，这些信息经过统一编辑后，被迅速地传递到千家万户。在这种集权式的传播环境下，企业形成以“媒体”为核心的营销策略。营销者通过大众媒体控制主导权，不断影响消费者直至其产生购买行动。

AIDMA 模型意在描述受众从接收信息到产生行动之间的动态过程，认为消费者从接触信息到最后达成购买，会经历五个阶段，即 Attention（注意）、Interest（兴趣）、Desire（欲望）、Memory（记忆）和 Action（行动）。因此，企业应该首先通过广告等传统营销手段，在消费者大脑中造成一定印象之后，使其产生兴趣和欲望，一直到让消费者记住产品，最终形成购买。

在互联网开始改变人们的生活方式之前，AIDMA 营销法则一直在指导着有效的广告创意和实效的营销策划。

四、互联网环境下的 AISAS 购买模型

AIDMA 模型可以很好地解释实体经济里的购买行为，但在互联网时代，消费者的主动性越来越强，他们从被动接收商品信息、营销宣传，逐步转变为主动获取信息和认知，购买模式也随之发生变化，AIDMA 模型的解释无法准确地概括消费者的购买特

征。因此，AIDMA 理论对营销者渐渐失去了指导意义。

2005 年，日本电通集团提出基于网络购买消费者行为的 AISAS 理论，即 Attention（引起注意）、Interest（产生兴趣）、Search（展开搜索）、Action（购买行动）和 Share（购后分享）。对比 AIDMA 模型，AISAS 模型中添加了两个来自互联网的典型行为模式——Search 和 Share。在前两个环节与 AIDMA 模型相同的情况下，如果消费者对某个产品感兴趣的话，一般会去互联网上搜索相关信息，然后决定是否购买，接着还会基于自己购物的全程体验，将信息分享给更多的朋友。

在 AIDMA 模型中，实现购买（action）是购买模式的终结。但由于数字时代社交以及分享的便利，使得消费呈现出“购买—分享—再购买”的循环式连锁反应。消费者购买之后，会根据自己的体验，对产品做出评价，形成二次传播，引起其他人注意，在下一个消费者身上形成新的销售过程。埃森哲研究发现，87%的消费者愿意和别人分享购物体验或者发表评论，其中 55%的消费者会在社交应用中分享自己的购物经验。这部分消费者更容易受到社交分享的影响和刺激，从而增加冲动购买。[①] AISAS 模型充分体现了互联网对于人们生活方式和消费行为的影响与改变，如图 12-5 所示。

图 12-5　AISAS 模型

第 3 节　购买决策过程

消费者的购买决策是一个极为复杂的过程，存在着众多的可变因素和随机因素，只有进行全面分析才有可能把握其中的规律。主要涉及参与决策的角色、购买行为的类型和购买决策的阶段。

例 12-5　快时尚品牌交火三四线城市

一、购买行为的类型

不同消费者购买决策过程的复杂程度不同，究其原因，是受诸多因素影响，其中最主要的因素是参与程度和品牌差异大小。同类产品不同品牌之间的差异越大，产品价格越昂贵，消费者越是缺乏产品知识和购买经验，感受到的风险越大，购买过程就越复杂。比如，牙膏、火柴与计算机、轿车的购买复杂程度显然是不同的。根据购买者的介

① 2018 埃森哲中国消费者洞察系列报告：新消费 新力量．(2018-08-09)．百度文库.

入程度和产品品牌差异程度可以区分出四种购买类型（见表12-1）。

表12-1 消费者购买类型

品牌差异	介入程度	
	高度介入	低度介入
品牌差异大	复杂型购买行为	多变型购买行为
品牌差异小	和谐型购买行为	习惯型购买行为

（一）复杂型购买行为

如果消费者属于高度参与，并且了解现有各品牌、品种和规格之间具有显著差异，则会产生复杂的购买行为。复杂的购买行为是指消费者需要经历大量的信息收集、全面的产品评估、慎重的购买决策和认真的购后评价等各个阶段。由于消费者对产品不够熟悉，需要收集的信息比较多，选择的时间也比较长。

对于复杂的购买行为，营销者应制作产品说明书，帮助消费者及时全面地了解本企业产品知识、产品优势及同类产品的状况，增强消费者对本企业产品的信心。运用印刷媒体、电视媒体和销售人员宣传本品牌的优点，发动商店营业员和购买者的亲友影响最终购买决定，简化购买过程，实行灵活的定价策略、售后跟踪服务策略，增加企业与消费者之间的亲和力。

（二）习惯型购买行为

对于价格低廉、经常性购买的商品，消费者的购买行为是最简单的。在这类商品中，各品牌的差别极小，消费者对此十分熟悉，不需要花时间进行选择，一般随买随取就行了。例如，买油、盐之类的商品就是这样。这种简单的购买行为不经过信息收集、评价产品特点、最后做出重大决定的复杂过程。

对习惯型购买行为的主要营销策略如下：

（1）利用价格与销售促进吸引消费者试用。

一旦顾客了解和熟悉了某产品，就可能经常购买以至于形成购买习惯。

（2）开展大量重复性广告加深消费者印象。

在低度介入和品牌差异小的情况下，消费者并不主动收集品牌信息，也不评估品牌，只是被动地接受包括广告在内的各种途径传播的信息，根据这些信息所导致的对不同品牌的熟悉程度来选择。因此，企业必须通过大量广告使顾客被动地接受广告信息而熟悉品牌。

（3）提高购买参与程度和品牌差异。

在习惯型购买行为中，消费者只购买自己熟悉的品牌产品而较少考虑品牌转换，如果竞争者通过技术进步和产品更新将低介入度的产品转换为高介入度的产品并扩大与同类产品的差距，将促使消费者改变原先的习惯型购买行为，寻求新的品牌。提高介入度的主要途径是在不重要的产品中增加较为重要的功能和用途，并且在价格和档次上与同类产品拉开差距。

（三）多变型购买行为

有些商品品牌之间有明显差别，但是消费者并不愿在上面多花时间，而是不断变换他们所购商品的品牌。例如，在购买点心之类的商品时，消费者往往不会花长时间来选择和估价，下次买时再换一种新花样。这样做往往不是因为对产品不满意，而是为了寻求多样化。比如，消费者上次购买的是巧克力夹心饼干，下次购买的是奶油夹心饼干，这种品种的更换并非对上次购买的饼干不满意，而是想换换口味。

对于多变型购买行为，市场领导者和挑战者的营销策略是不同的。市场领导者力图通过占有货架、避免脱销和提醒购买的广告来鼓励消费者形成习惯型购买行为，而挑战者则以较低的价格、折扣、赠券、免费赠送样品和强调试用新品牌的广告来鼓励消费者改变原来的习惯型购买行为。

（四）和谐型购买行为

有些商品，品牌之间的区别不大，价格昂贵，而消费者不经常购买，购买时有一定的风险性。对这类商品，消费者一般先转几家商店看看有什么货，进行一番比较，然后花较短时间就买回来，这是因为各品牌之间没有明显的差别。如果价格合理，购买方便，机会合适，消费者就会决定购买。

这向企业营销人员表明了一个事实：适度定价、良好店址、有效推销会对消费者选择品牌产品产生重要影响。同时也意味着，营销者要提供完善的售后服务，通过各种途径经常提供有利于本企业和产品的信息，使顾客相信自己的购买决定是正确的。营销沟通的主要作用在于增强消费者的信念，使消费者对自己选择的商品在购买之后有一种满意的感觉。

小知识 12－1　消费者餐饮实验

二、购买决策阶段

消费者的购买决策过程是一个动态发展的过程，一般可分为五个阶段，即确认问题、收集信息、评价方案、做出决策、购后行为。图 12－6 展示了一个典型的购买决策过程。以下分别就这五个阶段进行分析。

图 12－6　购买行为的决策阶段

（一）确认问题

购买过程始于购买者对某个问题或需要的确认。确认问题是消费者购买决策的第一步，这里的问题是指消费者意识到理想状态与实际状态之间存在的差距，以及消费者所追求的某种需要的满足。如图 12－7 所示。这种需要是由内部刺激或外部刺激引起的，比如，饥饿、干渴等都属于内部刺激，当其强度达到一定程度时就变为一种购买动力。外部刺激能引起人们强烈的购买欲望，例如，人们路过蛋糕店时，看到陈列的精美蛋糕会引起食欲；看到模特的时装表演会引发购买时装的愿望，等等。

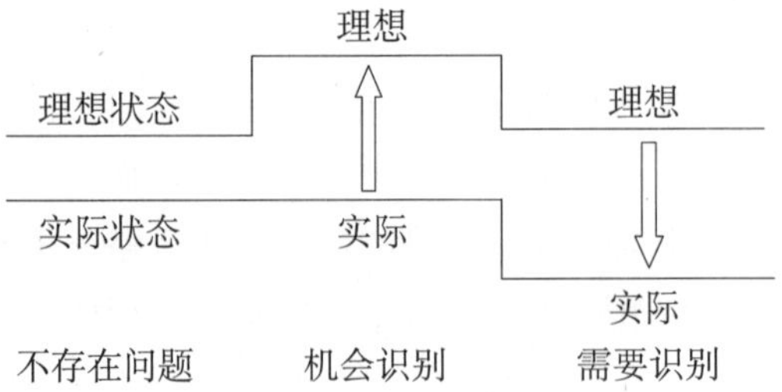

图 12－7　问题识别

需要尚未得到满足，就形成了需要解决的问题。要满足的需要到底是什么？希望用什么方式满足？希望满足到什么程度？这些就是希望解决的问题。确认问题是购买决策的初始阶段，因为消费者只有意识到有待满足的需要到底是什么，才会发生一系列的购买行为。

市场营销者在此阶段的主要任务是营造能够激发消费者产生强烈需求的环境，具体途径有两个：一是掌握本企业产品实际的或潜在的激发消费者需求驱动力的最佳强度；二是由于消费者对某种产品的需求强度会随着时间的推移而变化，企业必须善于适时设计诱因，促使消费者产生强烈的需求，并立即采取购买行动。在当前的互联网、移动互联网时代，新媒体不断涌现，这使得企业可以采用互动的方式，更加精准地把信息传递给目标群体，更好地刺激消费者对本企业产品产生强烈的需求。

延伸阅读 12－2　知识改变你的命运，也改变品牌的命运

（二）收集信息

消费者一旦对所需要解决的问题进行了确认，便会着手进行广泛的内部与外部信息收集，或有限的内外部信息收集，或仅仅是内部信息收集。收集信息通俗地讲就是寻找和分析与满足需要有关的商品或服务的资料。消费者搜寻的信息有：问题解决方案的评价标准、各种备选方案以及每种备选方案符合评价标准的程度。

当面临某个问题时，大多数消费者会回忆起少数几个可以接受的备选品牌，这些可接受的品牌是在随后的内外部信息搜寻过程中消费者进一步收集信息的出发点，因此，营销者非常关注他们的品牌是否落入大多数目标消费者的考虑范围。

消费者内部信息（即存储在记忆中的信息）可能是以前收集的或通过个人经验主动获得的，也可能是经低介入度学习而被动获得的。消费者除从自己的记忆中获得信息外，还可以从四种主要的来源获得外部信息：（1）个人来源，即家庭、朋友、邻居、熟人；（2）商业来源，即广告、推销员、经销商、包装、展览；（3）公共来源，即大众传播媒介、消费者评价机构；（4）经验来源，即产品的检查、比较和使用。消费者的信息来源如图 12－8 所示。

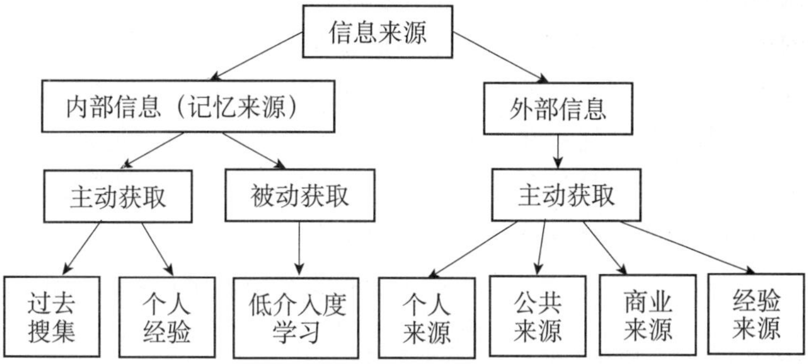

图 12-8　消费者的信息来源

这些信息来源的丰富程度和对消费者的作用各异。一般情况下，商业来源是消费者收集信息的主渠道，最有效的信息当属个人来源。商业来源提供的信息一般只起告知作用，个人来源则具有认定或评价作用。

确认问题之后，显性的外部信息收集是较为有限的，因此在问题确认之前与消费者进行有效沟通是必要的。市场特征、产品特征、消费者特征和情境特征相互作用，共同影响个体的信息收集水平。

消费者收集信息的积极性因需要强度的不同而有所变化。若需要强度高，消费者会非常主动地收集有关信息；若需要强度低，消费者不一定会主动地去收集有关信息。消费者需要收集的信息量，取决于购买行为类型。当消费者对将要购买的产品不熟悉时，消费者需要收集的信息量就比较大，具备一定认知后则会减少对信息的搜索。因此，企业要在对市场进行充分调查、分析的基础上，设计和使用恰当的信息传播途径和沟通方式，采用对目标市场影响最大、力度最强的促销组合，方能有效地引导消费者的购物行为。

消费者所面对的可解决其需要满足问题的信息是众多的，他们一般会对各种信息逐步进行筛选，直至从中找到最为适宜的解决问题的方法。图 12-9 描述了一个想要购买洗衣机的消费者对于各种有关信息的筛选过程。

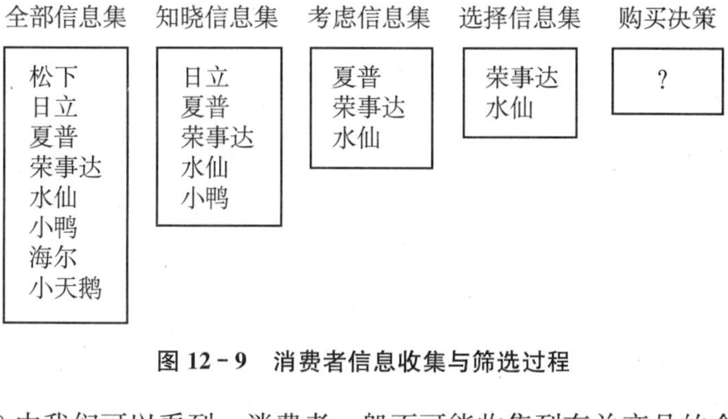

图 12-9　消费者信息收集与筛选过程

从图 12-9 中我们可以看到，消费者一般不可能收集到有关产品的全部信息，只能在其知晓的范围内进行选择，而对于其所知晓的信息进行比较筛选后，会挑出其中一部分进行认真的选择，最终会在它们中间选出两三个进行最后的选择，直至做出购买决策。在这个逐步筛选的过程中，每进入一个新的阶段都需要进一步收集更为详细的产品资料和信息。如果某产品在这一选择过程中被首先淘汰，除其不适合消费者的需要外，在很大程度上是由于所提供的信息资料不够充分，因此，积极向消费者提供产品和服务的有关资料在消费者收集信息阶段是十分重要的。

小知识 12－2　消费者信息搜集数量

在消费者收集信息阶段，传统营销企业要通过各种宣传手段把产品信息传达给消费者，为了能让自己的产品信息从竞争对手中脱颖而出，甚至不惜夸大宣传。而移动互联阶段从根本上改变了人类的信息环境，消费者不但能够随时在网上搜到企业传递的信息，同时也会更关注其他消费者对该产品、该企业的评价，且其他消费者的信息对他的购买决策影响更大。这就迫使企业更加注重产品质量、售后服务、信息传达的准确性，以获得更好的口碑。

（三）评价方案

当消费者收集到足以帮助其选择和判断的信息资料后，就进入对资料分析评价、确定购买方案的阶段。消费者的评价依次表现为以下五个方面。

1. 产品属性

即产品能够满足消费者需要的特性。例如，计算机的存储能力、运算速度、图像显示能力等，照相机的体积大小、摄影速度、成像清晰度等，轮胎的安全性、胎面弹性、行驶质量等，都是消费者感兴趣的产品属性。

2. 属性权重

即消费者对产品有关属性所赋予的不同重要性权数。当消费者被问及如何考虑产品的属性时，不同消费者所考虑的最重要的属性或首要关注的属性各异，我们把这种属性称为产品的特色属性。特色属性未必是最重要的属性，在非特色属性中，有的是被消费者忽视的，而一经提及，消费者会马上认识到它的重要性，特色属性可以作为细分消费者市场的依据。

3. 品牌信念

消费者可能就每种属性的各种品牌确定品牌信念集，而这些品牌信念构成了品牌形象。消费者的品牌信念随个人经验的不同，以及选择性注意、选择性扭曲与选择性记忆的效果不同而各异。

4. 效用函数

即描述消费者所期望的产品满足感随产品属性不同而变化的函数关系。效用函数与品牌信念的联系是，品牌信念是指消费者对某品牌的某一属性已达到何种水平进行的评价，而效用函数则表明消费者要求该属性达到何种标准才会接受，即品牌信念是效用函数建立的基础。

5. 评价模型

即消费者对不同品牌进行评价和选择的程序和方法。大多数购买者会同时考虑多个属性，并赋予不同属性以不同的权重，他们将这些权数乘以每个品牌的信念评价值，就得到了每种方案的综合评价值并从中择优选取，我们把这个模型称为期望值模型。

营销者在此阶段可采取如下措施以提高自己产品被选中的可能性。

（1）修正产品属性。

市场营销人员应分析本企业产品应具备哪些属性，不同类型的消费者对哪些属性感兴趣，以便进行市场细分，对不同需求的消费者提供具有不同属性的产品，这既能够满足消费者需求，又能最大限度地减少因提供不必要的属性而造成的资源浪费。

（2）改变消费者心目中的品牌信念。

通过广告和宣传努力消除消费者的心理偏见，树立良好的品牌形象。

（3）改变消费者对竞争品牌的信念。

当消费者对竞争者品牌信念过高时，应设法改变其不切实际的品牌信念。

（4）改变重要性权重。

设法改变消费者对产品各种属性的重视程度，千方百计地提高消费者对本企业产品优势属性的重视程度，引导消费者关注被忽视的产品属性。

例 12－6　Drinkfinity 的创新营销

（5）改变消费者心目中的理想产品属性的标准。

（四）做出决策

做出决策是购买决策过程的中心环节，我们要关注的是：买什么，为什么买，谁来买，在什么时间买，在什么地方买，如何使用，等等。

经过评价选择后，消费者便形成了对某个品牌的偏好和购买意向。接下来消费者就要做出购买决策，购买决策通常有三种：一是消费者认为商品质量、款式、价格等符合自己的要求和购买力，决定立即购买；二是认为商品的某些方面还不能完全满意或价格偏高等决定延期购买；三是对商品质量、价格等不满意而决定放弃购买。

由此可见，购买意图和购买决策之间仍有距离，并非所有的购买意图都能转化为购买决策，在形成购买意图和做出购买决策之间，仍有一些不确定的因素存在，会使消费者临时改变其购买决策。这些因素主要来自两个方面：一是他人的态度；二是意外情况（见图 12－10）。

1. 他人的态度

他人的态度对购买者否定购买意图的影响程度取决于：第一，他人对购买者所偏爱品牌的否定态度的强烈程度。第二，购买者遵从他人愿望的动机。他人的否定态度越强烈，与购买者的关系越亲密，购买者就越有可能修正自己的购买意图；反之，购买者对某个品牌的偏好程度会因亲近的人喜爱同样的品牌而增加。

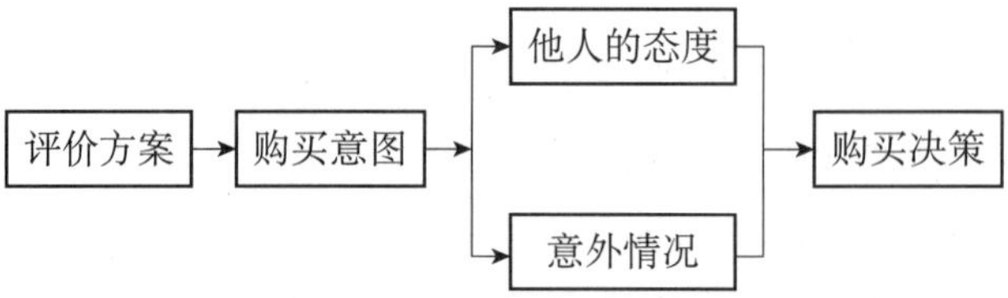

图 12-10　购买决策的影响因素

2. 意外情况

消费者购买意图的形成是基于诸如预期的家庭收入、预期的价格及期望产品的利益等，但在消费者即将实施购买时，会出现始料不及的意外情况，例如，消费者家中突然有人生重病，需要大量治疗费用，消费者突然失去工作或稳定的收入来源，这些都是有可能改变消费者购买决策的突发因素。

消费者改变、推迟或取消购买决定，在很大程度上是受所感知到的风险的影响，所感风险的程度是随支出费用的多少、属性不确定的程度以及自信程度而变化的。消费者为回避风险而常采取的办法有：回避决策；向朋友收集信息；选择著名品牌与有保证的产品。市场营销人员必须了解引起消费者风险感知的因素，为他们提供信息支持以减轻购买者的风险感。

延伸阅读 12-3　把浏览量变成成交量

在消费者决定购买以后，还会在执行购买的问题上进行一些决策，大致包括五个方面：商店决策，即到哪里去购买；数量决策，即要购买多少；时间决策，即什么时候去购买；品种决策，即购买哪种款式、颜色和规格；支付方式决策，即以现金、支票还是分期付款方式支付。

（五）购后行为

消费者完成购买行为后，并不意味着购买决策过程的结束，购后行为同样是购买决策过程的一个重要阶段。消费者在购买产品后，通过使用产品和他人的看法对其所购商品进行评价，产生某种程度的满意感或不满意感。

消费者购后行为对企业的影响至关重要。首先，它决定着消费者是否重复购买。如果消费者对所购产品满意，则会继续购买；如果不满意，则会停止购买该品牌产品，甚至拒绝购买该企业生产的所有产品。其次，对其他消费者的购买行为有着重要的影响。满意的消费者会成为其所购产品的义务宣传员，对该产品的称赞会对其他消费者的购买决定影响巨大。如果消费者购买产品后不满意，不仅自己不再购买，还会向别人表达他对某企业、某品牌的不满，致使企业信誉和品牌信誉受损。因此，企业应采取各种有效的措施，尽可能使消费者感到满意。除如实宣传外，还要经常听取顾客的意见，加强售后服务，同顾客保持联系，当顾客不满意时，应及时进行补救。

企业通过对消费者购买决策过程的了解和研究，可获得有助于满足消费者需要的有用线索，并为企业有效地设计和实施目标市场营销战略和策略打下坚实的基础。

案例分析

曲奇“食”代

一款小饼干，为何会引来无数人疯狂抢购？曲奇，来源于英语 Cookie，专指一种蛋糕式饼干。香港珍妮曲奇是人们去香港旅游必买的伴手礼，常常一上架就被抢购一空。

AKOKO 曲奇的创始人苏木，在目睹了珍妮曲奇的火爆之后，也开始设想：能不能做出一款超越珍妮的曲奇？

抱着这样的想法，苏木与国家高级西点师小花研究起了珍妮曲奇的配方，一阵捣鼓之后，发现并没有什么高深之处，在原料和制作工艺上甚至还有提升的空间。更为重要的是，苏木和小花发现，烘焙行业近几年的复合增长率为 12%，其中曲奇饼干复合增长率达 18%，曲奇类目的消费潜力非常大。

感性驱使与理性判断之下，AKOKO 曲奇就此诞生。但如何将 AKOKO 曲奇打造成单品爆款呢？

首先，好的产品是根本。两人经过数千次反复试验，最终做出来的曲奇产品没有任何添加剂，还保留了优质原料本身的自然风味，口感也区别于市面上的同类产品。

有趣的灵魂与好看的皮囊缺一不可，好的产品也需要高颜值的包装。因此 AKOKO 在包装上选择了精致且使用率更高的铁盒，盒子上萌萌的手绘风图案，超高颜值让很多女生瞬间被圈粉。包装主题的更新迭代也被列入 AKOKO 的关注范围，每逢节日就会推出相应的主题限量款，让消费者保持对品牌的新鲜感。

但是，制作好看的包装并不是 AKOKO 的目的，而是其 IP 打造的一部分。AKOKO 选择了“兔子”和“大象”两个动画形象作为品牌专属 IP，以兔子的机敏与大象的沉稳感觉，表达团队的整体风格。除此之外，AKOKO 还将兔子和大象写进故事里，以动漫和短视频的形式不断通过自媒体渠道传递给消费者。

“很多女孩都成为 AKOKO 的铁盒收集控。”说起这一点，苏木十分自豪，因为这证明了消费者对品牌的认可。

既要让用户买账，又要保证利润，AKOKO 该如何定价？

对标珍妮曲奇，苏木一开始就想好走中高端路线，因此在定价上高于大多数曲奇产品。

AKOKO 的主打产品云顶小花曲奇，560 克一盒卖 188 元，相比市面上一盒 600 克只要 40～70 元的曲奇，称得上是“奢饰品”。即便如此，依旧有很多人愿意为之埋单，究其原因，主要是迎合了目标客群消费心理——高价格带来了高颜值、高品质。

资料来源：陈江婷．小小曲奇估值 3.5 个亿．商界，2018（3）：71.

问题

1. 结合案例说明 AKOKO 曲奇的营销策略。
2. AKOKO 曲奇如何通过产品和定价策略来影响消费者对企业的感觉，并影响消费者的购买决策？

3. 结合AKOKO曲奇案例说明你对影响消费者购买决策的想法。

重点名词

消费者购买决策	介入	消费者介入理论	产品类别
消费者购买决策模式	购买行为的类型		

思考题

1. 什么是消费者购买决策？它有哪些特点？
2. 试述消费者购买决策过程。
3. 什么是消费者介入理论？它的基本内容是什么？
4. 消费者购买行为的类型有哪些？
5. 根据自己或家庭的一次重要的购买经历描述消费者购买决策过程。

实训练习

1. 实训任务

通过本章学习，学生要熟练掌握消费者购买决策模型，能把学到的购买行为分析理论和方法运用到营销实践中去，提高分析问题、解决问题的能力。

本章的实践任务是联系有关项目或资料，对某一产品或某类产品市场的消费者的购买行为进行分析，更好地理解消费者购买行为的一般过程，并掌握分析方法。

2. 实训步骤

(1) 把全班同学分成几个小组，每组6～10名学生，各组确定要选择哪种或哪类产品市场作为目标市场。

(2) 确定所要分析的主要内容，如目标市场消费者决策的内容、行为特点、影响因素等。

(3) 选择获取调查资料的方法，如观察法、问卷法、抽样法等，进行市场调查。

(4) 整理统计调查资料，获取分析消费者购买行为所需的数据。

(5) 对调查结果进行分析，得出结论，撰写报告。

3. 实训要求

(1) 要明确所要分析的消费者行为主体，选择某种或某类产品的消费者购买行为作为研究对象，如家电消费者、汽车消费者、电脑消费者等，不能仅是泛泛地分析一般消费者的购买行为。

(2) 资料调查方法要切实可行，一般先考虑收集二手资料。因为实地调查法虽有利于获得客观性、准确性较高的资料，但周期较长、花费较大，只有二手资料不能充分满足调研需要时才考虑采用实地调查法。二手资料可以从国家机构公布的统计资料、行业协会发布的行业资料、图书馆保存的商情资料、专业组织的调查报告、研究机构的调查报告，以及各种报纸、杂志等渠道获取。

（3）分析过程要细致，不仅要分析所确定的目标消费者群存在什么样的购买行为，还要对产生某种行为的原因进行分析；不仅对其总体的购买行为进行分析，还要对其在购买过程中的细节进行分析。

（4）要撰写规范的分析报告，报告中对资料的分析与运用要求准确，以所学理论为指导进行分析；资料分析要求全面充实、紧扣主题；分析报告要结构合理、层次清楚，注意逻辑性。

4. 实训内容

（1）确定调查对象——目标消费者群。

（2）实施调查研究。

（3）撰写分析报告。

5. 实训反馈

实训结束后，教师根据实训结果对学生实训效果做出总体评价，并对实训内容设置的合理性和实际教学效果进行评价，不断完善消费者购买行为课程实训的设计。

第13章 消费者购后行为

本章要点

1. 消费者购后行为的概念和类型。
2. 消费者购后行为的影响因素。
3. 改善购后行为的营销对策。
4. 顾客满意和顾客忠诚的概念。
5. 针对顾客满意和顾客忠诚的营销策略。

引　例

途家在线短租平台

途家作为中国分享经济领域在线短租行业的典型代表之一，是依托国际分散式酒店管理和业务标准、结合线下旅游地不动产存量、线中呼叫中心、线上度假公寓在线订房的交易平台，主要提供途家管家和途家托管业务。

途家在线短租平台房屋服务场景设计坚持突出安全性原则，主要体现在房屋品质和信任构建两个方面。在房屋品质方面，途家要求所有房屋装修必须达到一定的标准，并必须配备灭火器等必要的硬件设施，确保用水、用电等方面的安全，通过途家团队检查验收合格之后方可投入使用。在信任构建方面，途家针对房东建有专门的房东网站，房东可以随时查看自己房屋的动态，防止平台隐匿收入，实施实名认证，确保房东的房屋设施安全；针对房客，途家坚持线上实景拍摄、网实不符赔付，做到了线上线下信息对称，确保了房客的利益安全。

凭借突出的安全性原则，途家目前储备的房源已有 500 个项目、超 50 万套，另有 900 个项目等待签约，96%的用户非常满意在途家的体验，在满分为 5 分的评价反馈体系中，途家的平均分达到 4.6 分。

资料来源：颜卉，敦帅，尹学锋．分享经济：开启服务场景与用户体验新时代．清华管理评论，2018 (9)：16-17.

启示：满意的顾客是企业最重要的利润来源，如何让顾客满意是企业的重要策略。本案例中，途家通过准确把握顾客的需求，从房屋品质和信任构建两个方面入手，确保顾客满意，取得了很好的市场效果。

经济的飞速发展，带来了商品经济的过度繁荣和激烈的市场竞争。根据相关研究，增加一位新顾客所要花费的成本是保持一位老顾客的 4～6 倍，在利润贡献方面，老顾客更是新顾客的 16 倍，因此，市场竞争的焦点已经从吸引消费者转移到保持消费者。

我们研究消费者行为，不仅要了解消费者是如何获取产品和服务的，还要了解消费者如何消费产品，以及产品在使用寿命结束之后是如何被处置的。因为消费者的消费体验、消费者处置淘汰和过时产品的方式和感受都会影响下一轮消费者的购买。消费者购后行为研究越来越受到企业管理者和营销学者的重视。

第 1 节 消费者购后行为

购后行为是消费者购买决策过程的一个阶段。消费者在这个阶段根据自身购买和使用产品过程所获效用大小决定下一步的行动。消费者购后行为包括在产品使用过程中的心理活动和倾向性行为。消费者购后行为比较隐蔽，不容易被企业观察和检测到，但是消费者态度的形成和对品牌的忠诚源于消费者购买产品后的使用过程，因此消费者购后行为的研究对于企业生产经营和市场营销活动的影响和意义更加深远和重要。

一、消费者购后行为的概念

研究顾客购后行为对企业留住顾客、培育忠诚顾客有巨大的价值。研究表明：企业吸引一位新顾客的成本是保持一位老顾客成本的 4～6 倍；顾客保持率提高 5%，企业的利润将会增加 25%～85%。因此，在一个成熟和高度竞争的市场中，维系老顾客比吸引新顾客对企业提高市场竞争力更有意义。

从现有的研究来看，购后行为还没有一个统一、明确的定义，不同学者对购后行为有不尽相同的解释，在内涵和外延上或宽或窄。消费者购后行为既包括对销售者和其他对象的抱怨、口头传播、闲置、再购买等外显行为，又包括对购买目标的实现程度和最初的期望之间的比较、未实现最初的期望所产生的后悔情绪、满意的评价等内隐行为。

我们将消费者购后行为定义为：购后行为是指消费者在购买或消费商品后所发生的与该商品与服务以及与提供该商品与服务的企业或组织有关的行为。这些行为作为顾客外在的行动表现，能够部分得到直接的观察和记录，不能直接记录的可以通过调查的方法取得。

二、消费者购后行为的类型

消费者在购买后可能会听到一些其他品牌的优点或偏好的属性而产生认知失调的情况，这便需要一些信息来支持其原先的购买决策。营销沟通的任务是提供给消费者能够强化原先选择的信念与评价，以帮助消费者对原先购买的品牌仍然留有正面的感觉。因此，营销人员的工作在消费者购买后并未结束，他们必须监测消费者的购后满意度、购后行为和购后产品的使用情况。

（一）购后使用和处置

营销人员应监测购买者如何使用和处置产品。产品的使用和处置包括所有的对所购买的产品与服务的使用与消费的外显行为。在购买产品后消费者可能会使用产品，也可能将产品闲置，或试图丢弃产品。顾客对产品的使用有两种情况：一种情况是根据初始目的使用产品；另一种是根据更换目的使用该产品。顾客在购买某种产品之前，肯定会有某种目的，并相信所要购买的产品能够达成其目的。

在购买产品后，如果产品确实能够达成其目的，则顾客会在初始目的背景下使用产品；也可能在购买后发现产品无法达成其初始目的，却发现产品可以达成其他目的。当然顾客也可能发现产品既能完成其初始目的，又能完成其他原来没有考虑到的目的，这时顾客就会同时在初始目的和更换目的的背景下使用产品。如果顾客所购买的产品既无法满足其初始目的又不能满足更换目的，顾客就可能将产品闲置或试图放弃产品，甚至试图毁坏产品以平息其愤怒情绪。

（二）购后感觉以及行为特征

购后行为包括消费者购买后可能会产生的感觉以及行为特征。图 13－1 展示了消费者的购后感觉以及行为特征。

满意与否是消费者购买商品之后最主要的感觉，其买后的所有行为都基于这两种不同的感觉。满意与否一方面取决于所购买的商品是否同其预期的欲望（理想产品）相一致，若符合或接近其预期欲望，消费者就会比较满意，否则就会感到不满意；另一方面则取决于他人对其购买商品的评价，若周围的人对其购买的商品持肯定意见的占多数，消费者就会感到比较满意，若持否定意见的占多数，即使消费者原来认为比较满意的，也可能转为不满意。

感到满意的消费者在行为方面会有两种情况：一种是向他人进行宣传和推荐；另一种是不进行宣传。当然，消费者能够对企业的产品进行积极的宣传是最为理想的，企业要设法促使消费者这样去做。

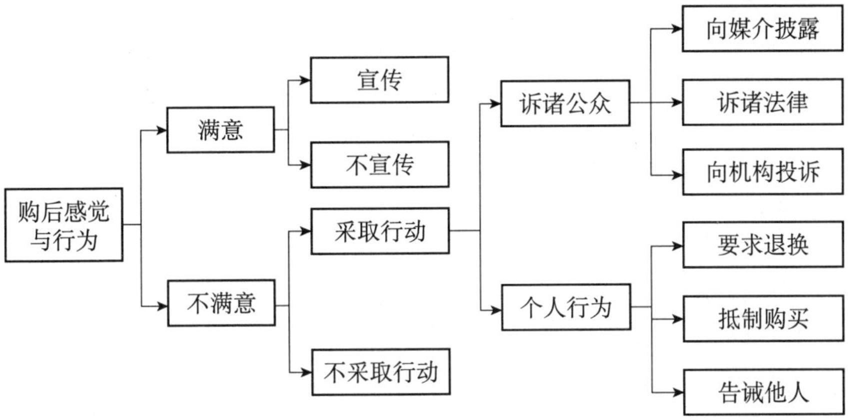

图 13-1　消费者的购后感觉及行为特征

感到不满意的消费者的行为就比较复杂，有采取行动和不采取行动之分。一般而言，若不满意的程度较低或商品的价值不大，消费者有可能不采取任何行动；但是如果不满意的程度较高或商品的价值较大，消费者一般会采取相应的行动。不满意的消费者所采取的行动一种是个人行为，如到商店要求退换商品，将不满意的情况告诉亲戚朋友，以后再也不购买此品牌或该企业的产品等。消费者的个人行为虽然对企业有影响，但影响的程度相对小一些。另一种行动就是将其不满意的情况诉诸公众，如向消费者协会投诉，向新闻媒体披露，甚至告上法庭。这样的行为就会使企业损失较大，企业应当尽量避免出现这样的情况。

延伸阅读 13-1　反应于问题之前

三、消费者购后行为的影响因素

消费者购后行为是消费者购买决策过程的延续，同时又是消费者购买行为的一个特例和组成部分。基于对前人研究结果的整理分析，我们可以总结筛选出以下消费者购后行为的三大类影响因素，即产品因素、个人因素和环境因素。

（一）产品因素

消费者购买产品的目的是获得产品的功能效用和精神效用，衡量功能效用的指标是产品质量，衡量精神效用的指标是品牌形象。

（1）产品性价比。

购买产品的所得大于或等于付出时，消费者才会从一次购买中获得价值。如果消费者购买产品后通过使用发现所获得的产品价值要高于所付出的成本（即产品价格），则消费者在这次购买中获得了价值，对产品产生了质量高、价格合理、形象好的积极印象。研究表明，积极的产品印象容易导致较为满意的顾客评价，从而形成积极的购买行为。

（2）品牌形象。

品牌形象是企业产品质量、功能、效用的特征显示。品牌形象只有符合消费者的价值观，才能够在精神层面满足消费者的深层次需求。如果企业设计出完全符合消费者个性特征的品牌形象，消费者就会对企业品牌产生忠诚，不断地重复购买。已有的研究已经证明积极匹配的品牌形象能够促进消费者正向购后行为。例如，法国时装周定期发布最流行的时装，很多品牌（如迪奥、路易威登等）均是由明星、富人相互推荐而闻名遐迩的，使得很多名媛纷纷购买。

例13－1　阿尔迪的低价战略

（二）个人因素

个人因素包括认知差距、感知价值和购买的重要性三个方面。

（1）认知差距。

消费者通过期望和实际获得的效用的对比对产品的质量进行评估。如果消费者购买后通过使用产品发现产品质量功能低于期望，这时就产生了认知差距，出现了认知失调。认知不协调的强度越大，消费者减轻或者消除这种不协调的动机就越强烈。一方面，消费者自身的心理平衡机制能自行消除一部分购后不协调的心理；另一方面，当不协调的心理超过一定的程度，甚至会产生背弃行为（退货、品牌转换等不忠诚行为）。不协调的程度不一样，表现出来的购后行为也不一样。

（2）感知价值。

感知价值是指消费者在购买产品和服务的过程中获得的价值的总称，是消费者对产品质量、功能、品牌等所有方面进行的综合评价，是消费者获得产品效用的综合体现。菲利普・科特勒从让渡价值的角度来阐述感知价值。他认为消费者让渡价值是总消费者价值与总消费者成本之差。科特勒认为消费者是价值最大化的追求者，消费者从能够获得最大价值的商家那里购买产品。

（3）购买的重要性。

购买的重要性是指产品购买对消费者的重要程度。一般利用价值来衡量其重要程度。例如，电脑产品相对于洗发水产品价值较高，可以认为相对重要性程度高。又如，一位没有任何收入的学生与一位月收入在1万元左右的白领人士相比，笔记本电脑产品相对于学生而言就会非常重要。购买的重要性程度不同，消费者购买涉入度就不同，购后的价值体验和行为倾向也不同。

（三）环境因素

环境因素包括相关群体的评价和竞争产品的性价比。

（1）相关群体的评价。

相关群体的评价可能是积极的正面评价，也可能是消极的负面评价。当消费者的购买行为受到来自相关群体的负面评价时，规范性所带来的无形压力促使个体改变自己的再次购买态度和行为以符合群体的标准和期望；来自群体的正面评价同样会在规范性影响的作用下不断地引导消费者的购后价值感知和价值取向，最后消费者的购买观念和购后倾向完全趋同于相关群体的总体水平。

（2）竞争产品的性价比。

竞争产品对消费者购后行为的影响体现在竞争产品的吸引力上，消费者在购买产品后的使用过程中，在与竞争产品的价格比较中，发现该产品的各个方面不如竞争产品或者该产品与竞争产品相比不能够满足消费者的需求，那么说明消费者购买和使用该产品的价值实现程度低于竞争产品，很容易导致消费者购后的品牌转换行为的发生。

四、改善购后行为的营销对策

（一）降低消费者对产品的过高预期

现在有不少企业喜欢对自己的产品做不恰当的吹嘘，如将产品的一分作用或功效夸大到十分，向消费者承诺一些根本无法兑现的附加利益和额外的好处、保证，如“全市最低价”与“终身保修”之类，使顾客在购买前对产品产生了过高的预期，导致企业面对许多购后不满意的顾客。因此，企业在知晓了自己所经销的某种商品的顾客预期过高时，一定要采取相应的措施，正确引导顾客预期，如正确地向购买者指出产品的实际功效、质量等级水平等。

（二）增加产品绩效的可见性

有些企业的产品，本来具有很好的潜在功效，但是由于产品设计得过于复杂，或对产品的正确操作要求太高，或产品说明书一般用户难以读懂，等等，会使具有好功效的产品不被顾客识别，造成了很低的可见绩效。

为了减少和消除消费者购后不满意感，促使消费者转变消极态度，企业可采取下述措施：一是可以重新编写说明书，进行技术指导；二是在产品促销过程中或者在产品包装标签上，详细介绍产品的使用方法及注意事项；三是加强产品的售后服务，减少或避免因售后服务不到位而导致的消费者不满；四是积极处理消费者投诉。

（三）与购买者保持经常的售后沟通

据调查，大约 96%的不满意顾客由于种种原因不会向企业抱怨，而是向亲朋好友和邻居等抱怨，因此，企业的一个明智之举应该是购后定期衡量顾客的满意程度，经常与顾客保持沟通。企业应该建立鼓励消费者进行投诉的系统，建立与生产和售后服务非直接相关的组织，维系企业与顾客长期稳定的联系，获得积极意见反馈；给予顾客表达、宣泄和释放心理不协调的空间；鼓励顾客广泛参与并把自己与企业视为一体提出建议、解决问题、共同规划和设计未来。在顾客购后仍与顾客保持一定的联系，可帮助顾客坚定购买信心，减少或消除购后不满意感。

（四）积极处理消费者投诉

积极处理消费者投诉是减少和消除消费者购后不满意的一个重要举措。企业可通过专人负责和专线电话两种方式来处理消费者的投诉。专人负责是指生产厂家可在销售区域设立服务代表处或办事处处理售后服务和消费者投诉等事宜，经销商可在商场指定专人负责接受并处理顾客投诉。专线电话是指生产厂家或经销商可设置顾客专线电话，方便消费者投诉。国外商界的普遍做法是设立顾客免费电话专线，其作用有：第一，建立起一条与消费者联系的有效途径；第二，显示企业对消费者负责的态度，给人以信任感；第三，鼓励消费者投诉，避免消费者直接向厂家投诉的种种不便；第四，减少投诉处理费用，通过电话可以解决消费者投诉的许多问题，避免或减少派人上门或信函往来的费用。

延伸阅读13-2　每个粉丝价值多少？

第2节　顾客满意

一、什么是顾客满意

菲利普·科特勒认为，顾客满意“是指一个人通过对一个产品的可感知效果与他的期望值相比较后，所形成的愉悦或失望的感觉状态”。亨利·阿塞尔认为，当商品的实际消费效果达到顾客的预期时，就表现为满意，否则会导致顾客不满意。

从上面的定义可以看出，满意水平是可感知效果和期望值之间的差异函数。如果可感知效果低于期望，顾客就会不满意；如果可感知效果与期望相匹配，顾客就满意；如果可感知效果超过期望，顾客就会高度满意、高兴或欣喜。如图13-2所示。

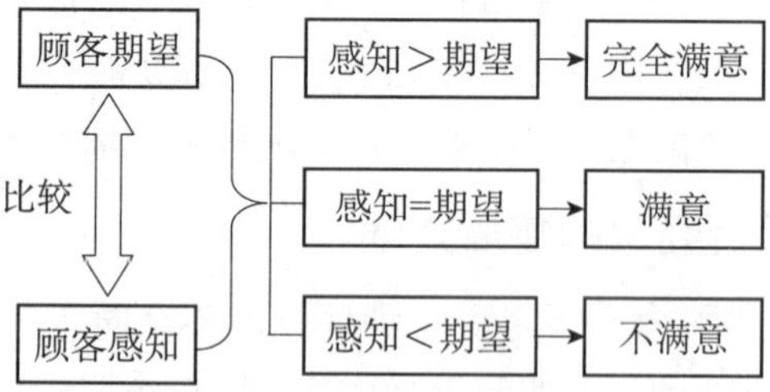

图13-2　顾客满意

一般而言，顾客满意是顾客对企业提供的产品和服务的直接综合评价，是顾客对企业、产品、服务和员工的认可。顾客根据他们的价值判断来评价产品和服务。从企业的角度来说，顾客服务的目标并不仅仅是使顾客满意，使顾客感到满意只是营销管理的第一步。在企业与顾客建立长期的伙伴关系的过程中，企业向顾客提供超过其期望的顾客价值，使顾客在每一次的购买过程和购后体验中都能获得满意，而每一次的满意

例13-2　创造高满意度的顾客

都会增强顾客对企业的信任，从而使企业能够获得长期的盈利与发展。

二、顾客满意的基本理念

顾客满意的指导思想是企业的整个经营活动要以顾客满意为指针，要从顾客的角度来分析、考虑顾客的需求。

（一）顾客至上

企业要把顾客放在经营管理的第一位，这不是被动地等着顾客提出需求，也不是顾客要什么就给什么，而是站在顾客的立场上研发产品，通过与时俱进的方式，深入洞察需求，探索能引领趋势的真正需求，预先把顾客的“不满意”从设计、制造和供应过程中去除，使顾客在心理上对企业产生认同感和归属感，创造一致清晰的体验，为客户带来真正的价值，进而产生顾客满意的群体网络效应。

（二）顾客永远是对的

这是顾客满意的重要表现，其中包括三层意思：第一，顾客是商品的购买者，不是麻烦制造者；第二，顾客最了解自己的需求、爱好，这恰恰是企业需要收集的信息；第三，由于顾客有“天然一致性”，同一个顾客争吵就是同所有顾客争吵。

（三）一切为了顾客

例 13－3　唯品会时尚美丽之旅

一切为了顾客，要求一切从顾客的角度考虑，想顾客之所想，急顾客之所急，顾客的需要就是企业的需要。企业要知道顾客需要的是什么，根据顾客需要，重视顾客意见，让顾客参与决策，不断完善产品服务体系，最大限度地使顾客满意。

三、顾客满意的层次

顾客满意包括产品满意、服务满意和社会满意三个层次。

（一）产品满意

产品满意是指企业的产品带给顾客的满足状态，包括产品的内在质量、价格、设计、包装、时效等方面的满意。产品的质量满意是构成顾客满意的基础因素。

（二）服务满意

服务满意是指产品售前、售中、售后以及产品生命周期的不同阶段采取的服务措施令顾客满意。这主要是指在服务过程的每一个环节都能设身处地地为顾客着想，做到有利于顾客、方便顾客。

（三）社会满意

社会满意是指顾客在对企业的产品和服务的消费过程中所体验到的对社会利益的维

护，主要指顾客整体社会满意，它要求企业的经营活动要有利于社会文明进步。

四、顾客满意模型

由于顾客满意研究探索的是顾客的心理特征和心理活动过程，以发现其中的科学规律，即这一心理过程中的因果关系，因此顾客满意模型是一种因果关系模型，是对形成顾客满意评价过程中的各因素及其之间的因果关系进行抽象模拟的结果。

（一）期望模型

期望模型是期望-不一致模型的简称，是顾客满意理论的基础，其理论依据来自20世纪70年代的社会心理学和组织行为学。期望模型认为，满意是通过一个两阶段的过程实现的。在购买前，顾客会对产品的绩效，即产品将会提供的各种利益和效用形成期望，顾客在购买以后，则会将使用产品所获得的真实绩效水平与购买前的期望进行比较，由此形成两者之间的差距或称为不一致，这是第一阶段。在第二阶段，顾客由不一致的不同情况做出不同的反应：当实际绩效与期望相同（即不一致为零）时，顾客产生适度的满意；当实际绩效超过期望（即不一致为正）时，导致满意；而当实际绩效达不到期望（即不一致为负）时，导致不满意。因此，期望模型中包括期望、不一致和满意三个基本变量，期望是顾客对产品绩效的预期，不一致是绩效与期望之差，满意则是顾客的最终态度和评价。

（二）绩效模型

绩效通常是指顾客所获得的产品效用的总和。在期望模型中，期望是满意形成的基本前因，绩效则是与期望进行比较的一项标准，不是一个独立的变量。在绩效模型中，绩效则是满意的主要前因，此时的期望对满意仍有影响，但是影响相对要小得多。绩效模型认为，产品的属性是顾客带来的利益，即满足顾客需要的程度，直接决定了顾客的满意水平。因此，产品绩效越高，顾客就越满意；反之顾客则越不满意。

关于期望模型和绩效模型在不同行业和产品中的不同适用情况，有学者研究发现，若绩效的信息相对于期望越强、越清晰，则感知绩效对满意的正面影响就越大；相反，绩效的信息越弱、越含糊，则期望对满意的作用就会增大。例如，耐用品绩效的信息比其他产品更为强烈，因此绩效的作用更强。此外，绩效模型经常用于整体满意水平测量体系的研究，因此是各行业满意度指标体系建立的理论基础。

（三）公平模型

在社会学、心理学和组织行为学中，公平是一个相当受到关注的概念。随着满意研究的发展，部分学者开始将公平作为一个起因变量纳入顾客满意的形成过程之中。顾客对产品是否满意，不仅取决于期望与绩效之间的比较，还取决于顾客认为交易是否公平合理。当顾客感到自己获得

例13－4　传统企业：海底捞用数字了解消费者

的效用与投入之比，与产品提供商的这一比例相同时，就会感到公平和满意。公平程度越高，顾客就越满意；反之，公平程度越低，顾客就越不满意。与期望模型和绩效模型相比，公平模型更加关注顾客的投入，从而使顾客满意的概念与价值有了密切的关系。

五、顾客满意与购后行为

总结以上对顾客满意的研究可以发现，顾客满意可以从两个角度进行理解：从行为学角度理解，顾客满意是指通过购前期望和购后感知的对比获得的评价；从情感角度理解，顾客满意是指购后的情感状态。无论是行为学角度的购后评价还是情感角度的情感状态，顾客满意都是与购买后消费者行为关系最为密切的影响因素。

顾客满意与购后行为的关系，可以从以下两方面的分析中得到说明。

（一）顾客归因

顾客使用产品或者接受服务后，会对消费的结果和事先的预期进行比较，比较的结果会使顾客有一个满意或不满意的感受，而这种感受来源于顾客使用产品或接受服务后经历的一个归因过程。归因过程是人们根据一种行为或事件的结果而寻求造成该结果之原因的认知活动。顾客使用产品中的归因过程使顾客有一种找到自己和产品供应者行为原因的内在动机。顾客对这种行为动机的认知促使顾客寻找背后的原因，即顾客寻求“为什么”的过程，也就初步形成了对企业产品或服务的购后是否满意的评价。

（二）消费情感

消费情感是指顾客在产品使用或消费经历中产生的具体的情感反应，可以描述为一些情感经历，表现为一些可以区别的情感类型。消费情感是顾客消费行为的一个关键特征，包括一些消费体验。消费体验有不同的形式和程度，它们可能是肯定的（如兴奋、高兴、放松或感动），也可能是否定的（如生气、讨厌、内疚或后悔）。消费体验的本质使得顾客根据消费过程中的消费感觉来定位产品，因此顾客在消费过程中形成良好的消费体验将非常有利于公司的经营。由于这种消费感受直接影响顾客对产品或服务的满意评价，因此我们可以直接从顾客不同的情感状态来分析和判断顾客的满意程度。如果我们对顾客不同的消费情感引发的行为进行观察，可以发现消费情感会直接影响顾客的购后行为。

例 13－5　福特的顾客满意管理

第 3 节　顾客忠诚

随着消费市场竞争的日趋激烈与顾客争夺成本的提高，培育和维护忠诚的顾客群体已经成为企业制胜的重要策略，顾客忠诚管理应运而生。

现在，消费者在互联网上可以获得更多的信息，信息的增加也为消费者提供了更多的选择机会，产品或服务的价值将是消费者更加关注的问题。这样的时代背景给企业的顾客忠诚管理提出了更高的要求。

一、顾客忠诚的概念

（一）顾客忠诚

顾客忠诚是顾客在较长的一段时间内，对于企业产品或服务保持选择性偏好与重复性购买的总和。主要包括两个方面：

（1）态度取向。

代表了顾客对于企业产品或服务保持强烈的选择偏好，反映了顾客将产品推荐给其他顾客的意愿。顾客产生忠诚行为主要是因为企业的营销行为或品牌个性与顾客的生活方式或价值观念相吻合，顾客因此对企业或品牌产生情感，甚至引以为豪，进而表现出持续购买的欲望。

（2）行为重复。

表现为顾客高频率地重复购买某企业的产品。这种持续的购买行为可能出自对企业产品的好感，也可能出自购买冲动、企业的促销活动，或者是由于顾客的购买习惯，或转移成本过高，或企业在市场占有垄断地位，顾客买不到其他产品或不方便购买其他产品等与感情无关的因素促成的。

根据相对态度和购买频率，可以把顾客忠诚分为不同的表现，如表13－1所示。

表13－1　顾客忠诚的不同表现

		购买频率	
		高	低
相对态度	高	忠诚顾客	潜在忠诚顾客
	低	虚假忠诚顾客	不忠诚顾客

（二）对顾客忠诚的三种错误理解

1. 顾客满意等同于顾客忠诚

在企业经营中，很多人认为，假如顾客满意，就会频繁地购买企业的产品或服务，从而形成顾客忠诚。实际上，一位顾客对企业产品或服务表示满意，并不一定意味着他下次仍会购买该企业的产品。在满意的顾客中，仍有65％～85％的顾客会选择新的替代品。应该说，顾客满意是顾客忠诚的必要条件而非充分条件。

2. 价格优惠是提高顾客忠诚的关键所在

不少管理者认为，要建立顾客忠诚，价格优惠是关键。不可否认打折、赠物之类的价格优惠在短期内可以增加销售额，提高市场占有率。实际上，降低价格不仅无助于建立顾客忠诚，反而会将原本忠诚的顾客变成对价格敏感的顾客，最终有损企业本身的利益。

3. 提高市场占有率就提高了顾客忠诚度

例 13－6　互联网品牌：不得不说的小米用户

持有此种观念的企业家并没有真正弄清市场占有率和顾客忠诚度的区别所在。在相同市场的前提下，市场占有率是企业与其竞争对手比较的结果，而忠诚度是企业的顾客占有率和顾客持续购买比率的反映。企业若热衷于提高市场占有率，势必会专注于开发新的顾客，忽略维系老顾客。事实上，市场占有率的提高可能反而会阻碍忠诚顾客的开发。

二、顾客忠诚的分类

目前关于顾客忠诚的分类主要包括以下三种。

（一）两维度模型

两维度模型是一个基于顾客重复购买意向和重复购买行为的顾客忠诚形态矩阵，试图较为综合地分析顾客忠诚。该矩阵通过行为忠诚的高低和态度忠诚的高低，将顾客忠诚细分为四种不同的状态，即不忠诚、虚假忠诚、潜在忠诚和持续忠诚，其中对企业产生真正意义的顾客忠诚是持续忠诚。因此，企业所进行的一切活动，都是为了将不忠诚的、虚假忠诚的和潜在忠诚的顾客转变为持续忠诚的顾客，以实现企业的预期发展目标。

顾客忠诚还可以划分为行为忠诚和情感忠诚两方面。根据顾客的重复购买行为和品牌转换行为等统计指标，可以对行为忠诚加以量化；而对于顾客的情感忠诚，则通过品牌认知、品牌联想、品牌个性与生活方式的契合程度等予以综合分析，进而加以量化。对于顾客忠诚而言，无论是行为忠诚还是情感忠诚，都可以将其分为三种类型：第一，高度忠诚，即有超过 50%的概率重复购买同一品牌产品；第二，中度忠诚，即有 10%～50%的概率重复购买同一品牌产品；第三，低度忠诚，即有低于 10%的概率重复购买同一品牌产品。

（二）三维度模型

三维度模型将顾客忠诚划分为行为忠诚、意向忠诚和情感忠诚三种类型，以帮助人们理解其含义。行为忠诚是顾客实际表现出来的重复购买行为；意向忠诚是顾客在未来可能购买的意向；而情感忠诚则是顾客对企业及其产品的态度。由行为、意向和情感三方面组成的顾客忠诚，着重于对顾客行为趋向的评价。与以往通常开展的顾客满意管理工作相比，顾客忠诚管理的进步之处在于：将企业的工作重心从试图改变顾客态度转移到促进顾客行为，即努力使顾客主动进行重复购买。这种营销工作重心的转移，使企业的一切经营行为与保持现有顾客直接地联系起来，同时又使顾客忠诚与企业利润率之间的紧密关联性变得显而易见，从而能够促使顾客忠诚管理为更多的企业员工所认同。

（三）四维度模型

顾客忠诚按形成过程可以划分为顾客的认知性忠诚、情感性忠诚、意向性忠诚和行为性忠诚。认知性忠诚是指通过产品或服务品质信息直接形成的，认为产品或服务优于其他产品而形成的忠诚，这是最浅层次的忠诚；情感性忠诚是指在使用产品或服务持续获得满意之后形成的对该产品或服务的偏爱；意向性忠诚是指顾客十分向往再次购买产品，不时有重复购买的冲动，但是这种冲动还没有转化为实际行动；行为性忠诚是指顾客忠诚意向转化为实际行动，顾客甚至愿意克服阻碍实现购买。顾客的认知性忠诚影响情感性忠诚，情感性忠诚影响意向性忠诚，意向性忠诚影响行为性忠诚。

小知识 13－1　惠普的顾客忠诚度调查

三、顾客忠诚的战略意义

随着市场竞争的日益加剧，顾客忠诚已成为影响企业长期利润高低的决定性因素。以顾客忠诚为标志的市场份额，比以顾客多少来衡量的市场份额更有意义，企业管理者将营销管理的重点转向提高顾客忠诚度方面，以使企业在激烈的竞争中获得关键性的竞争优势。

（一）使企业获得更高的长期盈利能力

（1）顾客忠诚有利于企业巩固现有市场。

高顾客忠诚度的企业对竞争对手来说意味着较高的进入壁垒，要吸引顾客，竞争对手必须投入大量的资金，这种努力通常要经历一个阶段，并且伴有特殊风险，这往往会使竞争对手望而却步，从而有效地保护了现有市场。

（2）顾客忠诚有利于降低营销成本。

对待忠诚顾客，企业只需经常关心老顾客的利益与需求，在售后服务等环节上做得更加出色就可以留住忠诚顾客，既无须投入巨大的初始成本，又可以节约大量的交易成本和沟通成本，同时忠诚顾客的口碑效应还会带来高效的、低成本的营销效果。

（3）顾客忠诚有利于企业核心竞争力的形成。

在现代营销活动中，营销观念是企业战略形成的基础。顾客忠诚理论倡导以顾客为中心，提示企业的营销活动必须围绕这个中心进行，关注顾客对企业的评价，追求顾客高的满意度和忠诚度，这是市场营销观念的完善和发展。实践证明，倡导顾客忠诚所形成的核心竞争力将会在企业的经营活动中得以体现。

（二）使企业在竞争中得到更好的保护

（1）顾客不会立即选择新服务。

顾客忠诚带来重复购买，而这会增加企业的收入，而且老顾客保持的时间越长，购买量就越大。顾客之所以忠诚于一个企业，不仅因为该企业能提供顾客所需要的产品，更重要的是企业能通过优质服务为顾客提供更多的附加价值。

（2）顾客不会很快转向低价格产品。

正如忠诚顾客愿意额外付出一样，他们同样不大可能仅仅因为低价格的诱惑而转向新的企业。不过，当价格相差很大时，顾客也不会永远保持对企业的忠诚。

（三）有利于推动社会的诚信建设

例 13－7 BuzzFeed 的智能锅

以顾客满意为起点，以顾客忠诚为经营活动的目标，可以促进企业不断地追求更高的目标，为社会创造更多的令公众满意的物质财富。同时，企业以顾客为中心理念的贯彻，可以带动企业建立起诚实守信的经营机制，增强全体员工的服务意识和道德意识，从而杜绝制假售假、欺瞒诈骗等违法行为，为促进社会风气的好转发挥积极的作用。

四、提高顾客忠诚度的十个原则

提高顾客忠诚度有十个原则，企业只有把握好这些原则，才能真正地获得顾客忠诚。

（一）控制产品质量和价格

产品质量是企业开展优质服务、提高顾客忠诚度的基础。只有过硬的高质量产品，才能真正在人们的心目中树立起“金字招牌”，受到人们的爱戴。当然仅有产品的高质量是不够的，合理地制定产品价格也是提高顾客忠诚度的重要手段。企业要以获得正常利润为定价目标，坚决摒弃追求暴利的短期行为，要尽可能地做到按顾客的预期价格定价。预期价格是大多数消费者对某一产品的心理估价。

（二）了解企业的产品

企业必须要让服务人员完全充分地了解企业的产品，传授关于产品的知识和提供相关的服务，从而赢得顾客的信赖。同时，服务人员应该主动地了解企业的产品、服务和所有折扣信息，尽量预测顾客可能会提出的问题。

（三）了解企业的顾客

企业应该尽可能地了解相关顾客的情况，这样就可以提供最符合他们需求和消费习惯的产品和服务。和顾客交谈，倾听他们的心声，就不难找到使他们不满的根源所在。当顾客与服务提供者相互了解后，如企业了解了顾客的服务预期和接受服务的方式等，服务过程就会变得更加顺利，时间也会缩短，而且服务失误率会下降，由此，为每个顾客提供服务的成本会减少，企业的利润就会增加。

（四）提高服务质量

企业的每位员工都应该致力于为顾客创造愉快的购买经历，并时刻努力做得更好，超越顾客的期望。要知道经常接受企业服务而且感到满意的顾客会对企业做正面的宣传，而且会将企业的服务推荐给朋友、邻居、生意上的合作伙伴或其他人，他们会成为企业的义务市场推广人员。许多企业，特别是一些小型企业，就是靠顾客的不断宣传而发展起来的。在这种情况下，新顾客的获得不需要企业付出额外的成本，但显然会增加企业的利润。

（五）提高顾客满意度

顾客满意度在一定意义上是企业经营质量的衡量标准。通过顾客满意度调查、面谈等，真实了解企业的顾客最需要什么，什么对他们最有价值，再想想他们能从企业提供的服务中得到这些的最好做法。除销售活动、售后服务和企业文化等因素外，顾客满意度的高低还会受法律等其他一些强制性约束条件的影响。因此，企业应该尽可能地提高顾客满意度，而非不惜一切代价致力于全面甚至极端地使顾客满意。

（六）超越顾客期望

超越顾客期望是指企业不仅能够达到顾客的期望，而且能提供更完美、更关心顾客的产品和服务，超过顾客预期的要求，使之得到意想不到的甚至惊喜的服务和好处，获得更高层次的满足，从而对企业产生一种情感上的满意，发展成稳定的忠诚顾客群。企业不要拘泥于基本的和可预见的水平，而应向客户提供渴望的甚至是意外惊喜的服务。

（七）满足顾客个性化要求

通常企业会按照自己的想象预测目标消费者的行动。事实上，所有关于顾客人口统计特征和心理方面的信息都具有局限性，而且预测模型软件也具有局限性，因此，企业必须改变大众营销的思路，而注意满足顾客的个性化要求。要做到这一点就必须尽量拥有顾客知识，利用各种可以利用的机会来获得更全面的顾客情况，包括分析顾客的语言和行为。

（八）正确处理顾客问题

要与顾客建立长期的相互信任的伙伴关系，就要善于处理顾客的抱怨或异议。顾客的抱怨可以成为企业建立和改善业务的最好路标。顾客能指出企业的系统在什么地方出了问题，哪里是薄弱环节，企业产品在哪些方面不能满足他们的期望等。

（九）让购买程序变得简单

无论在商店里、网站上还是通过企业的商品目录，产品购买程序越简单越好。简化一切不必要的书写、填表步骤，帮助顾客找到他们需要的产品，解释这个产品如何使用，并且尽量简化交易过程，制定标准简化的服务流程。

（十）服务内部顾客

内部顾客是指企业的每一个雇员。每个员工或者员工群体都是对外部顾客供给服务的一部分。如果内部顾客没有良好的服务水平，没有以最大的效率进行工作，那么外部顾客所接受的服务便会受到不良影响，必然会引起外部顾客的不满甚至丧失外部顾客的忠诚。

案例分析

谁谋杀了宝洁？

提到宝洁，中国消费者一定不陌生。曾经的宝洁，是绝对的王者，多到数不清的各种日用品品牌成为家喻户晓的明星产品，但是随着中国的消费升级，这家拥有 181 年历史的快消巨头正在走下神坛。

宝洁集团公布的最新财务报告显示，毛利率因成本和定价能力不足下降 100 个基点至 48.8%；营业利润率下降 130 个基点至 20.2%。另外，在截至 2018 年 3 月 31 日的 9 个月时间里，宝洁集团净销售额为 3 162.02 亿元，同比增长 3%；净利润为 500.79 亿元，同比下降 40%。

宝洁从 1837 年的一个制作蜡烛的小作坊发展到今天的全球消费品超级巨头，已经有 181 年的历史了。而中国消费者认识宝洁公司的产品，要从 1988 年说起。在那个物资还不算太丰富的年代，宝洁产品初次来到中国，一瓶 300 毫升的海飞丝洗发水，价格高达 19 元，要知道，那时普通工人一个月的工资才 100 元。

虽然价高，但是宝洁的产品成功引起了国内消费者的注意。随后，宝洁旗下的飘柔、玉兰油、潘婷、舒肤佳、碧浪、汰渍等品牌也采取了同样的价格策略陆续进入中国市场。

从 1998 年到 2013 年这 15 年间，宝洁在中国的营收提高了将近 6 倍，但此后便开始走下坡路，增长乏力，市场份额也逐渐被蚕食。

在过去的 20 年里，中国消费格局发生了翻天覆地的变化。宝洁刚进入中国的时候，国人的购买力还不足，所以也会推出一些廉价的商品吸引客户。但现在中国消费者的购买力上去了，低价产品不再受欢迎，比如说，每年在中国卖得最好的洗发水是沙宣，要知道，沙宣是宝洁在中国的洗发水品牌中价格最高的，说明国人已经不差钱了，追求的更多是品质。

现在的年轻人，对于海飞丝、飘柔、潘婷这些品牌，已经失去了兴趣，从市场份额上也能看出，这些曾经占据半壁江山的品牌，如今份额已经缩减到 35.8%，而高端洗发护发产品的市场份额从 2014 年的 4.7%提升至 2016 年的 7.5%。

移动互联网时代，中国的消费渠道直接改变，美国依然是线下渠道占据主流，而中国截然相反，走线上才是王道，这也让宝洁一时间没有反应过来。

宝洁的销售额在 2013 年达到峰值，但为什么此后开始下滑呢？答案很简单，2013 年被称为互联网的“元年”，正是互联网的迅速崛起，给传统媒体带来了致命性的打击，宝洁的反应不够快，虽然抓住了传统媒体，却错过了互联网的战场。

曾经的宝洁，手握大量资本，在中国把钱砸向电视、广播、报纸等传统媒体，甚至海飞丝、飘柔、潘婷的广告在央视的黄金时段轮番上阵，铺天盖地的广告让每个中国人都认识了宝洁。但今时不同往日，2017 年宝洁已经将全球范围内的代理商砍掉了一半，接下来还会再次缩减，预计两年削减 80%的广告代理商。互联网的崛起破坏了宝洁多年来的流量布局，让其流量成为一个巨大的漏斗，最终让宝洁积重难返。

越来越多的巨头品牌正在中国市场败退，这也正是中国市场十几年间巨变的缩影。以前，是个洋品牌都能来中国捞钱，而现在，中国市场的竞争非常激烈，宝洁不是第一个衰退的企业，肯定也不是最后一个。面对成长起来的国产企业，巨头们要小心了，别光想着渠道的事，更该想想如何留住中国消费者的心。

资料来源：谢伟．谁谋杀了宝洁？．（2018-07-18）．http：//www.cmmo.cn/article-211771-1.html.

问题

1. 结合案例试分析宝洁在中国市场败退的原因。

2. 中国的消费者需求发生了怎样的变化？是什么原因导致宝洁在中国的顾客满意度下降？

3. 你认为宝洁公司应该采取什么样的营销策略才能挽回在中国市场的颓势？

重点名词

购后行为　　感知价值　　顾客满意　　顾客忠诚

思考题

1. 简述消费者购后行为的概念和类型。
2. 试述消费者购后行为的影响因素。
3. 改善消费者购后行为的营销对策有哪些？
4. 什么是顾客满意？顾客满意的基本理念是什么？
5. 试述顾客满意对消费者购后行为的影响。
6. 简述顾客忠诚的概念和分类。
7. 简述提高顾客忠诚度的十大原则。

实训练习

1. 实训任务

通过本次实训，学生应能了解顾客满意与忠诚理论，熟练掌握提高顾客满意与忠诚的营销策略。

2. 实训背景

顾客忠诚计划在很多企业已经很常见了。这类计划的目标就是要增加顾客的满意度、忠诚度以及保留重要顾客。

请学生列举所知的顾客忠诚度计划的表现形式。

本章学习了顾客满意度和忠诚度及与这一过程相应的营销战略。假设你要开一家商店（可以本校周围小店为参考实例），你如何使顾客满意？怎样实施你的顾客忠诚度计划？

3. 学生角色

根据实训要求，学生作为商店的决策者进行思考和策划。

4. 实训准备

教师准备：实训前，指导教师要了解顾客满意与顾客忠诚的内容和企业实践背景；实训中，指导学生如何从实训背景及现实社会中获得辅助信息，并指导学生完成顾客忠诚计划的规划与实施；实训后，指导学生完成实训报告。

学生准备：学生要调查并收集企业实施顾客忠诚计划的相关信息。

5. 实训步骤

(1) 学生进行相关理论知识的准备。

(2) 学生进行网上查询和实际调研。

(3) 根据收集到的资料进行分组讨论，并形成实训报告。

(4) 教师对实训过程及报告进行指导，并提出相关建议。

6. 实训要求

根据本章学习的顾客满意和顾客忠诚及相应的营销战略，作为决策者提出自己的观点和计划。

参考文献

1. 宝贡敏，刘枭．关系理论研究述评．技术经济，2008（4）．

2. 陈江涛．论情境因素对消费者购房决策的影响．消费经济，2005（2）．

3. 霍金斯，马瑟斯博．消费者行为学．北京：机械工业出版社，2000．

4. 方光罗．消费心理学．北京：中国物资出版社，2000．

5. 科特勒，凯勒．营销管理：第13版．上海：上海人民出版社，2009．

6. 冯丽云，孟繁荣，姬秀菊．消费者行为学．北京：经济管理出版社，2004．

7. 郭国庆．市场营销学通论．4版．北京：中国人民大学出版社，2009．

8. 凯森．消费心理十四讲．北京：新世界出版社，2014．

9. 韩小红．网络消费者行为．西安：西安交通大学出版社，2008．

10. 阿塞尔．消费者行为和营销策略．北京：机械工业出版社，2001．

11. 贾鹤，王永贵，刘佳媛，等．参照群体对消费决策影响研究述评．外国经济与管理，2008（6）．

12. 姜凌，周庭锐，王成璋．奢侈品牌与大众品牌：购买决策中参照群体影响差异研究．预测，2009（4）．

13. 蒋晓川．论消费者的知觉风险及营销对策．重庆工商大学学报（社会科学版），2003（4）．

14. 焦利军，邱萍．消费心理学．北京：北京大学出版社，2006．

15. 柯洪霞，曲振国．消费心理学．北京：对外经济贸易大学出版社，2006．

16. 李晴．消费者行为学．重庆：重庆大学出版社，2003．

17. 梁清山．消费心理学．北京：北京交通大学出版社，2008．

18. 布莱克韦尔，米尼德，恩格尔．消费者行为学．北京：机械工业出版社，2003．

19. 刘志超，白静．消费者购买动机类型及其在市场营销中的应用．华南理工大学学报（自然科学版），1999（9）．

20. 刘艳彬．中国城市家庭生命周期模型的构建及与产品消费关系的实证研究．吉林大学博士学位论文，2008．

21. 刘晖．消费者社会化作用因素与消费者决策型态的关系．厦门大学硕士学位论文，2008．

22. 卢长宝，冯仁炯．消费者学习理论在市场营销领域的应用及展望．福州大学学报（哲学社会科学版），2008（1）．

23. 罗晓光．基于顾客购后行为的顾客满意度评价研究．哈尔滨工程大学博士学位论文，2006．

24. 罗子明．消费者心理学．北京：清华大学出版社，2002.

25. 所罗门，等．消费者行为学：第 10 版．北京：中国人民大学出版社，2014.

26. 孟祥影，宋思根．消费者社会化研究综述．南京财经大学学报，2009.

27. 乔新丰．零售业服务质量与消费者购后行为关系研究．大连理工大学硕士学位论文，2006.

28. 单敏飞．消费者购买动机的可诱导性及其应用．山西财政税务专科学校学报，2005（10）.

29. 司金銮．消费者行为：定义分歧与本质界定．浙江学刊，2001（6）.

30. 塔腾，所罗门．社会化媒体营销．北京：中国人民大学出版社，2014.

31. 王新新，杨德锋．基于线索利用理论的感知质量研究．经济研究导刊，2007（4）.

32. 王长征．消费者行为学．武汉：武汉大学出版社，2003.

33. 王俊男．消费者购后行为影响因素研究．北京交通大学硕士学位论文，2001.

34. 王华．基于购后行为的顾客满意度评价研究．哈尔滨理工大学管理学硕士学位论文，2005.

35. 王贺峰．消费者态度改变的影响因素与路径分析．吉林大学硕士学位论文，2008.

36. 王官诚．消费心理学．北京：电子工业出版社，2004.

37. 汪彤彤．消费者行为分析．上海：复旦大学出版社，2008.

38. 王赫男．饭店服务心理学．北京：电子工业出版社，2009.

39. 王伟红．改变消费者态度的策略．市场周刊·理论研究，2006（1）.

40. 汪涛，陈露蓉，刘一雄．华人的关系主义文化和消费者行为．经济管理，2003（17）.

41. 张易轩．消费者行为心理学．北京：中国商业出版社，2014.

42. 格雷厄姆．消费者行为学案例与练习：第 2 版．北京：中国人民大学出版社，2013.

43. 希夫曼，等．消费者行为学：第 10 版·全球版，北京：清华大学出版社，2017.

44. 肖意贞．社会群体主体论．华东师范大学硕士学位论文，2001.

45. 晏国祥，方征．论消费者行为研究范式的转向．外国经济与管理，2006（1）.

46. 杨大蓉，陈福明．消费心理理论与实务．北京：北京大学出版社，2009.

47. 杨洪涛．市场营销：超越竞争，为顾客创造价值．2 版．北京：机械工业出版社，2015.

48. 严浩仁，贾生华．顾客满意向顾客忠诚的转换机理研究综述．山西财经大学学报，2003（12）.

49. 曾智．论消费者的自我概念与消费行为．西南民族大学学报（人文社科版），

2005 (6).

50. 曾智，丁家永．消费者社会责任：消费者行为研究的新课题．江苏商论，2010 (2).

51. 张茉，陈毅文．产品类别与网上购物决策过程的关系．心理科学进展，2006 (3).

52. 张硕阳，陈毅文，王二平．消费心理学中的风险认知．心理科学进展，2004 (2).

53. 周中之．论消费者的社会责任行动．上海财经大学学报，2008 (2).

54. 朱向梅．消费者态度改变途径探讨．科技情报开发与经济，2006 (2).

55. 科特勒，凯勒．营销管理精要：英文版·第6版．北京：中国人民大学出版社，2018.

56. 卢泰宏，周懿瑾．消费者行为学：洞察中国消费者．3版．北京：中国人民大学出版社，2018.

57. 李开，张中科．消费者行为学．北京：高等教育出版社，2015.

58. 陈荣．消费者行为学．北京：清华大学出版社，2015.

59. 戴鑫．新媒体营销：网络营销新视角．北京：机械工业出版社，2017.

60. 王永贵．服务营销．北京：清华大学出版社，2019.

61. 江林．消费者心理与行为．北京：中国人民大学出版社，2007.

图书在版编目（CIP）数据

消费者行为分析与实务/张中科编著. —2版. —北京：中国人民大学出版社，2019.11
“十三五”普通高等教育应用型规划教材. 市场营销
ISBN 978-7-300-27548-2

Ⅰ. ①消… Ⅱ. ①张… Ⅲ. ①消费者行为论-高等学校-教材 Ⅳ. ①F713.55

中国版本图书馆CIP数据核字（2019）第225020号

“十三五”普通高等教育应用型规划教材·市场营销
消费者行为分析与实务（第2版）
张中科 编著
Xiaofeizhe Xingwei Fenxi yu Shiwu

出版发行	中国人民大学出版社		
社　址	北京中关村大街31号	邮政编码	100080
电　话	010－62511242（总编室）		010－62511770（质管部）
	010－82501766（邮购部）		010－62514148（门市部）
	010－62515195（发行公司）		010－62515275（盗版举报）
网　址	http://www.crup.com.cn		
经　销	新华书店		
印　刷	北京溢漾印刷有限公司	版　次	2016年4月第1版
规　格	185 mm×260 mm　16开本		2019年11月第2版
印　张	14.25 插页1	印　次	2020年4月第2次印刷
字　数	310 000	定　价	39.00元

教师教学服务说明

中国人民大学出版社管理分社以出版经典、高品质的工商管理、统计、市场营销、人力资源管理、运营管理、物流管理、旅游管理等领域的各层次教材为宗旨。

为了更好地为一线教师服务，近年来管理分社着力建设了一批数字化、立体化的网络教学资源。教师可以通过以下方式获得免费下载教学资源的权限：

在中国人民大学出版社网站 www. crup. com. cn 进行注册，注册后进入“会员中心”，在左侧点击“我的教师认证”，填写相关信息，提交后等待审核。我们将在一个工作日内为您开通相关资源的下载权限。

如您急需教学资源或需要其他帮助，请在工作时间与我们联络：

中国人民大学出版社　管理分社

联系电话：010－82501048，62515782，62515735

电子邮箱：glcbfs@crup. com. cn

通讯地址：北京市海淀区中关村大街甲 59 号文化大厦 1501 室（100872）